中学地理教学目标达成研究

刘学梅　著

科 学 出 版 社
北　京

内 容 简 介

本书以“学生地理学科核心素养养成”为主线，从提升学生地理课堂“获得感”出发，聚焦中学地理课堂教学目标达成问题，首次从教学设计的视角构建中学地理教学目标达成研究的理论框架。本书主要围绕“何为地理教学目标达成”“为何要达成地理教学目标”“如何达成地理教学目标”三个问题展开系统研究，主要内容包括：地理教学目标达成的研究进展与研究框架，地理教学目标的基本属性与达成过程，地理教学目标达成的主要问题与原因探析，地理教学目标达成的内部机制与基本路径，地理教学目标的设计与转化，地理教学策略的选择与实施，地理教学目标参照评价的设计与实施。

本书可供中学地理教师、师范院校地理专业的学生及地理课程与教学论方向的研究生参考使用。

图书在版编目（CIP）数据

中学地理教学目标达成研究/刘学梅著.—北京:科学出版社，2021.2

ISBN 978-7-03-067966-6

Ⅰ.① 中… Ⅱ.① 刘… Ⅲ. ① 中学地理课-教学研究 Ⅳ. ① G633.552

中国版本图书馆 CIP 数据核字（2021）第 016988 号

责任编辑：杨光华/责任校对：高 嵘

责任印制：彭 超/封面设计：苏 波

科 学 出 版 社 出版

北京东黄城根北街 16 号

邮政编码：100717

http://www.sciencep.com

武汉中科兴业印务有限公司印刷

科学出版社发行 各地新华书店经销

*

开本：787×1092 1/16

2021 年 2 月第 一 版 印张：14 1/4

2021 年 2 月第一次印刷 字数：339 000

定价：88.00 元

（如有印装质量问题，我社负责调换）

序

教育是培养人的一种社会活动，是传承社会文化，传递生产与社会生活的一种途径。教育又是有目的地培养人的活动，这是教育质的规定性，也是教育区别于其他事物的根本特征。教育目的是教育活动的出发点和归宿。教学活动是学校教育活动的核心。教学目标是教育目的的具体体现。教学活动追求教学目标的达成，最终实现教育目的，这是教师和学生的共同愿景。教学活动是一个多要素组成的功能系统。这个系统是由教师、学生、教学目标、教学内容、教学方法（模式）、教学媒体、教学评价、教学环境等多要素组成的复合系统（每个组成要素也是一个子系统）、运动系统（要素之间在一定时间、空间下相互作用、相互影响）、生命系统（教学促进学生精神生命的成长）。达成教学目标是一个非常复杂的问题。由于参与教学活动要素的多样性、动态性和复杂性，教学研究的任务和内容也就极其复杂和宏大。纵观我国地理教学研究的成果，教学与教师、教学与学生、教学与教学内容（教学资源）、教学与教学方法（模式）、教学与教学媒体、教学与教学评价、教学与教学环境（情境）等的研究相对比较丰富，而教学与教学目标关系的研究成果比较缺乏，以致在地理教学实践中还出现了没有教学目标设计的教学方案，使教学目标这个在教学系统中处于极其重要地位的、有出发点和归宿的要素处于可有可无的窘境。究其原因，还是我们对地理教学目标的地位、功能、组成、实现等问题缺乏系统的理论研究。安徽师范大学刘学梅教授撰写的《中学地理教学目标达成研究》一书，是一部系统研究教学目标与教学关系的专著，是挺进地理教学目标研究深水区的一部力作，有许多可圈可点的地方。

（1）构建了地理教学目标研究的整体框架，奠定了地理教学目标的理论研究的科学基础。该书在梳理地理教学目标达成研究现状的基础上，从哲学视角讨论了地理教学目标基本属性和达成过程；以地理教学实践现实为凭借，对地理教学目标达成状态存在的问题与原因进行了分析；探寻了地理教学目标达成的内部机制与基本路径；提出了地理教学目标设计的策略，探讨了自然地理教学目标达成的主要教学策略、人文地理教学目标达成的主要教学策略、区域地理教学目标达成的主要教学策略；从地理教学目标参照评价的视角，提出了学习改进的地理教学补救策略。这些过程构成了地理教学目标达成研究的丰富内容，形成了实践—理论—再实践—再进行理论升华的科学逻辑，不断深化发展的科学路径。

（2）发展了地理教学目标研究的理论，丰富了地理教育思想。该书对地理教学目标研究现状的梳理、地理教学目标属性、地理教学目标与教学理性、地理教学目标与教学自由、地理补救教学策略等的综述及论述具有现实性，具有丰富的理论涵养，能给读者深刻启迪。从个体标准（学生主体标准）和群体标准（教师主体标准）、定性与定量两个角度提出的地理教学目标达成的基本概念更具理论价值。其内涵是地理教学目标达成对于学生主体而言意味着地理教学目标是合理的、地理学习过程是深刻的、地理学习结果发生了增值。对于教师而言有学生数量的标准。①针对学生个体而言，完成90%的教学目标即可视为教学目标达成。②针对学生群体而言，可人为规定地理教学目标达成度 F=学生达标人数/参与学习的总人数×100。当 $F\geqslant 60$ 时，认定其教学目标基本达成；当 $F\geqslant 80$ 时，称其教学目标达成；当 $F\geqslant 90$ 时，称其教学目标显著达成。这一概念的界定，对地理教学目标的合理设计、教学方法与媒体有效的选择，教学目标达成的实践活动能提供理论指引。

（3）创新了地理教学目标研究的基本范式。地理教学过程的复杂性和多样性等特性极大地增加了有效解决地理教学目标达成的困难。唯有真实地了解现状、认识现状、研究现状、探寻机理，才能为科学解决问题提供基础。该书基于三角测量法研究过程，通过课堂观察、深度访谈、文本分析、教育测量四种质性研究与量化研究相结合的方法，收集多方面的、连续的、碎片化的、多类型的资料，形成对地理教学目标达成的完整图景，能全面整体地揭示地理教学目标达成的现状、解析地理教学目标达成的影响因素与内部机制。这些研究过程增加了研究的客观性，提升了研究结论的科学性。

（4）突出了地理教学目标达成的实践指向，提出了地理教学目标达成的基本路径。地理教学目标达成也是通过地理教学活动来实现的。活动是地理教学目标达成的内部机制。实践取向是该书研究的一大亮点。围绕地理教学目标达成，作者先后深入地理课堂观察76节次（现场36节，教学录像40节）；收集、分析100节地理教学设计文本；对40位高中地理教师进行了深度访谈，对568名学生进行了教育测验。这些多视角的丰富的实材实证为研究教学活动，为发现问题、分析问题、解决问题，为指导地理教学目标达成提供了坚实的实践基础。在此基础上所提出的地理教学目标的设计与转化，地理教学策略的选择与实施，地理教学评价的设计，自然地理、人文地理、区域地理教学目标达成的主要教学策略，地理补救教学策略等具有很强的操作性、可行性和指导性。

我在华中师范大学地理课程与教学论的岗位上工作已逾30年。刘学梅从地理教育本科学习到攻读地理教学论硕士、博士研究生，先后就有10年在桂子山上度过。在我们教与学共进的时间里，她给我留下的印象是深刻的、勤奋的、聪慧的。她在硕士阶段与我的第一次笔谈中以“博学之、审问之、慎思之、明辨之、笃行之”为学习理念仍然让我难忘。她的硕士论文《高中地理教科书评价模型研究》被收录在教育部高校人文社科基金项目结题成果《基于课程新理念的高中地理教科书编制研究》一书中（2007年）。该项目主持人夏志芳教授当时对该文的评价是“稍加修改就是一篇很好的博士论文”。《中学地理教学目标达成研究》是刘学梅在博士论文的基础上修改完善完成的，其中增加了许多关于推进新课程改革的思考。相信该书的出版，对于发展地理教学理论，尤其是促进教学实践中地理教学目标的达成具有重要指导价值。是为序！

李家清　教授　博士生导师
2021年1月

前　言

地理教学目标达成是衡量地理课堂教学质量的重要标尺，也是地理课堂教学的永恒追求。然而，笔者多年的课堂观察发现，当前中学地理课堂教学目标达成总体而言存在“效果不高，差异显著”的问题。因此，撰写本书的初衷是帮助一线中学地理教师找到地理教学目标达成的钥匙，从而改进地理教学实践，提升中学地理教育质量，促进地理教师的专业发展。笔者一直坚持课堂观察与课堂改进，特意构建地理教学目标达成简案以供地理教师教学设计使用；构建地理教学目标达成观察单，以供教学反思与教学评价使用。

随着研究的深入，四个问题一直萦绕笔者心间。地理教学为何一定要达成教学目标？何为地理教学目标达成？地理教学目标达成究竟有没有统一的规律？如果有，如何达成地理教学目标？第一个问题涉及地理教学目标的必要性问题。人之所以区别于动物，一个很重要的方面就是人能够对活动结果进行预期（即目标），在活动的过程中洋溢着对目标追逐的渴望与激情。地理教学作为一项人教育人的活动，也概莫能外。换言之，目的性是地理教学的内在规定性。只不过这种预期不是僵化不变的，而是在教学活动开展的过程中不断生成的。第二个问题是“地理教学目标达成”这一术语的界定问题。研究发现，“地理教学目标达成”这一术语缺乏严格的学术规范，严重地影响了地理教学目标达成的效果。此术语需要进一步界定。第三个问题关系“地理教学究竟是科学还是艺术”的问题。教学究竟是一门科学还是艺术，学界曾为此争论不休，后来终于妥协为：教学既是一门科学也是一门艺术。笔者始终认为，教学首先是科学，然后再是艺术。只有遵循统一的教育规律，然后才有个性与创造性的发挥。尤其当人们对“地理教学目标达成”的认识几乎还是一片空白的时候，揭示其本真的规律更能促进当前地理教学质量的提升。因此，笔者坚守“地理教学目标达成存在共同的规律”这一观点。第四个问题属于地理教学目标达成路径的问题。这也是核心问题。围绕这四个问题笔者尝试展开了一系列漫长的探讨，逐步形成了“地理教学目标达成研究”的理论雏形。与此同时，通过近年来对国内外主要研究文献的收集、整理与分析，笔者发现，当前的研究主要聚焦地理教学目标设计研究，而对地理教学目标达成研究关注不够，尤其是关于地理课堂教学目标达成问题真正意义上的理论研究并不多见，同时实践领域的探索研究也比较零碎，视野也较为狭窄，局限在教学目标范围内探讨地理教学目标的达成。因此，撰写本书还有一个重要目的，即初步构建“地理教学目标达成”研究的理论分析框架，拓展地理教学目标的研究范围，延伸教学目标的研究链条。

国内外的研究表明，学生个人、学生家庭、学校环境等多个因素都会影响地理教学目标达成，但这容易陷入一个庞大的复杂系统。事实上，对于地理教师而言，最关心的还是如何在自己可控的范围内，即地理课堂内更好地达成教学目标。因此，笔者将眼光聚焦到地理教学系统内部，从教师教的角度尤其是教学设计阶段去审视哪些教学因素会影响地理教学目标达成，从而提出地理教学目标达成的内部机制与基本路径。

另外，研究过程中适逢《教育 2030 行动框架》与《中国教育现代化 2035》发布。《教育 2030 行动框架》明确提出“到 2030 年，确保所有女童和男童接受完全免费、公平和优质的中小学教育，获得相应、有效的学习成果。”它不仅描画了全球未来教育的图景，而且特别强调避免只专注教育机会却不重视学生在入学后能否获得相关能力，即重点关注学生在学校的“获得感”。《中国教育现代化 2035》则明确提出“发展中国特色世界先进水平的优质教育”。尤其是步入 2020 年，新冠疫情席卷全球，国际形势剧烈变动，落实“立德树人”的根本任务，加快教育现代化、建设教育强国显得尤为迫切。对于地理教育而言，提供优质的地理教育首先意味着要在课堂内达成地理教学目标，提升学生的地理学科核心素养。换言之，基础教育地理课程正走向“素养”时代，地理教学目标的实质就是地理学科核心素养，地理教学目标达成的过程即是学生养成地理学科核心素养的过程。就如同“教”与“学”是“教学”的两个侧面，只不过前者强调教师“教”的视角，后者关注学生“学”的视角。而通过优化教师的“教”来改善与提升学生的“学”是本书的一个基本立足点。

本书共八章。第一章和第二章主要探讨“何为地理教学目标达成”问题，具体包括时代背景、概念界定、研究进展、研究框架。第三章主要从哲学源头探究“为何要达成地理教学目标”问题。第四章主要探讨“地理教学目标达成现状如何”问题，即通过分析现状揭示地理教学目标达成存在的问题及原因，为机理分析奠定基础。第五、六、七、八章按照“总-分”的思路，主要研究“如何达成地理教学目标”问题：第五章首先分析地理教学目标达成影响因素与内部机制，然后在此基础上总体构建地理教学目标达成的基本路径；第六、七、八章则分步骤探讨地理教学目标的设计与转化、地理教学策略的选择与实施、地理教学目标参照评价的设计与实施问题。

与此同时，必须强调地理教学目标达成不是衡量地理教学质量的唯一标尺。笔者曾经课堂观察过一节课，课题为高中地理必修——“气压带与风带”。任课教师对这节课的教学目标主要设定为“学生能够绘制全球气压带、风带的分布图”，因此教师首先花了一半的时间在黑板上绘制和讲解气压带与风带分布图，然后用四分之一的时间让学生自己画图，最后用四分之一的时间再在黑板上纠正学生画图的错误。换言之，师生整节课都在为达成地理教学目标而努力。但是笔者明显感觉到整个课堂氛围特别压抑。另外，学生不是基于对三圈环流的理解而绘制全球气压带与风带的分布图，而只是按照老师总结的技巧去记忆并绘制全球气压带与风带的分布图。这次听课经历再次提醒笔者地理课堂教学实践的复杂性。地理教学目标达成程度高并不意味地理教学质量就一定优秀。地理教学质量包括地理教学的效果、效率、吸引力等。地理教学目标达成可以表明地理教学的效果，即教学的作用得到了理想的发挥，而没有考虑教学效果与时间或者费用之间的比率——效率，更没有完全考虑学习者喜爱教学的程度。因此，地理教学目标的达成不能完全代表地理教学质量，地理教学目标达成只是地理教学质量的底线。

在本书撰写过程中，恩师李家清教授给予了宝贵指导。从本科到博士，笔者受教于先生多年。先生勤勉自律、睿智豁达，吾辈学生皆“高山仰止，景行行止，虽不能至，心向往之”。另外，在本书写作过程中还受到华中师范大学郭元祥教授、陈佑清教授、王后雄教授的殷切指导与无私帮助，在此一并致以诚挚的谢意。感谢参与本研究的一线中学地理教师，他们不仅提供了生动的案例，还分享了大量的经验与见解。感谢学生方赛军，参与了文字转录工作。感谢我的研究生杨宁、汪俊、杨廷、戴美仙、翟荣程，参与了教学视频录制与教育测验的发放与统计工作。感谢林娟，参与了文字修订与润色工作。

由于作者经验与水平所限，书中倘有疏漏之处，敬请广大读者和各位同仁批评指正。

刘学梅
2020 年 8 月

目　录

第一章 导　论

教学是一场提高学生精神品质与生命质量的旅行，永远会面临三个基本问题：我们要到哪里去？我们怎样到达那里？我们是否能到达那里？地理课堂教学是一种人为的、为人的、有目的的、有计划的实践活动，在对目标的渴望与激情的追逐过程中，师生双方借助于理性超越自我，探索未知世界，提升生命质量。

第一节　地理教学目标达成的时代背景

一、学生中心教育时代的诉求：提升学生的“获得感”

全球教育正在走向以学习者为中心，学生中心教学理念要求教学必须为学生的学习服务，尤为关注学习者的体验与获得感。地理教学从短期看是为了达成教学目标，从长远看是为了促进学生的发展，让学生通过地理教学收获一定的“获得感”。地理教学目标在达成之前还只是教师的一种期待与筹划，只有当地理教学目标真正达成的时候，学生才能得到发展，才能有所收获，才能具有获得感。获得感是学生在地理课堂教学之中或之后所产生的、学有所获且学有所用的满足感，是学生经历学习后体验到的自我感。换言之，获得感是在地理教学过程中，因获得的实在结果所形成的主观认同。“获得”是“感”的基础与前提，“感”是“获得”的情感升华，两者之间是因果关系。

获得感有别于发展，它强调学生实实在在的得到。获得感是主体性的直接感受，源自学生对自身的需求，是一种主体性的内在需求，而发展往往被表述为教育者对被教育者的一种期望。从学生主体的角度看，发展显得有些抽象和空泛。获得感与发展不同，获得感不仅包括质的飞跃，如从掌握读图相关的知识到能够熟练读图的能力，还包括量的变化或者积累，如知识的增多等。在以“地理核心素养”为目标的地理课程改革背景下，这种获得感更多地被期望从量的积累到质的飞跃，也就是转化成为内在的地理核心素养，让学生获得发展。此外，获得感可以是短暂的也可以是长久的，它可以是每一节地理课后学生的具体收获，也可以是日积月累后身心发生质的提升。因此，获得感又是学生发展的基础。

获得感是一种向量，具有大小与方向之分。获得感具有正向性，是学习后获得的正能量。经历同一节地理课的学生可能获得感不一致，这种不一致既表现为大小强弱不同，又可以表现为获得感的内涵不同。获得感还具有综合性，包含的种类多样。当然这种获得感包括看得见的和看不见的，短期内可能是外在的知识、技能，也可能是内在的方法、态度、抱负、成就等，还可能是长期的积累发生质变后，以上因素化合形成的地理核心素养。但地理核心素养的形成需要一个比较长的阶段，需要地理教师利用课程资源去熏陶和激发，也需要学生通过体验与积累获得。

学生的获得感是通过地理学习形成的，它体现了地理课堂教学对学生的作用与结果，也体现了教学的先在因素、过程因素等对学生的综合影响。教师的素养、学生的特征、教材的内容、社会的背景，乃至教学的情境、师生的互动、活动的方式等，都与学生的学习结果即获得感息息相关。

而从获得感的作用看，只有真实的获得感才能提升学生对地理课程价值的认同感、地理学业的成就感与地理课堂教学的参与感。获得感是学生经过复杂的、综合的地理学习形成后的一种自我认知、自我觉醒及自我满足的感觉，是主体“在场”获得的意义感或者满足感，可以是学习的“高峰体验”，也可以是心有灵犀的心领神会，还可以是曲径通幽后的愉悦。但这种体验是学生的一种真实的、积极的体验，只有切实感受到地理课程对自身的作用，才能积极参与到地理课堂教学中，与教师保持一致，推动之后的教学目标达成。

二、国际教育改革趋势：基于标准与高质输出

（一）基于标准

国际局势的动荡加剧了各国之间的竞争。世界各国为提高国家竞争力，纷纷把教育放在了国家发展的战略位置，开展了以教育质量为核心的教育改革，教育质量成为世界各国教育的焦点。世界各国在教育质量监控的名义下纷纷立法或制定国家标准，教育标准运动成为各国基础教育改革的核心和热点。对于这场标准化运动，尽管美国学界一直争论不休，但不可否认，历史学家无疑也会把20世纪的最后10年看成美国对国家教育标准十分强调的10年（阿伦.C.奥恩斯坦 等，2004）。如表1-1（李锋，2001）所示，美国教师联合会对传统教学实践和基于标准教学实践进行了比较研究，并列举了两种教学实践活动的不同，以此帮助教师实现从传统教学到基于标准教学的转换（American Federation of Teacher，2009）。

表1-1　传统教学实践与基于标准教学实践的比较

传统教学实践	基于标准教学实践
◆ 从课程中选出一个主题	◆ 从学生需要知道的内容中选择标准
◆ 设计教学活动	◆ 设计一种评价，它能让学生有机会去证明达到了标准所要求的知识与技能
◆ 设计评价	◆ 决定学生将要学习的内容需要什么样的学习机会
◆ 给予评分/等或反馈	◆ 规划教学以确保每个学生有足够的机会去学习
◆ 转入新的主题	◆ 利用来自评价的数据给予反馈、重新组织教学或进入新的标准水平

近年来，基于课程标准的教学改革开始在我国流行起来，大有星火燎原之势。我国的基础教育课程改革也采用预期的学习结果来界定课程标准。虽然课程标准、课程目标与教学目标涵盖的范围、制定的主题都有所区别，但其实质都是预期的学生的学习结果（王小明，2005）。显然，基于课程标准的教学要求对学生各方面学习结果进行关注。基于课程标准的教学会特别强调教学目标的达成，“标准”即“目标”，也是学生必须达到的刚性要求，它是课程标准、教学目标、教学活动、学习评价一致性的教学（Centennial Board of Cooperative Educational Services，2002）。另外，基于课程标准的教学出发点是“育人”，不仅要提高学生的学业成就，还要促进学生思维品质、情意态度等各方面的发展。进入21世纪以来，在基于课程标准的教学改革运动下，各国政府对教育绩效孜孜以求，教学目标

成为新的研究热点。

（二）高质输出

长久以来，人们一直认为提高教育质量的关键是加大教育输入，尤其是增加教育资金投入、提高教师质量等。但教育发展的现状让教育输入政策模式受到强烈挑战，人们逐渐认识到教育输入没有描绘出国家及社会所要求的教育目标。并且据 Colman 的研究，学校设备、课程、教师等变量单独对学生学习成就的影响甚微。在教育管理的三大支柱中：教育输入、教育过程、教育输出，人们以往认为加大输入，严格过程管理，自然而然就能得到良好的教育结果。但实践表明教育输入对教育过程与教育输出的影响极为有限。因为没有明确的目标，学校和教师几乎不大可能会尽最大努力去追求高质量的教育。反之，教育输出能为学校带来明确的目标，如果再辅以教育评价和教育问责，则将对教育过程产生显著影响。同时，教育过程又会影响教育输入。如此，教育输入、教育过程、教育输出形成一个循环，并与外界进行互动。具体而言，要提升地理课堂教学质量，就要构建明确的地理教学目标，开展有效的地理教学实践，积极反馈教学目标达成结果，让学生体悟学习的获得感与成就感，让教师感受教学的满足感与效能感，进而为下一教学目标而努力，如此形成一个良性循环。

三、地理课程改革深化：从三维目标到核心素养

21 世纪初，我国启动了新一轮的基础教育课程改革。在遵循《基础教育课程改革纲要（试行）》的基础上，地理课程标准提出了知识与技能、过程与方法、情感态度与价值观三维课程目标体系，为地理课堂教学目标达成提供了新思路。首先，地理知识与技能目标被赋予新的含义，尤其强调地理学习能力的培养，注重利用地理技能的培养带动地理知识的学习。其次，地理过程与方法目标是本次地理课程改革的一大亮点，该目标的提出突出对过程的参与，注重科学方法教育。目的是让学生亲身体验科学研究的一般过程，给其展示自己并与他人交流的机会，培养其对地理学科的兴趣，对地理科学研究的期望，从中获得地理科学研究的一般方法，进而提高学生的综合实践能力和创新精神（袁孝亭，2006）。再次，地理情感态度与价值观目标代替了思想政治教育目标，其内涵更为丰富，包括五个领域：地理道德意识、美感、国家意识、全球意识、学生的兴趣与好奇心等。

随着本轮基础教育课程改革的深入，高中地理新课标围绕“立德树人”和“培养学科核心素养”两大主题进行了修订。所谓地理核心素养，是指最核心的、最关键的、最必要的地理素质，具有可繁殖性。地理核心素养作为一种学习结果，是地理知识和技能、过程与方法、情感态度和价值观的整合，是地理学科育人价值的集中体现。主要包括四个方面：人地协调观、综合思维、区域认知、地理实践力。人地协调观是地理课程最为核心的价值观，综合性和区域性是地理学研究的两个最突出的特点，由此而来的综合思维和区域认知，是学生分析、理解自然地理过程和规律及人地关系地域系统的重要思想和方法。地理课程具有很强的实践性，在真实的情境中运用所学的地理知识和技能，感悟、分析、理解人地关系状况，学以致用，是学生地理实践力的体现。地理学科核心素养的提出是对三维目标的传承与超越。传承主要体现在内涵上，超越主要体现在性质上。地理学科核心素养是地

理知识与技能、过程与方法、情感态度与价值观三者的提炼与整合。知识与技能、过程与方法被提炼为能力，情感态度与价值观被整合为品格。这些关键能力和必备品格即是地理学科核心素养。从双基（基础知识、基本技能）到三维目标再到地理学科核心素养，这种变迁体现了地理课程从学科本位到学生本位的转变。因此，这对地理教学目标达成提出了新的要求。

总之，课程目标是教学目标的基础，教学目标是课程目标的具体化。地理教学目标是地理课程目标的具体化，地理教学目标衍生自地理课程目标。地理课程目标的时代性内涵对地理教学目标达成提出了新的课题。

四、地理课堂教学改革：永恒追求与现实隐忧

教学目标对于地理课堂教学而言具有举足轻重的意义。学生达成了教学目标的教学才是有效教学。

（一）地理课堂教学的永恒追求

地理教学目标达成是实现地理教育目的的手段与阶梯。杜威曾说过：目的只是一连串长期的行动；手段则是一连串近期的行动（杜威，2012）。地理教学目标是实现教育目的的手段。如果将教学过程看作是师生的一次共同旅行，那么教育目的指出了这次旅行的目的地，而地理教学目标则更加具体地描述了在什么时间应该到达什么地点，只有地理教学目标达成才能保证最后到达目的地。地理教学目标是学生达成教育目的借以攀爬的脚手架，只有把地理教学目标达成贯穿日常课堂教学，才能实现最后的教育目的。

教学目标的生命所系和力量所在，在于贯彻实施（王策三，2015）。地理教学目标达成证明地理教学目标的自身价值。不指向达成的地理教学目标没有任何意义。教学作为一个过程，是在以教学目标为灵魂和主旨的教学计划指导下，不断克服障碍，矫正错误以达到教学目标的过程（陈厚德，2000）。地理教学目标最大的价值是为教学活动提供了一种筹划，为教学提供了一种可以参照的标准，教学目标的价值只有在地理教学目标达成中才能实现。脱离地理教学目标达成，地理教学目标则无疑成为被遗弃的废墟，地理教学目标的意义更是无从谈起。因此，地理教学目标达成将评价融入教学，借助评价的力量使地理教学目标不再游离于教学过程之外，让地理教学目标自身的价值在其达成的过程中得以印证与体现。

总之，地理教学目标达成是地理课堂教学的永恒话题，也是地理有效教学的重要标尺，还是当前地理教师课堂教学中面临的现实问题。知识经济时代的变革、国际教育标准的变化及地理课程改革的推动，促使地理教学目标达成日益成为一个热点话题。

（二）地理课堂教学的现实隐忧

本轮地理课程改革近 20 年，地理课堂教学取得了一些不凡成效，表现为地理课程的理念正逐渐深入人心，地理教师的课程意识明显增强，地理教师的教学观念正在发生变化，教学正逐渐向多维度转变。同时，在具体的教学方式上，“活动式”教学正在成为课堂的主要方式，学生的学习状态正在发生变化。但是，地理课堂教学活跃背后隐藏了许多忧虑。

如地理公开课存在几条教师心知肚明的潜规则：一要有合作探究，哪怕是“虚假”的 2 分钟小组讨论；二要有热热闹闹的课堂气氛；三要有新奇有趣的多媒体课件。而评课者也往往不乏这样的句式：设计了探究活动、课堂气氛活跃、创设了良好的情境、课件制作精良，很少有评者把观察点与教学目标建立关联，或者从教学是否有实效、学生是否有成长的角度去评价一堂课的成效。如叶澜教授所言，一堂好课的第一标准是有意义的课，也就是说，它是一节扎实的课（叶澜，2004）。学生上课，“进来以前和出去的时候是不是有了变化”，没有变化就没有意义（叶澜，2005）。显然，地理课堂教学追求教学方式多样、教学气氛活跃、教学情境生动的背后还存在浮躁、盲从与形式化的问题。

总之，虽然地理教学目标达成未必是地理教学质量的全部，但评价教学效果的唯一最可靠和最客观的标准是教学目标是否达到（皮连生，2009）。关注地理教学目标的达成，是国际社会对教育质量关注的结果，也是我国基础教育课程改革对学业成就高度关注的产物。

第二节 概 念 界 定

一、目的与目标

目的与目标是两个经常混用的概念，因此有必要对这两个概念进行辨析。

（一）目的

英语中与目的一词相对应的词有：aim、target、goal、purpose、intention、object、objective 等。对照汉语的目的：目即注视，的即箭靶的中心，中英文均从射击、靶引申出目的的含义。斟酌以上释义，可以发现，目的一词中文基本上是指主体预期和追求的结果或境地。目的与目标经常混同，如《辞海》与《当代国语大辞典》中的释义。总之，目的包含三大要素：一是意图；二是外在之物，有形之物与无形之物皆可；三是时间，目的是否达成需要一个时间过程。目的一词在多数情况下，也就意味着一种特定的、已经选择过的，以及预期的终结状态（沃尔夫冈·布列钦卡，2001）。

（二）目标

中文工具书中关于目标的释义，如下所示。

《辞海》中的解释为：组织预期要求达到的目的或结果。目标具有预测性、可计量性和激励性等特点，具有层次之分（夏征农，2000）。

《新华汉语词典》解释为：想要达到的境地和标准；攻击和寻求的对象（中国社会科学院语言研究所词典编辑室，2005）。

《现代汉语词典》解释为：设计、攻击或寻求的对象；想要达到的境地或标准（中国社会科学院语言研究所词典编辑室，2005）。

中文中的“目标”有两种内涵：一是指某种行为的对象及某些行为所要达到的地点；二是指对活动结果所预先设想或拟定的要求、标准。而在英文中常用 aim、purpose、objective、goal 表示目标。aim 一般指教育意图的综合说法，通常是表示教师为学习者所做的打算。

purpose 一般与期望发生的结果、预期的效果相关联。objective 则是更具体地规定学习者最终可能会完成的任务。在美国，用 goal（目的）代替 aim。objective 即目标，是课程编制及教育技术学的一个重要术语，有时是指预期的学习或教育的成效，有时也明确特指学习者应当以可测量的方式表现出的行为（德·朗特里，1988）。

二、教学目标

1934 年，美国俄亥俄州立大学的泰勒首先提出“教学目标”，但并未对其做明确的界定。在西方国家，instructional objectives（教学目标）一般指与教学（instruction）或训练（training）有关的、而并非与教育有关的目标（德·朗特里，1988），并将教学目标区分为最终目标（ultimate aims）和直接目标（immediate aims）两种。前者是为准备受教育者将来从事各种社会性活动要实现的目标，后者是为使学生掌握从事上述各项活动所需的活动工具。行为方法方面所要实现的目标，一般包括习惯与技能，知识与思想、理想、信仰、态度、兴趣等。

我国学者倾向将教学目标和教学目的联系起来。本书将教学目标界定为：教学中预期达到的学习结果和标准。

三、地理教学目标

地理教学目标是指地理教学中预期达到的学生学习的结果与标准。

（1）地理教学目标是教师教的目标与学生学的目标的辩证统一。地理教学目标指向整个教学活动，它不仅仅是学生要达到的预期结果，而且也是教师要达到的教学效果的一种规定。教学目标是教和学双方都应共同遵循的，于教师而言就是教授目标，于学生而言就是学习目标。

（2）相对于教育目的、培养目标、教学目的，地理教学目标是一种比较具体下位的概念，具有一定的操作性。地理教师可以根据地理教学目标来设计教学活动，对地理教学目标的达成度进行测量。

（3）地理教学目标可以分解为地理课程教学目标、地理单元教学目标、地理课堂教学目标。一般情况下，地理课堂教学目标又称地理课时教学目标，是地理教学目标体系中最基础的层面，也是最具体的地理教学目标，是开展地理课堂教学活动和评价地理课堂教学效果的重要依据。本书中的地理教学目标主要是指地理课堂教学目标。

（4）从某种意义上说，教育的过程就是学生发展的过程，而这一过程具有预设和生成的双重属性（郭元祥，2005）。地理教学目标包括预设性目标与生成性目标。但由于精力与时间有限，本书主要探讨地理预设性教学目标的达成过程。

四、地理教学目标达成

“地理教学目标达成”一词是一个缺乏学术规范的术语，似乎是约定俗成，鲜有人进行深入研究，缺乏严格的学术规范。一种“天经地义”的理解是地理教学目标达成即完成预设的地理教学目标中的任务，但这一理解不免使人望文生义，过于肤浅。根据《现代汉语词典》的解释，“达成”是指经商谈后得到（结果），形成（意见）。《新华汉语词典》则解释为“达到；得到（多指商谈后得到结果）”。这一概念界定的关键是“达成的标准是什么”。因此，本书首先对“地理教学目标达成”这一概念做出学术界定，从学生和教师两个主体、定性与定量两个角度清晰地提出“教学目标达成”的双重标准。

（一）个体标准（学生主体标准）

从学生的角度可以将地理教学目标达成界定为：在教学目标合理的前提下，学生通过理解性的学习取得了整体性的学习进步，并达到了预设目标。

第一，地理教学目标达成是合理的。这意味着预设的地理教学目标本身是合理的。尽管地理教学目标合理设计并不等于地理教学目标达成，但地理教学目标的合理设计却是地理教学目标达成的前提条件，它规约着地理教学的进程，保证了地理教学目标达成的正确方向。首先，地理教学目标应指向未来时空，这是地理教学目标内在的逻辑标准。地理教学目标是对当下现实的不满足而依据教学的可能性在观念上的一种创造，一种超前反映，亦是对学生自在的客观性的一种否定。简言之，地理教学目标应是学生在学习之前不具备，而要经过一定的努力在未来可以达成的。故而，地理教学目标达成的过程也是学习增值和发生位移的过程，如：通过学习，学生收获了更多的地理知识与技能，掌握了地理学习的方法，对地理学习的兴趣和愿望增强等。但这也意味着教师制订教学目标之前必须清楚学习的起点（学生已有的学习基础）和学习的终点（在教学后学生学到了什么），否则，教学无疑会导致一种浪费。其次，地理教学目标的设计要合乎地理课程标准，反之无论教师达成地理教学目标的手段何等卓越，还是射偏了靶子。

第二，地理教学目标达成是和谐的。即不是地理教学目标某一维度的达成，而是地理教学目标所有维度的达成。地理学习需要理智、直觉、情感、感觉和意志全程参与。地理三维教学目标整体和谐地达成，要求超越表层的符号教学，由符号教学走向逻辑教学和意义教学的统一，从而实现知识教学的丰富价值，促进学生全面和谐的发展（姚林群和郭元祥，2011）。而单一维度的突飞猛进且“牺牲”或“忽视”其他维度的教学目标是畸形的达成，不利于人的健康、健全、和谐发展。

第三，地理教学目标达成是深度的。即地理教学目标达成的过程是深刻的，地理教学目标达成的结果是深度的，这是对地理教学目标达成品性的基本要求。机械学习获得高学业成就和情意目标的言行不一不是真正意义上的地理教学目标达成。首先，学生能够获得深刻的概念性理解，发展高阶思维。其一，学生所理解的不仅仅是“是什么”关于事实的知识，还包括超越这些事实的“为什么”和“怎样”的知识，内化成为洞察力，进行启发性预测、说明与阐释。其二，学生不仅仅能正确地背诵、解释学科的核心概念与原理等，还能够整体地领会这些知识之间的联系，洞察这些知识在学科中的功能，批判地审视这些知识背后的意义。其三，学生能有效地实现知识与技能在新情境中的迁移。它不是死记硬背或机械照搬，而是能够以新的方式加以利用。其次，情感目标的达成意味着学生言行一致，知行合一。情感目标达成过程具有内隐性，达成效果具有滞后性，仅靠问卷和量表等手段无法判断是否达成，因为存在言行分离和冲突的风险。布卢姆等（1987）认为“每个情感行为都有着某种性质的认知行为与其对应，反过来也是如此”，所以学生的言行尤其是日常行为表现是情感目标达成的指示物。如对学生环境道德的评价，不仅要通过其言论考查其环境道德认知，更应注重其在真实情境中的环境道德行为。

第四，地理教学目标达成是有差异的。教学的一条基本规律是学生的身心发展具有差异性。地理教学目标的达成也应遵循这一规律。在地理教学目标设计的环节中，可以设计不同层次的教学目标，如设计基本要求和发展要求两类不同的地理教学目标，基本要求的教学目标是全体学生必须达到的要求，发展要求的教学目标是部分学生能达到的较高要求。如课标要求“说明洋流对地理环境的影响”，基本要求的教学目标可以设计为“解释洋流对地理环境的影响”，发展要求的教学目标可以设计为“分析洋流对地理环境的影响”或“运用洋流的知识，解决洋流对地理环境影响的问题”。此外，在教学策略的选择与实施中，应选择多元化的教学策略，对于地理教学目标达成的评价，宜采取多样化的手段，对于不同学生个体的地理教学目标达成结果也要区别对待。

总之，就学生个体而言，地理教学目标达成度即为学生在目标参照测验中，成功完成的题目数量与总体题目数量之比。地理教学目标达成度一般是人为地以“是”与“否”进行二元划分，并且界定一个阈限，但程度会游移于一定的范围之内，表现出从不达成到达成、从浅层达成到深度达成的连续性，以此反映学生的细微差别。另外，地理教学目标达成的评价应有时间和情境作为参数，评价的时间和情境会影响地理教学目标达成的真伪。

（二）群体标准（教师主体标准）

对于教师而言，地理教学目标达成应有学生数量的标准。根据加涅的观点，常用的课程设计标准是 90%的学生能掌握 90%的目标（皮连生，2009）。针对学生个体而言，掌握 90%的目标即可视为达成。针对学生群体而言，可人为规定地理教学目标达成度 F=学生达标人数/参与学习的总人数×100。当 $F\geqslant 60$ 时，称其教学目标基本达成；当 $F\geqslant 80$ 时，称其教学目标达成；当 $F\geqslant 90$ 时，称其教学目标显著达成。

综上所述，地理教学目标达成对于学生主体而言意味着地理教学目标是合理的，学生的地理学习过程是深刻的，学生的地理学习结果发生了增值。地理教学目标的达成是和谐的，对于教师而言还有学生数量的标准。

第二章　理论探寻：地理教学目标达成的研究进展与研究框架

第一节　研 究 进 展

教学目标是教学领域恒久的话题，研究的热点主要有三个：教育目标分类法、教学目标设计、目标教学。比较而言，教学目标达成的研究无论是理论上还是实践上都比较薄弱。

一、教学目标达成研究进展

教学目标达成发端于当代教育评价之父泰勒的目标达成模式。泰勒认为“评价过程中不仅仅报告学生的成绩，更要描述教育结果与教育目标的一致程度”，并在“八年研究”基础上以其课程理论为依据围绕目标达成构建了一种课程评价模式，并提出了相关步骤，来确定学生学习达成目标的程度。但真正推动教学目标达成研究的是布卢姆。

（一）国外研究进展

国外对教学目标达成的研究，主要体现在教学评价与教学设计领域，教学评价领域的典型代表是布卢姆的掌握学习理论，而在教学设计领域，逆向教学设计理论则是典型的代表。

20 世纪 70 年代，布卢姆与其合作者创立了掌握学习教学理论。其一，在布卢姆的掌握学习理论中，教学目标是掌握学习的核心，教学活动应围绕教学目标展开，从而进一步明确有效教学的前提是教学目标达成。其二，布卢姆在卡罗尔学习假设的基础上建立了一种新的学习模型：学习达成度 =*f*（实际学习时间/需要学习时间）。布卢姆乐观地认为：只要有充足的学习时间，95%以上的学生都可以达到优良的学业成绩（本杰明.S. 布卢姆 等，1986）。此论断证实了教学目标达成的可能性，并使教学目标达成成为教育研究的一个命题。其三，布卢姆认为，影响学业达成度的还有：认知的前提特征（学习者的能力倾向、认知结构水平等）在学习中起 50%的作用；情感的前提特征（学习者对所学课题的情意、态度、兴趣、信心等非智力因素的总和）在学习中起 25%的作用；教学的质量在学习中起 25%的作用。这些观点总结了教学目标达成的影响因素。其四，布卢姆提出了掌握学习策略，即以课堂教学为基础，依据明确的教学目标进行教学，借助反馈矫正程序，为学生提供必需的学习时间和个别帮助，使学生在切实掌握了一个单元内容后，再进行后继单元的学习，从而使大多数学生在课程结束时都达到事先所规定的掌握标准。这为教学目标达成提供了理路。其五，布卢姆认为在掌握学习中，如学生完成了标准测验的 80%～85%，则表示其达到掌握水平。这为教学目标达成的量化研究提供了借鉴，后人据此引申出教学目标达成度的概念。总之，布卢姆比较全面地研究了教学目标达成，不仅明确了教学目标达成的意义，论证了教学目标达成的可能性，并且在他的推动下，教学目标达成成为一个教育命题。此外，他还总结了教学目标达成的影响因素，分析了教学目标达成的理路，界定了教学目标达成的层次，为后续的量化研究提供了借鉴。

美国的格兰特·威金斯与杰伊·麦克泰格创立了一种新理论与新实践——通过设计促进理解（understanding by design，UbD）。该理论最核心的内容之一就是提出了逆向教学设计（backward design），其整个过程分为三个阶段。①明确预期的学习结果，即学生应该知道什么，能做什么；什么内容值得去理解；所追求的持久性理解的东西是什么。②确定能证明学生达到预期学习结果的证据。即如何确定学生已经实现了预期的学习结果，且符合具体标准（马兰 等，2011）；如何证明学生已经理解和掌握了相关内容。③安排相关的教学活动，来实现预期的学习结果。显然，这三个过程可以理解为教学目标达成的基本程序。

（二）国内研究进展

关于教学目标达成的研究，中外有着不同的学术路径与研究视角。总体上，我国关于教学目标达成的研究近几年才逐渐被学者所关注，成果不多，且主要从实践的角度展开探讨。

1. 教学目标达成的功能

魏宏聚（2016）强调教师应具备教学目标达成的意识：一类是教学目标预设时的达成意识，指教师在预设教学目标时应思考具体的达成活动，在叙写教学目标时应把具体的达成活动叙写出来；另一类是教学活动中的目标意识，是指教师在教学活动中应牢记活动的目的，一切言行均应指向该目的。教学目标预设与达成中的这两类意识将有利于教师专业素质的提升与高效课堂的构建。

2. 教学目标达成的定义

笔者仅见夏雪梅（2012）对“知识与技能类”教学目标达成有一番耐人寻味的操作性界定：个体或群体学生参与课堂学习后，在知识与技能上和课堂学习之前相比，表现出进步，达到了预设的合理目标。这一进步是在学生与教师、同伴、自身的有意义的学习互动中产生的。总之，在夏雪梅看来，学生的进步是教学目标达成的深层内涵。

3. 教学目标达成的现状

熊川武（2010）对教学目标达成表示了担忧：理解教学目标是教学的相对起点。然而，现实教学中比较普遍的问题是教学目标“名存实亡”，即虽有纸上目标（写在教学计划中），但无落实教学目标的实际行动。杨九俊（2008）则认为：知识与技能的僵化与虚化，过程与方法的简单应对与形式主义，情感态度与价值观的标签化，这些现象都不鲜见，在很大程度上影响了课程实施的质量。

4. 教学目标达成的标准

田慧生和李如密（1996）认为达标整合旨在经过师生共同努力，实现教学的全员达标和全面达标，并使达标所获新知识与旧知识重组整合，形成新的知识结构。教学目标的达成不是以个别学生为标准，而是以全体学生为标准；不是指教学目标某一方面的达成，而是指教学目标所有方面的达成。

夏雪梅（2012）结合有效教学的研究提出了知识与技能目标达成的标准：一是预设目标的合理性，并认为不讨论教师预设目标的合理性就直接探讨目标达成与否的做法是错误的；二是学生学习的进步度；三是目标达成过程是有意义的。

5. 教学目标达成的影响因素

邵秀丹（2016）在讨论课堂目标与目标达成结果检测的悖论基础上，认为学生学习能力的差异造成课堂目标达成度不一致，从隐性知识和能力到显性知识和能力的迁移需要时间和精力，课堂目标设置过高且平均化等因素会影响课堂教学目标达成。

6. 教学目标达成的策略

针对教学目标达成的困境，一些学者开始反思其原因及有效达成的策略。吴也显（1991）、熊川武（2010）都研究了教学目标达成的基本程序与环节。此外，绝大多数学者认为三维教学目标的达成应该是一个整体达成的过程。有学者特别强调过程与方法目标的达成，要实现两个转变（教师角色的转变、学生学习方式的转变）、构建六个策略（建构创设学习情境、联系社会生活、丰富教学方法、营造民主氛围、提供时空保障、实施评价激励）（曾玮和夏志芳，2010）。有学者指出，落实三维目标，要求对知识教学形成整体策略，组织学生进行多样化的学习，并用审美的规律重塑课堂（杨九俊，2008）。还有学者在借鉴加涅关于教学事件的研究的基础上，以当代复杂性理论为基础构建了一种三维目标整合的KAPO模型（李亦菲和朱小蔓，2010）。王月芬和徐淀芳（2010）认为应有效创设问题解决的任务载体，将三维目标融为一个整体；依据学生与内容，灵活调整教学目标的侧重点；多种学习方式的有机结合，有利于三维目标的落实。刘春梅（2009）对三维目标的课程价值重新定位后，提出构建生活化、人性化、共同成长的课堂来整体实现三维目标。于世华（2010）认为，三维目标一体化落实必须重新研究过程实体，重新构建教学过程。具体而言：情境问题探究是认知课堂的活动形式；话题体验对话是交往课堂的活动形式；游戏有效参与是审美课堂的活动形式。

7. 教学目标达成的评价

关于教学目标达成度的研究，有学者提出动作技能目标达成度的公式，还有学者提出评价课堂教学目标的终点效应的公式。

不少学者对情感目标达成进行了专题研究。如陈莹（2013）总结了情感目标的达成存在的主要问题；卢家楣编制了《课堂教学的情感目标测评问卷》；魏宏聚（2012）认为“价值指示”是评价情感目标的有力工具。

二、地理教学目标达成研究进展

无论中外，地理教学目标达成的理论研究都比较薄弱。就笔者收集的英文文献来看，主要集中于地理教学目标设计的研究，没有查到关于地理教学目标达成的专门研究。国内的情况大致类似，相关的研究很少。目前的研究主要集中在以下几个方面。

（一）地理教学目标达成的现状

李亚萍（2010）通过对延吉市初中地理教师问卷调查发现，初中地理教师在设计和实施三维目标的过程中存在的问题有：平时没有设计三个维度的教学目标；目标侧重于教的达成，而忽视学的达成；三维目标关系不清，只重视知识与技能目标的达成。

（二）地理教学目标达成的策略

首先，一些学者提出了整体性的构想。如吴金财（2012）提出了目标导向的地理教学设计的流程：一是设计精确的课堂教学目标；二是基于教学目标进行课堂教学设计，包括教学内容设计、教学策略设计、教学评价设计和教学过程设计。周洪兵（2013）则认为，基于目标的教学设计与实施，应以教学目标为核心，从定标、示标、施标、测标、归标、固标六个方面进行教学设计与实施。黎进广和张胜前（2020）认为英国的教学皆是围绕教学目标的落实进行设计，其目的性非常明确，而细化教学目标、制定评价策略，聚焦真实问题、架构教学思路，激发高阶思维、进行深度学习，关注学生素养、开展合作学习是目标达成的重要策略。

其次，一些学者对不同的目标领域的达成策略进行了专题研究。如李家清在《地理课程与教学论》中分别论述了三维目标的实现策略。相对地理知识与技能目标，地理过程与方法目标、地理情感态度与价值观目标是本次地理课程改革的新目标，因此，相关策略的研究也主要集中在后两者。在地理过程与方法目标领域，东北师范大学、华中师范大学的研究者展开了一些探讨。如袁孝亭（2006）认为地理过程与方法目标的实现策略有两种：显性方式包括通过解决问题训练科学方法，通过复习知识总结科学方法；隐形方式包括通过知识教学渗透方法教育，将科学方法与科学知识紧密结合。杨士军和曹列文（2008）认为地理过程与方法目标的实现途径包括：建立空间概念的过程；引导整合思维的过程，尝试分析问题的过程，培养观察能力的过程，参与调查研究的过程。黄琛（2010）则提出一套以课标为导向、问题为驱力、图文为载体、活动为中心、探究为方式的方案。洪婷（2005）也做了相关总结。李军杰（2012）尝试探讨了基于地理思维与能力目标达成的有效教学课堂构建的方法。而在地理情感态度与价值观目标领域，姚丽芳（2012）认为地理目标教学的教学策略有主体教育策略、目标整合策略、感情渲染策略、情境激发策略、活动体验策略、评价强化策略。朱雪梅等（2009）认为应采取多元化的实施策略，具体策略包括：目标整合策略、情境激活策略、活动体验策略、师生交往策略。李耀峰（2012）则提出结合美育、全程渗透、触景生情等策略。

（三）地理教学目标达成的评价

评价是地理教学目标达成研究的“显学”，其研究成果主要集中在以下几方面。

（1）关于评价原则的研究。唐少霞和毕华（2009）认为评估地理课堂教学目标达成的原则有：全面性原则、层次性原则、可操作性原则。

（2）关于评价标准的研究。《普通高中地理课程标准（实验）》对地理三维目标的评价要点与评价方法提出了建议，如表 2-1 为对地理概念理解能力的评价标准与等级划分（中华人民共和国教育部，2003）。

表 2-1　地理概念理解能力的评价标准与等级划分

水平	对地理概念的理解
水平 1	①只能理解少数基本地理概念；②存在较严重的误解与混淆；③很少能用不同形式表达同一概念
水平 2	①能够理解一些基本地理概念；②存在一定程度的误解与混淆；③有时能用不同形式表达同一概念
水平 3	①能够理解大部分基本地理概念；②较少误解与混淆；③能经常用不同形式表达同一概念
水平 4	①能够理解全部基本地理概念；②完全没有误解与混淆；③能用不同形式表达同一概念

（3）关于评价内容与评价方法的研究。唐少霞和毕华（2009）认为评估地理课堂教学目标达成的方法有：态度调查、作业、小测试、笔记、给予学生表现的评价、教师观察、学生自评与互评等。段玉山（2003）结合案例，针对三维目标采取不同的评价方法。吕润美（2007）分别对三维目标的评价目标与评价内容做了一番研究。在地理知识与技能目标领域，朱雪梅（2009）认为识记、理解、应用是地理知识评价的三个水平。在地理过程与方法目标领域，李家清（2006）认为高中地理过程与方法的评价实践主要包括：收集、整理和分析地理信息的能力评价；发现和解决地理问题的能力评价；表达和交流的能力评价；对掌握地理基本方法的评价。高晶华和黎倩雯（2010）认为地理学习过程的评价重点是学生在获取地理知识，形成地理技能和方法，以及情感态度与价值观的过程中，每个阶段所表现出来的动机、态度、经历、体验、水平、技能、能力等。根据《普通高中地理课程标准（实验）》，地理学习方法的评价重点是学生是否了解或掌握了常用地理方法的运用步骤、要领，以及能否灵活运用正确的地理方法分析和解决地理问题（中华人民共和国教育部，2003）。吴金财（2011）认为具体的评价方式主要有：表现性评价与纸笔测验。地理情感态度与价值观目标达成的评价既是难点，也是关注的焦点。如袁孝亭（2006）指出可采用调查分析法，即在评价理论指导下，通过问卷、访谈、测试等调查手段，收集评价对象的有关资料，经过比较分析做出判断。朱雪梅等（2009）、吴金财（2012）、陈佼（2010）等也有类似的观点。

（4）关于教学目标达成度的研究。赵金凤（2014）从目标达成度的评价标准、测评依据、测评原则及其常见方法等方面进行了理论构建。

三、简要述评

中外学者都对教学目标达成展开了不同的研究，既有基于教育心理学视角的研究，也有基于课程论视角的研究，还有基于教学论视角的研究。

（一）教学目标达成的研究述评

近年来，随着人们对教学实践理性思考的增多及课程目标的变革，教学目标研究的成果增多，教学目标研究有了“回暖”的趋势。这种趋势不是机械的“钟摆”结果，而是预示着历史的重托。

（1）在理论研究方面。其一，对目标达成的一些关键问题提出见解。一些学者不仅拨开迷雾，重新定义目标达成，还对目标达成的标准提出了真知灼见；一些学者富有想象力地构建了目标达成的模型；一些学者归纳了目标达成的途径；还有一些学者力图制订测定目标达成的工具。其二，学习心理学的研究成果更是拓展和加深了教学目标的研究。中外一些教育心理学家广泛地探讨了认知领域、动作技能领域、态度与品德的学习过程与习得条件，为进一步明确三维目标达成机理奠定基础。其三，一线教师教学目标意识的启蒙。统计发现，中小学教师是教学目标研究的主要群体。其四，从国外教学目标新近的研究趋势看，学者都致力于将教学目标、教学策略、教学评价进行匹配的研究。

（2）在实践研究方面。其一，我国于 1996 年成立了目标教学专业委员会，推动了我国教育目标分类研究与应用研究。其二，一些专家承担了国家项目，引领着教学目标研究的发展。如卢家楣承担了全国教育科学“十五”规划重点课题“情感教学模式、策略和评价研究”，魏宏聚承担了全国教育科学“十二五”规划 2012 年度课题“新课程情感、态度与价值观目标达成途径与策略研究”。其三，教学目标理论已经广泛而深刻地影响了课程、教材、教学、评价等多个领域。其四，教学目标问题正在逐步引起教学理论工作者的关注，并和教学实践工作者之间开始相互走近，开展合作研究。

但是，相比较地理教学目标设计研究，地理教学目标达成研究极为薄弱。其一，理论研究薄弱。教学目标达成的理论研究成果较少，教学目标达成的学术界定和机制都缺乏深层次的专题探讨。从教学目标达成的实践来看，虽然广大的教学实践工作者努力地践行新课程提出的三维一体教学目标要求，但是，三维目标究竟如何达成？教师存在困惑。因此，教学目标达成的理论研究远远不能适应教育改革，特别是新的课程教学改革的要求。其二，专业工作者关注不够。相关成果多散见于一些著作，或发表在学科教学杂志和非核心期刊，有影响力的教育刊物上发表的文章数量较少。显然，教学目标作为教学实践活动的出发点和落脚点，教学论专业工作者对于这一重要的教学论问题关注不够，缺乏足够的敏感性与积极研究的姿态。

（二）地理教学目标达成的研究述评

相对于一般教学目标的达成研究，地理学科的教学目标的达成研究较少，理论研究开始起步。其显著标志是关于地理教学目标方面研究的第一本专著《高中地理课堂教学目标研究》出版，虽然其更加关注教学目标设计的实践，但也显示了地理教学目标作为一个研究主题进入人们的视域。

其一，相关成果逐渐增多。改革开放 40 多年来，关于地理教学目标研究的成果日益丰富。尤其是最近 10 年来，地理学科是对教学目标关注较多的学科之一。

其二，日益关注地理课堂教学目标的达成。最近 10 年中，课改前几年主要侧重于地理三维课程目标的解读与地理课堂教学目标的设计研究，而近两年随着课改的深入，如何达成地理教学目标正日益引起一线地理教师的关注，研究成果日渐丰富，研究范围也日益增多。有学者探讨了地理教学目标达成的原则，还有学者分领域分别探讨了知识与技能、过程与方法、情感态度与价值观目标达成的宏观途径及评估方法。这些都为深入地、系统地研究地理教学目标达成奠定了基础。另外，研究的领域也日渐全面。地理目标教学关注基本知识与基本技能的发展，但是如何解决高层次教学目标（如智能、情感等方面）的达成却是难题。随着新课改的推进，学者不仅仅研究知识与技能目标的达成，情感态度与价值观目标和过程与方法目标的达成研究也走进人们的视野，其成果数量甚至超过知识与技能目标达成的成果数量。

其三，以应用为目的和出发点，偏重应用研究。地理课堂教学目标是实践领域的重要主题，其主要原因有两点。一是以逸待劳地引进加涅的教学目标分类理论，意图运用理论改善地理教学实践。与我国教育研究习惯“引进”的传统有关，另外不妨回想，安德森及其团队修订布卢姆认知目标花费了 10 年，加涅探索五种学习结果分类及教学策略适配至少用了 20 年时间，PISA 也是 9 年一轮，马扎诺的教育目标新分类第 1 版和第 2 版间隔 6 年，无不证明教学目标的研究是一项耗费时间与精力的事业，需要足够的研究耐心。二是中华人民共和国成立后的教学论在苏联教学论长期的影响下，把教学目标等同于教学目的，缺乏研究的动力。

尽管地理教学目标达成的研究已经起步，但总体研究态势迟滞，缺陷明显。

其一，总体研究成果寥寥可数。随着地理课程改革的推进，有关地理教学目标的研究日渐增多，但是在地理教学研究成果中所占比例很少。而这少量的成果往往集中于地理教学目标的设计研究，对地理教学目标达成的研究更是寥寥无几。

其二，经验研究多，理论研究程度低。对于地理教学目标达成研究而言，首先要解决的就是这一基本概念的学术界定问题，但目前鲜有深入的理论研究。其次，相关的研究多为中学一线教师的教学经验总结，少有成果能够在研究中提到其理论基础。而地理教学理论工作者对地理教学目标达成研究缺乏关注，理论引导和专业引领作用发挥不够。再次，从研究内容看，研究往往停留于地理三维目标的关系与内容的解读，以及不同维度的地理教学目标达成的具体教学策略探讨，但对一些关键问题缺乏研究。例如，地理教学目标达成是什么？地理教学目标达成的标准是什么？达成的路径是什么？总之，对于地理教学目标达成的一些基本概念、逻辑起点、达成的本质、不同维度的教学目标达成的学习机制缺乏探讨，既缺乏系统的理论建构和深度机理探讨，又缺乏深入的专题研究。

其三，孤立的研究多，全面的研究少。一是过于依赖分析思维，把教学从不同侧面还原成若干要素来逐一分析，习惯性地肢解地理三维教学目标，以为地理教学实践只要分别达成每个维度的教学目标，教学目标就自然而然地达成，因此囿于某一领域的目标达成进行片段化和零碎化的研究，缺乏对人的整体性的关注，三维目标整合不够。笔者认为，三维目标用于研究可以离析，但是一旦付诸实践，必须是一个整体。地理教学目标的达成不能分为三项任务，让三个维度分别达成，而是要通过三个维度相互渗透和相互交织，在教学活动中整体达成，来追求人的和谐发展。二是孤立地研究地理教学目标的达成。一方面只研究教学策略或教学评价，似乎教学目标设计与教学目标达成无关；另一方面目标、教学、评价之间的适配性关注不足，导致地理教学目标的达成虚无化。三是过于强调教学逻辑，却忽视学习逻辑是起点，缺乏教学逻辑与学习逻辑间的自由转换。四是简单地看待地理教学目标的达成，或以为三维目标只要依次完成即可达成目标或忽视了学生人数的标准。

其四，研究方法单一，科学化程度不高。地理教学目标达成的相关研究方法较为单一，往往基于教师个体的教学经验的总结，多运用经验总结的方法，既缺乏“形而上”的思考，又欠缺观察、调查、实验等方法的实证研究。

其五，缺乏深入的专题研究。如关于地理教学目标达成的评价研究，多为泛泛而谈，论及三维目标的评价内容与评价要点时，具体如何有效评价，如何判断或确定课堂教学是否达成了教学目标，所有这些问题都需要进一步地拓深研究。

总之，地理教学目标达成的研究刚刚起步。相比较地理教学方法等地理教学系统要素的研究，地理教学目标研究不是显学。而在地理教学目标领域，相比较地理教学目标设计研究，地理教学目标达成研究是薄弱环节。尤其是理论研究成果较少，对于地理教学目标达成的基本内涵、内部机制及基本路径等都缺乏理论构建。同时，一线地理教师对于到底该如何达成地理教学目标一知半解，缺乏相应的指导与工具。因此，本书以如何达成地理教学目标为核心，从界定地理教学目标达成这一基本概念出发，旨在从理论上揭示地理教学目标达成的影响因素、内部机制与基本路径，初步构建地理教学目标达成研究的理论分析框架，并从实践上提高地理教学目标达成度，提升地理教学的质量，促进学生的全面发展，推动地理教师的专业发展。

第二节　研究框架

一、研究内容

（一）诠释地理教学目标达成的内涵与标准

“何为地理教学目标达成”是研究“如何达成地理教学目标”的前提。但是，当前学术界对这一概念缺乏严格的界定。望文生义的理解会妨碍地理教学目标的达成。因此，笔者首先界定了这一关键概念，并结合这一概念提出了地理教学目标达成的双重标准。

（二）阐释地理教学目标达成的必要性

从哲学的视角探析地理教学目标达成的本源问题。在研究如何达成地理教学目标之前，必须解决三个问题：地理教学为何要有目标？地理教学目标应该是怎样的？为何要达成地理教学目标？即重点阐释地理教学目标达成的必要性问题。

（三）审视地理教学目标达成的问题与原因

当前，由于教师素养不均衡、考试文化盛行等因素的影响，我国地理教学目标达成中存在一些问题，笔者基于三角测量法，收集了 100 节课例，测试了 568 名学生，访谈 57 名教师和学生，结合现场观察、教学录像和教学设计分析，以及深度访谈和教育测验，揭示我国地理教学目标达成的问题。

（四）解析地理教学目标达成的影响因素与内部机制

路径是节点与路线的结合。就地理教学目标达成而言，节点即影响地理教学目标达成的因素，路线即地理教学目标达成影响因素之间的关系——内部机制。因此，要探明地理教学目标达成的路径，就必须揭示地理教学目标达成的影响因素与内部机制。

（五）探寻地理教学目标达成的基本路径

找到地理教学目标达成的基本路径，提高地理教学目标达成的效果是本书研究的核心目标，为此，将总体探讨其基本路径及其特点，然后重点探讨基本路径的三个基本节点。

1. 地理教学目标的设计与转化

地理教学目标的合理设计与转化是地理教学目标达成的前提条件。因此，本部分将主要通过课堂观察法、比较法、案例法来探讨地理教学目标的必然性与内在属性，以及能够达成的地理教学目标的特点，最终构建能够达成的地理教学目标的设计策略。然后，探讨地理教学目标向地理学习目标转化的具体策略。

2. 地理教学策略的选择与实施

能动性的活动是学生素质发展的机制，地理教学目标要在活动中达成。从地理教师的角度，这种能动性的活动可称为地理教学策略。本部分将分别从自然地理、人文地理、区域地理教学目标达成的主要教学策略展开。

3. 地理教学评价的设计与实施

地理教学目标达成本质上是一种以地理教学目标为核心，通过教学评价驱动教学的过程。本部分将主要通过案例法、比较法来探讨三个问题：为何要评价？如何展开评价？没有达成怎么办？即研究地理教学目标参照评价的理念、设计与实施及地理补救教学。

二、基本思路

按照“提出问题—分析问题—解决问题”的思路展开研究，具体如下。

第一步，通过课堂观察、深度访谈、文本分析、教学测验等研究方法，笔者发现地理教学目标达成存在诸多隐忧，故而凝练出如何达成地理教学目标的核心问题。结合研究背景与研究意义，提出研究该问题的重要性与必要性；通过文献综述，阐明该问题研究的基础与不足，进一步提出该问题研究的必要性。

第二步，分析问题。首先思考何为地理教学目标达成，构建地理教学目标达成的标准，从概念界定的角度进一步规范地理教学目标达成这一术语。其次，从哲学的角度思考为何一定要达成地理教学目标，进一步深入分析地理教学目标的属性与达成过程。再次，如何达成地理教学目标事实上是地理教学目标达成路径的问题。所谓路径，包括节点与路线。为此，深入地探讨影响地理教学目标达成的节点——影响因素，揭示地理教学目标达成的路线——内部机制。这为基本路径的提出奠定基础。

第三步，解决问题。在影响因素与内部机制的基础上，从教学设计的角度，提出地理教学目标达成的一种基本路径。

三、研究方法

（一）课堂观察法

课堂观察法是教学研究的一种常用方法。它是研究者有目的、有计划地对自然状态下课堂事物进行观察和记录的一种研究方法。课堂观察法可以获得大量的第一手资料，并且具有简便易行的特点。为了克服其容易遗漏的问题，笔者还对大部分课例进行了教学录像，以便反复观察。本书在现状研究中采用了这一研究方法，现场观察 36 节，教学录像 40 节。

（二）内容分析法

内容分析法是对教育文献的内容作客观而系统的量化分析，并加以描述，从而对相关的教育现象做出事实判断的研究方法（杨小微，2005）。第一，在现状研究中，笔者收集了24份教学设计，既包括一些“原生态”的教学设计，也包括一部分发表在《地理教学》《地理教育》《中学地理教学参考》三大杂志上的教学设计，通过分析其设计的思想与思路，归纳地理教学目标达成的现状。第二，在地理补救教学研究中，笔者对568份测试卷进行了归类，并根据测试卷分析了问题与成因。

（三）教育测量法

所谓教育测量法，是指根据某种规则或尺度，以数量化的形式描述教育现象或教育对象的某种属性（杨小微，2005）。在地理教学目标达成的现状研究中选取了“热力环流”这一内容，编制了一道试题，在568名学生中进行了测量，测量的结果能从一定程度上表现学生对“热力环流形成原理”的理解与应用水平，还能测试学生的地理绘图技能。

（四）深度访谈法

访谈是一种研究性交谈，是研究者通过口头谈话的方式从被研究者那里收集（“建构”）第一手资料的一种研究方法（陈向明，2000）。而深度访谈则是其中的一种无结构访谈或者自由访谈，其自由程度较高，没有固定的访谈程序，只有访谈的主题或范围。在现状研究中，笔者对22名中学地理教师就地理教学目标达成的效果与原因进行了一些访谈，有的甚至是某节课的教学反思，还有的更是深刻地揭示了影响地理教学目标达成的问题与原因。另外，在地理教学目标达成路径的整体分析部分，笔者对45名中学地理教师进行了“影响地理教学目标达成的因素”的访谈。还有，在地理补救教学的实证研究中，为了确定学生学习的“病灶”，还通过与12名学生的深度访谈，让学生口述其思维过程。

（五）比较法

比较的目的是找出差异。第一，在地理教学目标达成路径整体分析中，通过对《地图阅读》同课异构的比较，说明三元适配的重要性。第二，在地理教学目标设计的研究中，通过比较两位地理教师对地理教学目标的同课异构，找出能达成的地理教学目标所具有的特点。第三，比较以自然地理原理与以人文地理原理为核心目标的不同的教学策略。第四，比较初中区域地理与高中区域地理的学习特点与教学策略的不同。

（六）案例法

案例法主要是运用典型的案例来分析教育现象，揭示教育规律的研究方法。本书几乎每章都使用了案例法，这些都是来自地理课堂真实的教学事件，可以避免纯粹的理论阐述，并且可以为理论寻找支持性的证据。

（七）准实验法

如果某实验研究缺乏“标准研究”或“真实验”中的一个或多个“要素”，则该实验研究被称为“准实验”或前实验（Campbell and Stanley，1963）。一般情况下，准实验只有实验组而没有控制组，只有后测而没有前测。它是对一般实验研究的变通，体现了教育实践的特殊性。准实验研究实际上也是行动研究，它更加注重对教育实践的参与与改进。在地理补救教学研究过程中，笔者对12名学生进行了准实验研究，按照其“病灶”的不同，分别进行了不同类型的补救。

四、价值追求

目的性是人类活动区别于其他物种活动的标志之一。在教学领域，目的性深刻地表现为教学目标。地理教学目标制约着地理教学的方向，规约着地理教学的活动方式和步骤，为地理教学评价提供基本的依据。地理教学目标达成程度是地理课堂教学质量的重要标志。

（一）延伸教学目标研究链条，丰富地理教学目标理论研究

地理教学目标的达成似乎是一个约定俗成的词语，如何达成地理教学目标似乎也是一个过于宏观的命题，鲜有人进行深入研究。教育可以归结为两件事，一是确立教育目的，二是实现教育目的（周浩波，2000）。同理，教学也无非两件事，设计目标和达成目标。与设计目标相比，后者无疑是教学目标领域的薄弱环节。针对地理教学目标达成研究薄弱的现状，本书不仅要界定地理教学目标达成的深层内涵，阐明地理教学目标达成的内部机制，探索地理教学目标达成的一种基本路径，探讨地理教学目标达成的一些基础与关键理论问题，从而推动地理教学目标的研究，丰富地理教学目标的理论研究。

（二）缩小教育理想与现实的差异，化解地理教育实践的困境

教学是一门以生命的可塑性为前提，探讨如何将可能性变为现实性的科学。教学的目的即是将可能性变为现实性。地理教学目标可谓地理教学理想与地理教学现实的一个交汇点。因此，地理教学目标达成可以开辟一种新的视角，把原本比较宽泛抽象、难以把握的教育理想变为可以具体把握的对象，并借以逐步实现教育理想，化解长期以来教育理论与教育实践的困境关系。因此，本书可以将教育理想落实的瞬间抓住，锁定教育理想在实践中的范围，使之成为可以考察的具体对象，探索何以将理想有效实现，为寻求缩小教育理想与现实差异的努力提供一个新的研究视点。

（三）为达成地理教学目标提供实践工具，助推“后课改时代”的地理教学改革

地理教学目标达成是一个实践感很强的话题，它与教学质量密切相关。教学无非就是制定目标和达成目标。虽然地理教学目标达成是地理课堂的永恒主题，但现实课堂中地理教学目标达成面临各种隐患：地理教学目标的设计随心所欲，缺乏内在的达成力量；地理教学策略的选择肤浅僵化，或游离于教学目标，或不与教学策略适配，或不关注有无增值，或局限于低阶思维；地理教学目标达成的评价由于意识淡薄，低效乏力，既缺乏具体清晰的评价与反馈，又过于偏重知识与技能目标。总之，一个最为关键的问题就是教师不知道究竟该如何达成地理教学目标，或者说不少地理教师缺乏清晰的操作路线图。本书力图提供一种“处方式”的教学思维：目标引领教学，评价驱动教学。它可以帮助地理教师节约

时间，迅速有效地在繁杂的地理教学系统中厘清教学思路，迅速地找到地理教学的切入口，紧紧围绕“达成教学目标”这条主线，制定正确的教学目标，选择合理的教学策略，建构科学的教学活动，开展全程的教学评价，并根据教学目标达成的情况来实施补救教学。另外，笔者还专门为一线教师的课堂教学实践制定了实践工具——地理教学目标达成简案与观察单。进而，助推“后课改时代”的地理教学改革。

新课程所倡导的先进理念得到了很大程度的认同，但先进的理念与残酷的现实之间的“两张皮”现象不仅存在，而且十分严重（崔允漷，2011）。地理课堂教学也不例外，存在“形式主义”误区，这种误区的本质则是地理教学目标达成的危机。随着2011年基础教育地理课程标准的修订，标志着地理课程改革进入了新的正常发展时期，即“新常态”时期，或称为“后课改时代”。在后课改时代，地理课程面临着突破难点、优化重组与深入推进的问题。这也意味着地理课程改革已经从“认识”走向“实践”，并推进到“决战课堂，聚焦教学”的关键阶段，变革课堂，提高教学质量，基于地理课程标准，让繁华的课堂教学回归真实，学生获得扎实的学习结果，已是当务之急。然而地理教育的质量是由地理教学决定的而不是由地理课程决定的。地理教学有机集成了教师的“教”与学生的“学”，没有师生双方的教学活动，地理教学无从发生，地理课程更是无从存在。深入地揭示地理教学目标—教学策略—教学评价的关系，揭示地理教学目标达成的路径，化解地理教学目标达成的危机，破解地理课程改革“形式化”的难题，提高地理教学的实效性，关注学生的成长，构建扎实有意义的地理课堂，乃是本书的初衷之一。

（四）探索地理有效教学的途径，促进学生的全面发展

有效教学是地理课堂教学的永恒诉求。有效教学一般有三重意蕴。其一，有效果，即教学活动与预期教学目标相互吻合。其二，有效率，从经济学的角度，教学效率体现为教学效果与教学投入之间的比例。或者说，教学效率是有效教学时间与实际教学时间之间的比例。其三，有效益，主要指教学活动的收益、教学活动价值的实现。具体来说，是指教学目标与特定的社会和个人的教育需要是否吻合及吻合程度的评价。而考察课堂教学是否有效，必须关注三个维度：一是高的目标的达成度，二是优化的达成路径，三是积极的学习愿望（迟学为，2012）。理性的思辨无法证明有效教学，有效教学需要基于证据的推论。实现有效教学的途径有多种，日本课程论专家佐藤正夫（1996）说：一切教育现象、教育过程得以形成的最高基准点就是目标。由此推论，地理教学目标达成是证明地理教学“有效”的唯一可靠证据。地理课堂教学目标达成是地理有效教学的应有之义，是实现地理有效教学的基石。因此，本书从教学目标达成的角度清晰地探讨地理有效教学的实现途径。

另外，地理教学目标的整体达成，有利于促进学生的全面发展。人是整体的存在，也是开放的存在，人总是超过了他对自己所知或所能知的一切。人不等于德、智、体、美、劳等因素的简单相加，人的内涵远比德、智、体、美、劳等更丰富。全面的教育应当考虑人的各个方面：体质、智力、审美观、情感和精神，争取实现“一个生活在和谐世界上的完美的人”的这一长期梦想（联合国教科文组织总部和联合国教科文组织总部中文科，1996）。地理新课程规定了三大课程目标——地理知识与技能、过程与方法、情感态度与价值观，这意味着地理有效教学的标准不仅仅是判断地理知识是否掌握，这是学生在这三大目标领域上都要获得全面充分的发展；并且地理教学目标的达成也不仅仅是知识与技能、

过程与方法、情感态度与价值观的机械堆积，还是通过相互渗透和相互交织，呈现和谐统一。虽然，作为整体的人是不可获知与不可言说的，但是脱离了复杂的整体，人们无法充分理解单一的孤立的个体，因此本书试图基于一种系统思维，探索一种有效的整合机制，构建一种多元整合的地理课堂教学目标达成路径，以人的整体发展为主要旨归，追求人身心多方位的发展，探寻知、情、意的和谐发展，使得个体日臻完善、日益丰满。

（五）促进地理课程与教学的一致，推动“基于标准”教学

《基础教育课程改革纲要（试行）》明确本次课程改革的课程实施旨向是“基于课程标准”。然而，这一旨向并非源于教师的自觉反省，而是基于政策的强行规定，且课程标准一般比较抽象，教师难以将标准中的科学语言转化为理想的课堂实践的清晰图景。地理教学目标达成可以轻易化解这一难题。首先，地理课堂教学目标达成路径与课程的思维可谓是不谋而合。泰勒原理既可以说是课程的四个经典问题，也可以说是课程的逻辑。从教师的视角看，课程思维需要一致性地思考“为什么教”“教什么”“怎样教”“教到什么程度”；从学生的视角看，课程思维需要一致性地思考“我要到哪里去”“我怎样去、需要什么样的资源”“我真的到那里了吗”（夏雪梅和崔允漷，2006）。本书从教学目标出发研究与之适配的教学策略与教学评价，克服了教学思维的单一与点状思考的特性，要求教师不仅关注“教什么”和“如何教”，更要关注“为何教”及“教到何种程度”，要求教师理解学生达成目标背后的复杂意义，反思教学对达成学生的学习结果有何作用，以及如何达成，这与课程的协同一致原理不谋而合。其次，地理课堂教学目标是地理课程标准的具体化，教学目标即一定意义的“标准”，它可以将课程标准的宏观语言“翻译”为教师所能理解的清晰语言，并且这一化解的过程也是教师主体性的发挥，会提高教师遵循课程标准的自觉性与执行力。因此，地理教学目标达成的研究有利于推动“基于标准”的教学。

（六）唤醒教师对地理教学目标进行反思，推动地理教师的专业发展

人们对教学目标的合理性的质疑、辩护和理解，是教师自主地展开这种教学实践的思想前提。但现实中教师往往把教学目的和目标当成一种既定的工作任务来接受，而不是当成一种需要个体理性反思的主题，其原因有缺乏制度支持、没有时间、没有必要等，但这种教学意向的合理性质疑、理解和辩护的缺乏，反映了教师在教学实践中陷入一种“客体化”或“工具化”的境地，沦为不折不扣的“教书匠”。因此，本书期望唤醒教师对地理教学目标进行“去习惯化”的思考，引导教师对教学目标进行合理性的质疑、辩护和理解，触动并唤醒教师教学研究的自觉，深度考虑教学目标的设计与达成，不仅有助于改善地理课堂教学，而且有利于促进地理教师的专业发展。

第三章　哲学探源：地理教学目标的基本属性与达成过程

哲学是教学论的基石和理论基础。一切的哲学思想中，教育的目的恰好与哲学观点有着密切关联（Knight，2010）。目的是哲学的范畴，目标是目的的具体化，因此对地理教学目标的研究，不得不从目的的哲学开始。本章将从哲学的视角，探讨三个地理教学目标达成的本源问题：第一，地理教学何以要有目标？即地理教学目标的必然性问题；第二，地理教学目标是怎样的？即地理教学目标的内在规定性问题；第三，如何达成地理教学目标？即地理教学目标的实现路径问题。

第一节　地理教学目标的必然性

地理教学具有目标性似乎是不证自明的，因此少有人从本源的角度去证实或证伪。笔者试图从哲学的视域证实地理教学目标的必然性。

一、目的的范畴

目的是哲学的一个重要范畴，也是中外先哲经常论及的一个话题。但他们往往把目的解释成“终极的因果关系”（台北中华书局股份有限公司，1987）。在古代中国，虽然有人已正确地认识到只有人才有目的，但是主流的观点是天命神授。在欧洲，苏格拉底最先用目的论解释世界，认为目的是世界的普遍原则。柏拉图师承苏格拉底，是一个神学目的论者。而亚里士多德第一个对目的这一范畴做出了哲学分析，但也认为目的是世界的普遍性原则。17 世纪德国“万能大师”、“天才科学家”莱布尼茨以“单子”构建了神学目的论，之后康德（1964）提出了“内在的目的性”之说，明确地指出了，人乃是世上唯一的存在者能够形成目的的概念。之后作为古典唯心主义哲学的集大成者——黑格尔对目的的运动及目的与手段的关系进行了深刻而精辟的论述。先哲对目的的探讨为马克思主义目的论的建立提供了基础。在马克思主义看来：首先，物质世界具有普遍的因果制约性和客观规律性，这是认识目的的前提；其次，目的性是人所特有的自觉能动性的一种表现，人是唯一依照自觉目的进行活动的实体；再次，目的是人的主观世界与客观世界的辩证关系的产物。具体表述如下。

（一）自然界没有目的

自然界的本源就是它自身，自然界不是有目的的创造物。在自然界，一种事物转化为另一种事物，一种现象引起另一种现象，是物质自然界本身固有的规律。这也反映了自然界的自然决定论原则，即任何现象都有其产生的原因，并且都会引起一定的结果。所以，目的不是支配整个世界的普遍原则。

（二）某些生物具有合目的性

一些生物尤其是高级哺乳动物能够有意识、有计划地行动从而实现某种目的，但这实属生物本能的加强，是生物对环境的适应性的加强。即使有某种预谋，或者与意识相关，但都服从于在生存竞争中机体的直接生理需要，与它们的生命活动合二为一，本质上是对环境的消极适应，不是真正的自觉性的目的。

（三）人是唯一有自觉目的的实体

人是世界上真正具有自觉抱定的目的并根据自觉抱定的目的进行活动的实体。人，而且只有人，才真正是通过自己有目的的创造性活动，在地球这个舞台上建立起了自己的丰富多彩的社会生活（夏甄陶，2011）。

首先，人类的形成和产生，不是预先有目的的。一方面，人类的产生是物竞天择的结果，是本能适应性的表现，服从生物进化的规律。另一方面，仅仅是生物进化的规律，人类无法实现从猿到人的改变。在生物进化的基础上，劳动创造了人本身，“这个所谓世界历史不外是人通过人的劳动而诞生的过程”（中共中央 马克思 恩格斯 列宁 斯大林著作编译局，1972）。总之，在自然进化与社会劳动共同作用下，实现了从猿到人的进化。

其次，人依照自觉目的进行活动，目的只适用于人类活动的范畴。人在进行任何一种活动、从事任何一项事业的时候，自始至终都有一个自觉的目的在驱使、在支配。目的是人的实践活动一个必然的内在规定性（夏甄陶，2011）。人在劳动的基础上形成了一种区别于动物的自觉能动性，而自觉能动性又让人的活动具有目的性。具体表现为人在活动之前预先设定好目的，并用这种目的引导和支配活动。人在进行任何一项活动的开始，总会问自己：为了什么目的？同时根据现实需要，以及过去的实践经验，根据各种客观条件，做出一番计划，只有这样才能达到目的。之后所有的活动都受这种目的驱使和支配。故而，目的不是人的活动的外在东西，目的是人在实践活动中产生的，是实践活动的起点，与此同时又贯穿于实践活动的全部过程并且它还是实践活动的归宿。目的是人类实践活动的一个不可缺少的因素。离开了人的实践活动，目的就没有任何意义。因此，马克思说：“蜘蛛的活动与织工的活动相似，蜜蜂建筑蜂房的本领使人间许多建筑师感到惭愧。但是，最蹩脚的建筑师从一开始就有比最灵巧的蜜蜂高明的地方，是他在用蜂蜡建筑蜂房之前，已经在自己头脑中把它建成了。”（中共中央 马克思 恩格斯 列宁 斯大林著作编译局，2001）。此外，人活动的目的性不同于自然界的因果联系，不是那种客观的必然趋向，不是自然的原因引起的自然的结果，而是通过意识和观念对未来进行预期并通过这种意识干预和“引渡”从而实现这种意识。

再次，人类有自觉目的的活动更新了自身的进化方式。人类有自觉目的的活动使得人类的进化不再是单纯的自然进化，不再是通过自己机体和功能的变化来消极地适应环境的变化。人通过劳动制造和使用工具，使得自然界“人化”，并且人类文化呈现出一种新型的进化方式——“累积的遗传”。总之，这种新型的进化方式是人类有自觉目的的活动创造，并使人类远离动物，创造人类自己的历史。

二、地理教学的目标性

如上所述，人是唯一依照自觉目的而活动的实体，目的是人类实践活动的内在属性。地理教学作为人类实践活动的一种，不可避免地具有目的性。或者说，地理教学目标是地理教学的内在规定性。

首先，地理教学具有目的性，充分体现了教师的自觉能动性。具体而言，每节地理课之前，地理教师一般都会考虑这些问题：通过这节课，学生应该有哪些收获？为了完成这一目标，我应该采取怎样的教学策略？教学结束后，学生能否达到预期的目标？这充分体现了教师对地理教学目标的预设及为了达成地理教学目标对地理教学过程的积极计划和筹划。

其次，不存在没有目标的地理教学。尽管中外学者对“教学”这一概念的解释众说纷纭，莫衷一是，但是教学具有意向性却是大家的共识。教学的意向性是指意在引起学生的学习行为以达到某些特定的发展目标。它包括两个方面：就形式方面而言，教学的意向性是引起或指导学生的学习行为；就实质方面而言，教学的意向性是指达成一定的发展目标，如某种态度、知识、技能、信念等（石中英，2007）。显然，目的性是地理教学的内在规定性。那些没有引起学生学习行为的教学（如教师讲课时学生睡觉）不能称为“地理教学”，同样那些不是由教师有目的的引起的“无意学习”和“条件学习”也不能称为“地理教学”。

总之，地理教学的本质是以促进学生发展为目的的教师指导学生有效学习的活动。学生的发展是地理教学活动的明确目标，学生是否获得了全面而高效的发展是衡量地理课堂教学好坏的真正标准。

第二节 地理教学目标的规定性

地理教学目标是什么？它又意味着什么？本部分着重探讨地理教学目标的内在规定性。

一、目的的属性

目的是对未来客观实在的一种自觉预见。目的蕴含着实现自己的趋向。指向目的的活动通过运用手段反对外部现实来超越当下现实。

其一，目的是意识的产物，具有主观性，是心之所向，意之所往，反映了主体的需要，也反映了主体的倾向性与主观意图。意识主体不同，主体所具有的实际目的也可能不尽相同。

其二，目的具有指向性，既可能指向物质的结果，又可能指向精神的过程。如工人劳动的目的直接指向有形的产品，而旅游的目的则指向体验无形的旅游过程。又如在教育领域，有人提出教育的目的是“培养人”或者“为未来生活做准备”，也有人指出“教育过程在它自身以外无目的，它就是它自己的目的。”（约翰·杜威，1990）。前者指向结果，认为教育有外在的目的，而教育是实现目的的手段。后者指向过程，也是内在的目的，认为教育自成目的，它的目的是自给自足的，教育即是教育的限度。可见，目的并非一定指向具体的有形之物。

其三，目的具有相对的终结性。一方面，“目的”一词在多数情况下，也就意味着“一种特定的，已经选择过的以及预期的终结状态”（沃尔夫冈·布列钦卡，2001）。另一方面，目的是一个连续体，没有绝对的终结性。一个目的的实现是达成其他目的的起点或者工具，如此循环往复。

其四，目的与手段的相对性。目的手段链中，目的与手段是相对的，下一层的目的是实现上一层目的的手段，如此环环相扣。如教学目标是实现课程目标的手段，而课程目标又是实现教育目的的手段。

其五，目的包含着实现自己的趋向，具有动力和激励的作用，它是引起实践活动的积极主动的力量。目的“作为一种力，它激起自身的外在化，作为一个原因，它就是自己的原因，或其结果直接就是原因”（黑格尔，1976）。

二、地理教学目标的属性

地理教学目标作为目的的一种，不可避免地带有目的的属性。但同时，地理教学目标又有自己的个性。

（一）地理教学目标的内在规定性

地理教学目标是对未来地理教学结果的一种预期，也就是对学生学习结果的设定。

1. 地理教学目标主体的思考

由于我国教育界长期模糊了教学目标与学习目标的区别，在教学目标的主体问题上存在诸多争议。一种观点认为教学目标是教师制定的，教师理所当然是主体，另一种观点认为教学目标是学生学习结束后的学习结果，学生理所当然是主体。从复杂性科学的视角看，每一个复杂系统都是由许多作用者相互作用形成网络，系统内可以有多个主体，主体与主体，以及主体与环境之间都会主动交流，并通过交流来学习和积累经验，最终改变自身的结构和行为方式。在复杂性科学视角下，地理教学目标应具有多重主体性。

首先，教师是操作主体。主要表现为：其一，地理教师是地理教学目标设计不同利益的协调者、最终抉择者和内化者。地理课程与教学专家、学科专家、家长或其他社会人员分别代表社会、学科、学生等不同利益者，对地理教学目标的方向、价值、内容、结构、水平等方面有诸多的建议，但是这些建议只有被教师接纳，被地理教师内化才能发挥作用，因为完成地理教学目标设计的操作主体是地理教师。面临不同的建议时，选择谁的建议，舍弃谁的建议，教师必然会做出一番权衡；另外，如果邀请学生参与地理课堂教学目标设计的实践，那么学生的参与程度是多少，地理教师也需做出权衡，这种权衡工作其实也是教师隐性地去协调各参与人员的工作，协调他们的建议对地理教学实践的实际影响力，虽然并没有人明确要求地理教师去做这一协调工作。其二，地理教师是地理课堂教学目标实践的直接操作者。当地理教师获取了各种设计课堂教学目标的相关信息后，根据实际需要开始设计课堂教学目标。需要说明的是，即使地理教师邀请学生参加地理教学目标的设计工作，学生也不能成为地理教学目标设计的主体。因为与教师相比，学生对国家总体的教育目标、地理课程目标、相关教育理论等方面的理解肯定远不如地理教师。因此，地理教师理所当然是地理课堂教学目标设计的主体。其三，地理教学目标达成的教学实践，以及课前对地理教学目标的转化、课中对地理教学目标的调整与评价，也主要是由地理教师来操作。由此可见，地理教师是地理课堂教学目标设计和实践落实的操作者，是地理课堂教学目标设计的必然主体。如果地理教师能扮演好上述的各类角色，那么地理教师就会成为真实自觉的主体，反之则不然。

其次，学生是利益主体。地理课堂教学是富于理性的，首先表现为“活动实现的是谁的利益”，即价值理性，然后表现为活动的有效性，即工具理性。德国哲学家康德有一句名言，“人不仅是工具，更应该是目的。”（郭华，2005）。人们通过自己的活动实现的不过是自己的利益。这意味着：其一，学生要参与目标导向的课堂教学活动，如果教学目标的制定不是采取民主协商的形式，而是独断，制定课堂教学目标的权力掌握在教师或包括教师在内的少部分亲身参与课堂教学活动的人手中，那些无权参与制定教学目标的大多数人只有通过自己的努力去实现这些目标的义务，那么，这同样可能存在一个人或少数人对大多数人的直接控制。其二，地理课堂教学的最终目的是学生的成长与发展，学生是直接相关的利益主体。地理教师不是毫无利益，也不是要“消化”学生来发展自己，恰恰相反，地理教师正是要通过实现学生的利益来确证自身的利益，使教学成为促进教师自身发展的手段。简言之，地理教学目标的主体是二元对立的，即地理教学目标是教师为学生制定的，但教师只能依赖并作用于学生，不能自己直接达成地理教学目标（刘学梅，2020）。

再次，地理教学目标体现了师生的主体间性。地理教学活动是一种特殊的实践活动。教育人类学家哈梅斯贝克曾一针见血地指出“所有的教育行为，都与人的概念有关”（冯增俊，2005）。人是教育的对象，教育与人息息相关。作为教育本体的教学亦是如此。地理教学活动的特殊性在于其活动对象不是一般的物质世界，而是活生生的具有个体生命的人，学生不是可以任意加工和改造的客体，教学应该唤醒和启发人的灵魂。因此，地理教学的过程不是一种狭隘的主体改造客体的活动，更不是一般意义上的人对物的改造活动，而是一种人与人之间的交往活动，是“主体”与“主体”之间的交往关系，是教师与学生之间的思想对话。一方面，学生和教师是教学的主体。地理教学不能只是“外铄”的，而应该是学生“内发”的。学生不是消极的“被塑造”，学生不仅能对教师的教学活动做出主观反应，而且能积极地发挥自己的主观能动性并对教师施加作用和影响，自主能动地认识世界、认识自我、改造世界、完善自我。地理教学目标也集中体现了师生主体间性。主体间性是指主体与主体之间的相互性和统一性，是两人或多人主体的内在相关性（尹艳秋和叶绪江，2003）。首先，地理教学目标体现了师生主体间的“互识”与“共识”。“互识”是指主体之间是相互认识和相互理解；“共识”是指不同主体对同一事物所达成的相互理解，所形成的主体间的共同性和共通性。通过对共同事物达成的共识，主体才能达到深层的互识。因此，主体间的互识和共识是相互作用的（岳伟和王坤庆，2004）。其次，地理教学目标自身体现师生主体间的共同性和共通性。地理教学目标既是学生预期的学习结果，也是教师预期的教授结果，是教师和学生双方合作实现的共同目标，但教师教的结果和学生学的结果都体现在学生主体身上。因此，地理教学目标是着眼于教而落实于学。也正是由于这种共同的目标，使地理教学中师生学习共同体的形成得以可能。主要表现如下。

第一，地理教学目标体现了师生主体间的共同性和共通性。地理教学目标既是预期的学生的学习结果，也是预期的教师教授的结果，是教师和学生双方合作实现的共同目标，但教师教的结果和学生学的结果都体现在学生主体身上。因此地理教学目标是着眼于教而落实于学。也正是由于这种共同的目标，师生学习共同体得以在地理教学中实现。

第二，地理教学目标设计的过程体现师生的“共识”。地理教学作为一种有目的的活动，师生在地理课堂教学之前必须对教学的结果做一番计划即设计地理教学目标。作为地理教学的主体，教师和学生都应该参与地理教学目标的设计工作，体现师生的“共识”。但是由于时间的有限性及学生的“不成熟性”和“未完成性”，现实中学生往往不能直接参与教学目标的设计过程，而由地理教师单独完成。但是地理教师应该具有双重身份，既是教师的代言人，也应该是学生的代言人，站在学生的立场考虑学生的身心发展规律和当下的学情。尽管这种考虑未必一定要和学生进行实际的相商和沟通，但是地理教师必须认识学生身心发展情况，得到学生的身心发展的认可，才能制定出合理的地理教学目标。

第三，地理教学目标的呈现体现了师生的共同理解。加涅依据其信息加工模型及学习者进行学习活动时的内部心理阶段提出了九大教学事件，其中“告知学习者目标”是九大教学事件之一。国内的教学改革也逐渐发现，呈现教学目标直接影响着教学的有效性（卢晓旭 等，2011），一些教师也开始通过导学案等方式呈现地理教学目标。教师在课堂教学中呈现地理教学目标的过程中，学生也完成了对地理教学目标的理解，从而达成了“共识”。

第四，地理教学目标对师生的教学活动有一定的规约，师生交往互动中必须共同遵守规则。尽管这种规约在学生身上不是直接体现的，但是通过地理教师可间接作用于学生身上。

总之，地理教学目标凝结着教师和学生主体间性的和谐，是教师教的目标与学生学的目标的辩证统一。在中文语境中，教学目标与学习目标分得很清楚，教学目标一般包括教师和学生力图达到的活动结果，而学习目标则是学生力图达到的学习结果。而西方国家通常把学生及其学习视为教育或教学的中心，他们认为“学习目标陈述的是学生的表现，既包括对学生应该知道、理解什么，以及在一个单元教学结束时能够做什么的描述，又包括判断学生表现水平的尽可能可行的标准”（Mcmillan，2004）。这与教学目标异曲同工。

2. 地理教学目标内容的思考

从形式上，地理教学目标体现了师生之间的主体间性；从内容上，地理教学目标具有以下特性。

其一，地理教学目标意味着否定当前现实，它意味着对未来地理教学的筹划。即地理教学目标是预期的学习结果，而不是现实的学习结果。地理教学目标对地理教学预期并不是主观臆断的，而是立足于现实土壤上的一种大胆推测。在这个意义上，教学目标是教师和学生的过去、现在及未来的一种联结（裴娣娜，2007）。这意味着学生在教学之前并不具备这种学习结果，或者说还不能表现出学习结果规定的行为，但这一结果又是目标制定者认为学生经过一定的努力，经过一定的学习过程在未来可以达到的（王小明，2005）。因此，所预设的地理教学目标应该是否定当前现实的，在教学之前是学生未能达到的。

其二，地理教学目标是预期的学习结果而不是发展结果。首先，学习与发展有所区别。所谓学习，是主体与环境相互作用所引起的能力或行为倾向的相对持久的变化（皮连生，2009）。发展的范畴比较宽泛，因自然成熟引起的变化及因后天经验和学习引起的变化都可称为发展。地理教学目标是从学习结果的意义上来界定的。但地理教学目标必须以学生心理、生理的发展为基础。其次，学习的结果可能五花八门，包括知识、技能与情意等。为此，学者们对教学目标进行了各种分类。

其三，地理教学目标总是具有一定的价值取向。人作为地理教学目标的制定者不是纯粹的理性存在物，总是交织着复杂的难以捉摸的感性成分，作为真实存在的个体，总会表现出其固有的偏好，因此价值无涉的、完全客观的地理教学目标永远只是一种臆想。一方面，由于教师价值观的影响，地理教学目标的内容会有差异。例如，在地理同课异构中，不少地理教师对同一地理内容存在不同的教学目标，尤其是过程与方法目标和情感态度与价值观目标，有时候会大相径庭。另一方面，地理教学目标的倾向也会有差异。地理教学目标具有内在目标和外在目标之分，其区别在于是否体现学生心理意义的积极变化。如把地理教学当成是任务完成的过程就是外在目标，而把地理教学当成是促进学生发展的过程则是内在目标，追求地理知识的死记硬背是外在目标，而追求地理知识的理解则是内在目标。同一个地理教学目标往往既具有内在性也具有外在性。地理教学目标追求内在目标与外在目标的辩证统一。

（二）预设性目标与生成性目标

从某种意义上说，教育的过程就是学生发展的过程，而这一过程具有预设和生成的双重属性（郭元祥，2005）。相对应地理教学目标包括预设性教学目标与生成性教学目标。

第一，两者存在一定的张力。首先，两者的内涵不同。所谓“预设”，是指一项活动开始之前的设想、预算、规划、安排（靖国平，2005）。当前对教学目标概念的界说，一般是对预设性教学目标的界定，即教学主体进入课堂教学情境之前确定的，具有预期性、计划性。而教育的过程充满着变数，充满着无法预知的“附加价值”和有意义的“衍生物”（郭元祥，2005），教学过程也需要生成。所谓生成，是指在事物（事件）发展变化的过程中主客体通过相互作用或多边互动产生出既在意料之外又在情理之中的有创新、有价值、有意义的活动（靖国平，2005）。而生成性教学目标正是在教育情境中随着教育过程的展开而自然生成的课程与教学目标（张华，2000）。它强调的是在具体教学过程中萌发的教学目标。在地理教学过程的某个阶段，出现了某个意料之外的教学事件，地理教师敏锐地觉察到这一教学事件背后的教学意义，迅速地评估其重要性，经过权衡后将之纳入教学目标，接踵而至的是教学策略的调整，使教学具有创生的意义。这是生成性教学目标的形成机制。生成性教学目标体现了地理教学的丰富性和复杂性、灵动性。总之，预设性教学目标是基于“预期结果”的前置预设，生成性教学目标是基于“现实过程”的动态生成，前者侧重预设的结果，后者侧重现实的过程。两者相互依赖，相互并存。其次，两者的功能不同。凡事预则立不预则废，地理教师在课堂教学之前必须对地理教学目标有一个理性的思考。在地理教学准备的过程中，教师应该重点关注预设性教学目标，因为它是有效教学的底线。但是预设性教学目标不是全部的地理教学结果。真正的教学结果一定是预设的目标（也有可能改变）加上生成的目标（崔允漷，2004）。在地理教学实践的过程中，地理教师应该重点关注生成性教学目标，在开放性的地理教学过程中，教师应善待各种“意料之外”，随机应变，洞察机会，能够在最短的时间内做出教学决策，并依靠教学智慧，调适与生成性教学目标匹配的教学策略，促进生成性教学目标的达成。于教师而言，生成性教学目标是其教学智慧的体现。

第二，两者相互统一。首先，预设性目标和生成性目标辩证统一地存在于地理课堂教学过程之中，地理教学总是充满了意料之中的预设和意料之外的生成，两者并非完全对立。其次，两者相互依赖。在地理教学实践中，预设是生成的前提，生成是预设的超越和发展。所谓“预设愈细致，生成愈自由”。地理课堂教学情境中“机械僵硬”的现象往往是由教师缺乏精细的预设造成的。预设性教学目标是生成性教学目标的前提，生成性教学目标的形成和达成依赖于对学生的全面了解，对课程内容的深入把握，对教学情境的敏感把握，而这一切，都取决于教学准备过程中对地理教学进行的全面预测、筹划和设计。因此，“必须坚持生成与预设有机统一的原则，必须坚决摒弃随意性的生成现象，必须围绕‘课程与教学目标’来生成，必须考虑学校教育时间的有限性。”（吴永军，2005）

总之，预设性教学目标和生成性教学目标都是地理教学目标的重要组成部分，两者辩证统一地存在于地理教学过程之中。因此，在地理教学准备的过程中，地理教师的教学目标的预设应该适度，具有一定的弹性空间。地理教学目标不应过度预设，控制和束缚教学过程，而应摒弃以生成为潮流的随意生成现象。生成应该是有方向的，并且还应该考虑教学时间的有限性。

（三）地理教学目标与教学理性

人是理性的存在，地理教学是师生理性的探险。首先，这意味着地理教学是有意向性的，地理教学要达成一定的地理教学目标。这是地理教学活动的心理基础和思想前提，无法想象一个教师说出“我不知道今天的课要干什么”，即使一个教师是教死书，死教书，他也会明确“我今天要让学生学会教材上的内容”。所以，几乎不存在没有意向的地理教学。其次，所谓探险，是指在理性的指导下，师生将超越当下现实，触及思想远处，探索种种的未知世界。可见，教学理性是地理教学的前提。教学目标是地理教学的内在要素，而地理教学目标又体现着地理教学的理性。

然而，地理教学应该具有怎样的教学目标？或者说怎样的地理教学目标才是合理的？为什么是合理的？不同的历史时期，不同的社会形态，不同的文化境域，不同的教学理论流派，往往都对教学意向有着不同的影响（石中英，2007）。有的教师希望完成教材的内容，完成学校布置的任务；有的教师则是希望通过自己的教学能够促进学生的成长和发展，还有的可能处于两者之间。这取决于地理教师的教学价值观。人是价值的存在，人的全部生活也都是由价值所构建。地理教师在地理教学生活中也在自觉不自觉地进行着各种选择和追求。置身于这种多元的教学取向之中，地理教师要想清晰地明确、选择和建构自己的教学目标，就得进行理性的反思，或辩护，或质疑，或批判。换言之，质疑、批判和反驳是教学理性的主要表现与主要功能，这也是由教师这一职业所特有的反思性和批判性所决定的。教学理性要求教师对教学目标的选择和建构进行价值合理性的辩护和反思：我的教学目标是什么？我为什么选择这种教学目标？还存在其他类型的教学目标吗？他人的与我的有何不同？我的教学目标合理吗？如何判断？

但是事实上，一般地理教师都缺乏这种对地理教学目标合理性的质疑、理解和辩护。更多是把教学目标当成一种教学制度来完成，而不是当成一个促进自身专业发展的理性反思的契机。当然，其原因较为复杂，如教学任务很重，教学时间不够，没有必要，等等。

长此以往，形成一种教学惯性或者教学惰性，教师会自觉规避这种问题，没有这种“形而上”的思考，越来越多的地理教师将在地理教学实践中被“工具化”和“客体化”，沦为不折不扣的“教书匠”。

（四）地理教学目标与教学自由

一方面，地理教学活动受地理教学目标一定程度上的规约。另一方面，地理教师的教学自由是教学目标达成的内在要求和必要条件。两者相互制约，辩证统一。首先，地理教师具有设计和调整地理教学目标的教学自由。这主要体现在教师可以根据地理课程标准和学生情况，自主能动地设计和调整地理课堂教学目标的权利。同课异构尤其能体现这一点。对于同一课题，不同的教师有自己的理解，尽管知识与技能目标可能大同小异，但是过程与方法、情感态度与价值观目标却可能大相径庭。另外，同一个教师在任教多班时，可以根据不同班级学生个性和学习基础的差异，对教学目标做出调整，以此因材施教。还有，教学目标虽是教师预设的，但在课堂教学中，教师可以根据需要做出一些调整和变动，教师具有一定的自主性。其次，尽管地理课程标准为地理教师的教学自由提供了限度，教师不得不去研读和遵循这一文本，但是“我的课堂我做主”，地理教师为达成地理教学目标还有选择教学内容与教学策略的自由。所以，尽管是同一教学内容，教师的教学策略可能完全不同，各具风采，最后地理教学目标达成的效果也大为不同。但是，在地理教学目标达成过程中容易出现一些变异：一是人为化地夸大了教学自由。表现为地理教学目标设计的随意性。受当代建构主义思潮的影响，由于过多地强调了自发的、随意的建构，一些教师既没有解读地理课标，也没有分析学情，只凭个人感觉和经验随心所欲，恣意妄为，导致地理教学目标设计可能脱离地理课程标准的限度，也可能没有考虑与教学目标适配的教学策略，地理教学目标游离于教学活动之外，教学目标形同虚设，最终导致地理教学目标的执行不力。二是没有充分享受教师的教学自由。首先，强大的职业道德规范和制度规范让教师学会了屈服，开始“迷信”外在的“权威”，或抄袭地理教学参考书，或者移植地理课标，空有“文本目标”，缺乏“我化”的“观念目标”。其次，僵守地理教学目标，课堂教学按部就班地按照预先的设计，诚惶诚恐，唯恐出现教学意外，地理教学的过程缺乏生成和创生。从某种意义上说，随着现代教育制度的日益严密，它已经构成了一种危险，使教师在不知不觉中成为各种外部制度的仆从（吴惠青，2003）。

第三节　地理教学目标达成的过程

一、目的的实现

人们提出目的的目的并不在于目的本身，而是去实现目的。因此，目的的价值离不开目的的实现。

（一）目的实现的过程

首先，目的的提出和实现体现了客观—主观—客观的过程。目的的提出和设定，是由于人们对当下现实的不满足，即当下现实不符合人们的需要，因此要求建立符合需要的客体。这种客体以意识的形态存在，并且与当下现实相矛盾，是对当下现实的一种否定，但由于这种否定是一种积极的否定，所以不妨称为“扬弃”，这是一个由客观到主观的过程。但是目的中的客体是以观念的形式存在，即不是客观的存在，因此它要求否定自身，扬弃自身的主观性，由主观观念向客观现实转化，即主观见之于客观。同时，这个过程也是对当下现实的否定和扬弃，即对当下现实的改造。这是一个目的的客观化的过程，也是由主观到客观的过程，更是目的的实现过程。通过否定，主观设定了目的，通过否定的否定，目的在现实中被肯定，目的得以实现。总之，目的始于某种需要，也终于某种需要的满足。目的的运动过程是两个否定或扬弃的统一过程，是主观与客观对立统一的过程。

其次，目的是通过实践来实现的。实践是一种主客体之间的一种物质变换过程。实践的普遍性是实践实现目的的可能性的基础，实践的直接现实性是实践实现目的的现实性的基础（夏甄陶，2011）。一切目的只有通过实践活动才能从主观观念转化为客观实在。当目的为实践指出方向，实践才具有自觉性；当实践把目的付诸现实，目的才具有客观性。目的如果不能推动和指导实践，就不能称其为目的；实践如果不能实现目的，就是无意义的盲目的活动。总之，目的指导实践，实践实现目的。

（二）影响目的实现的因素

目的的实现，有许多复杂的因素决定。但有两个重要前提。

一是目的自身应正确并具有价值。其一，目的正确是指目的应切实可靠，具有现实性。即目的必须反映和面向客观现实。一方面，目的是对未来的客观实在的超前的或预先的客观实在。尽管目的在形式上是主观的，是主观意志的体现，但它应内在地包含客观性。否则，不以客观性为前提，不受任何客观条件制约的目的是一种空想，它们自身既不能转化为现实，也不能按人的意图对当下现实起实际的扬弃作用，因此是不能够实现的。“事实上，人的目的是客观世界所产生的，是以它为前提的——认定它是现存的、实有的”（中共中央 马克思 恩格斯 列宁 斯大林著作编译局，1990）。如此可见，目的是一种超前的客观实在，一种未来的客观实在。另一方面，虽然目的的提出体现了人的主观能动性，但是客观规定了目的的限度，人不能随心所欲地、目空一切地设定目的。因此，毛泽东（1991）说过“人们要想得到工作的胜利即得到预想的结果，一定要使自己的思想合乎客观世界的规律性，如果不合，就会在实践中失败”。其二，目的有价值是指要根据客观规律考虑目的带来的较近的和较远的各种结果和影响，以此判断目的的实际价值。有时一个目的的实现会带来比这一目的还要大得多的危害，抵消了这一目的实现的价值。

二是目的应有对应的手段。首先，所谓手段，是实现目的的工具和方法等，是实现目的必不可少的要素。主观的目的必须而且只有凭借现实手段这个桥梁、媒介、工具的“接引”“引渡”，才能由主观不实的此岸过渡到客观现实的彼岸，使自己真正对象化（夏甄陶，2011）。否则，目的永远只是一种主观观念，永远转化不成现实。手段具有“引渡”的作用，是因为手段自身是一种客观实在，自身体现了主客观的统一，因此它能够把目的从主观形态引渡到客观现实，从而达成目的。其次，有些目的即使合乎客观规律，但如果缺乏对应的手段，目的也还是无法实现。再次，目的与手段相互对立统一，并且可以相互转化。一方面，手段受目的的制约，服务于目的，手段的产生都是为了一定的目的。但另一方面，目的可以创造某种手段，一个目的的实现可以成为另一个目的实现的手段。

二、地理教学目标达成的机制与特点

（一）活动是地理教学目标达成的内部机制

地理教学目标的达成也是通过地理教学活动来实现的。具体而言，地理对于认识、欣赏我们所生活的世界、提升生活品位和精神体验层次具有重要的意义，学生存在地理学习的需要。地理教学目标正是地理教师根据学生的这种需要，在依据地理课程标准的前提下，对学生地理学习结果的一种预期。为了达成地理教学目标，教师要根据地理教学目标设计一系列的地理教学活动，教师与学生在地理活动的过程中分享经验，交流思想，让主观的地理教学目标变成客观的教学结果，如此地理教学目标得以达成。

（二）地理教学目标是整体达成的

现代教学目标是一个简单的、还原的线性系统。它把教学目标细目分解，"还原论"倾向把整体拆分。目标分类学的学者相信，"将教育行为按简单到复杂这样一个次序排列，其依据的观点是：某种简单行为可以与其他同等简单的行为组合起来，从而形成一种比较复杂的行为。"（安德森，1998）因此目标分类学的学者将教学目标分为认知、情感与动作技能三个领域，并且每个领域又分成若干领域。这种线性思维隐含着教学目标设计和达成过程的阶段性和顺序性。他们的前提假设是：整体等于部分之和。人的行为可以进行具体与精确的分解，分解后的具体行为之和即原来的行为。并且这种分解可以帮助教师对这些行为进行周密的筹划与有效的控制。事实上，人的认识、情感与动作技能是交织在一起的，同时发挥作用的。人的心理与行为具有整体性，是不能分割的。正如埃德加·莫兰（2004）所言："被划分小块的、箱格化的、机械论的、进行分解的、还原的智能，把世界的复杂事物破碎为分离的片断，分割问题，分离连在一起的事物，单方面化多方面的事物。这是一种近视的智能，而经常地以盲目告终。"显然，这种线性系统应为还原论思维，忽视了局部之间的相互关联。而地理教学目标的达成也是整体性的，虽然最终达成的时间未必完全同步，但过程具有统一性。

第四章　现状审视：地理教学目标达成的主要问题与原因探析

地理课堂，是地理教师达成教学目标的实践场域，是师生共同生活和成长的地方。因此，本章将采用三角测量法，通过观察、访谈、测验等途径窥探地理教学目标达成的效果、过程及其影响因素，其目的一是说明地理教学目标达成研究的必要性，二是寻找地理教学目标达成的可能路径。

第一节　基于三角测量法的研究过程

据斯坦福大学的教育评估权威哈代教授对“不同国家师生在做量表与问卷时的掩饰倾向”的研究结果，中国的师生在做问卷和量表时，认为这是在评判自己。因此，更倾向掩饰自己的真实想法（张韫，2013）。显然，问卷并非一个获得真实数据的最优办法。此外，地理教学目标达成的现状是“实然”状态，需要进行实地的“实然”研究，而问卷、访谈等得到的结果可能更多反映“应然”状态。因此，笔者采取了更能反映“实然”状态的三角测量法。

三角测量法最开始用于航海和土地测量领域，即一种以三角形原理为基础的测量及定位方法，在我国一般被译为“三角测量”（王同亿 等，1980）。三角测量法既可以用于量的研究也可以用于质的研究。三角测量法传统上作为一种实证性的方法应用于量的研究中，其目的是采用不同的测量方法来研究同一对象，来检验测量工具的效度。后来，三角测量法被引入质的研究，其内涵有所改变。长久以来，社会科学往往依赖于调查法、实验法和准实验法、访谈法、个案研究法等方法，但每种方法都有其先天的缺陷，没有哪一种单一的研究方法能获得不断变化中的社会群体的全部特征，每一种方法意味着对研究对象的不同解释，即使采用相同的研究方法，也可能做出不同的解释。而三角测量法通过联合多重观察者、多种理论、多种方法和经验性的材料，社会学家可以克服单一方法、单一观察者、单一理论研究中固有的偏见和问题（基夫斯，2011）。换言之，三角测量法追求的是彻底的理解，而不是效度。因此，在质的研究中，“Triangulation”不再是检验效度的工具，其更主要的作用在于通过采用多元的研究手段来拓宽研究者的观察视野，提高研究与分析的广度、深度及维度（孙进，2006）。近年来，三角测量法更是作为一种质的研究与量的研究相结合的综合模式而存在，作为一种多元的研究策略，三角测量法被认为是社会科学中首选的研究方案。

本节主要通过课堂观察、深度访谈、文本分析、教育测验四种质性研究与量化研究相结合的方法来收集多方面的、连续的、碎片化的、多类型的资料，形成对地理教学目标达成的完整图景，以全面整体地揭示地理教学目标达成的现状。

一、确定研究主题

本书基本课题是：中学地理教学目标达成现状。这一课题又预示着要具体探讨以下焦点问题。

其一，当前中学地理教学目标达成质量如何？

其二，中学地理教学目标达成存在哪些问题？原因何在？

其三，中学地理教学目标达成的影响因素可能有哪些？这些因素如何影响地理教学目标的达成？

这些预设性的问题提供了本书要探寻的事实，也指明了研究方向和研究内容。

二、确定研究对象

本书的研究对象为我国的初中和高中地理课堂。笔者想尽量兼顾各个省（自治区、直辖市），因为精力与经费有限，现场观察与深度访谈以湖北省和安徽省为主。

从 2012 年 10 月至 2019 年 12 月，笔者便深入地理课堂，现场观察 36 节，教学录像 40 节，共计课堂观察 76 节。为了弥补课堂观察的时空局限，笔者还收集了教师原生态的地理教学设计与全国各地中学地理教师发表在《地理教学》《地理教育》《中学地理教学参考》三大杂志上的教学设计共 24 节。一共收集课例 100 节。其中，既有地理"家常课"，也有一些公开课，但无论何种，表征的都是地理课堂教学的真实存在。此外，还对其中的 45 名地理教师进行了深度访谈，对 568 名学生进行了教育测验。

1. 基于教师主体的分析

从上课教师的性别来看，男教师 55 人次，占总人次（共 104 人次，部分教学设计由两人完成）的 52.88%，女教师 49 人次，占总数的 47.12%。从地域来看，为了研究的方便，以安徽、湖北的地理教师为主，其他涉及 20 多个省份。

2. 基于教学内容的分析

从教学内容来看，高中地理课例 75 节，占总数的 75%，初中地理课例 25 节，占总数的 25%。其中，高中地理必修课例 71 节，选修课例 4 节。自然地理课例 39 节，占高中地理课例的 52%，人文地理课例 32 节（选修内容属于人文地理），占高中地理课例的 42.67%，区域地理课例 4 节，占高中地理课例的 5.33%。一方面，由于自然地理是人文地理和区域地理的基础，其重要性不言而喻；另一方面，笔者通过对 3 位教师的跟踪研究发现，地理教学目标达成的效果与教学内容相关性不太明显，而与教师素养关系更紧密。与此同时，在地理教学设计的收集过程中，笔者也发现了不同省份的教师研究意识和研究水平的差异。例如，笔者想收集江西省地理教师的教学设计，通过中国知网，只能找到一篇。故而在两难的境地中，为了获得更多省份教师的教学设计，不得不放弃教学内容的平衡。

三、收集相关资料

为了对地理课堂教学目标达成现状做出"全貌的"阐释，既可以通过课堂观察得到，也可以通过非书面的材料得到，如采集教学录像等，还可以通过收集教学设计等获得。这些过程并无固定的顺序，是并列和交叉进行的，并行不悖，体现了三角测量法的整合性。三角测量法往往包括四种不同的形式：研究资料的三角测量、研究者的三角测量、研究理论的三角测量、研究方法的三角测量。本书中主要采用了研究方法的三角测量（图 4-1）和研究资料的三角测量（主要针对课堂观察，图 4-2）。

图 4-1　研究方法的三角测量

图 4-2　研究资料的三角测量

（一）课堂观察

观察本是社会学实地研究中的一种收集资料的方法，这种方法的最大长处就是在行为现场观察并思考（巴比，2005）。课堂观察则始自西方的科学主义思潮。20 世纪 50～60 年代，课堂观察的重点集中在课堂教师与学生的互动类型的分析上（夏雪梅，2012）。之后，美国的弗兰德斯提出了“弗兰德斯互动分类系统”，标志着现代意义的课堂观察的开始。近年来，出现了一些新的趋势，就是量化分析与定性分析相结合。本书则主要采取定性研究的取向，深入地理课堂教学的自然情境，观察并描述地理课堂的教学事件。为了提高观察的信度，笔者不仅进行了现场观察，还收集了任课教师的上课课件与教学设计，并进行了课后访谈。具体包括以下过程。

1. 提前获取教学设计

提前获得任课教师的教案或教学设计，以便对课堂教学脉络有整体和清晰的理解。一般在上课之前，笔者提前拿到任课教师纸质版的教学设计，将教学目标誊写到观察单中，或者提前拿到任课教师的电子版的教学设计，将教学目标和教学策略复制到观察单中。

2. 观察并记录

课堂教学中，观察并记录达成每个教学目标的“教学事件”（此处主要指为达到某一教学目标所采取的一系列的教学活动）。在课堂中，观察和记录的重点不是具体的教学步骤，而是任课教师为达成每个教学目标所采取的教学策略（如教师所采用的教学方法，具体的教学活动等），以及在这些过程中，学生的回答、作业情况等。记录的方式也有两种：一种是现场笔记。白描（白描是中国画的一种画法，纯用线条勾勒，不加彩色渲染。此处指尽可能客观描述，不加主观评论）和实录是主要的描述方法。另一种是教学录像，其目的是反复观看和研究教学情境。

现场观察的优点是贴近现实情境，还原真实面貌，但时空不灵活，且不利于再现。因此，笔者又收集了部分地理课堂教学录像，在反复观看的过程中进行记录。另外，为了研究方便，还对部分教学录像进行了文字转换，变成课堂实录。

3. 收集其他资料

一是收集该节课的相关材料，如教学录像、教师的课件、学生的作业、教师的工作履历等支撑性材料。二是收集其他观察同伴对本节课的评价信息。

4. 分析所有信息

根据自己的课堂观察和相关的访谈，完成分析部分。分析的主要依据有：一是课堂中学生的行为、神态、回答和作业的情况，并借助教学录像反复观看；二是课后任课教师的教学反思；三是对照教师提交的教学设计和教学课件，相互印证，在地理课堂教学目标达成观察单中完成教学目标达成的分析部分，如案例 4-1 所示。

案例 4-1 “地图的阅读”课堂教学目标达成情况分析

1. 从学生回答问题的效果看，本节课学生顺利地达成地理教学目标。

2. 该教师的教学目标设计简略，可以分解为几条教学目标，以利于评价。此外，该教师的本条教学目标的陈述也存在主体错误。

3. 教学目标与教学策略一致性很高。本节课的主要目标是培养学生使用地图的技能，教师设置了一系列的问题情境和活动情境，让学生在动手和动脑中学会使用地图。

4. 该教师的教学目标达成意识强烈。值得注意的一个细节是：教师利用形成性评价来促进教学目标的达成。除第一部分内容（用上北下南左西右东辨别方向，学生基本都会，因此无须检测）外，每当完成一个内容的教学后，教师都会设置问题情境，检测学生教学目标达成情况。并且当某一学生回答完毕后，还会请全班同学判断对否，以此判断全班同学的教学目标达成情况。

5.该教师属于异地上课，由于是和学生第一次进行交流，个别地方出现沟通不畅。主要原因是学生不熟悉教师的话语系统，如在“用上北下南左西右东辨别方向”部分，出现一些波折。建议教师的表达更清晰明确。此外，教师展示了华中师范大学的学生在全国定向越野赛中拿到金奖的照片，目的是说明辨别方向与生活息息相关，激发学生的学习兴趣，以达成情感态度与价值观目标，但有些生硬浅显，效果一般。

（二）文本分析

教学设计实质上是教师对自己课堂教学行为的一种事先筹划，是对学生即将达成的教学目标、表现出学业进步的条件和情境所做出的精心安排（盛群力 等，2005）。因此，地理教学设计也是研究地理课堂教学目标达成尤其是过程的重要资料。笔者的初衷是采集最初始、“原生态”的教学设计（包括部分教学评价一体化的导学案、活动单）。但后来不得不做一些改变：第一，一些有着教学经验的高级教师的教学设计极为简单，无法满足研究的需要，因此笔者不得不收集了一些发表在《地理教学》《地理教育》《中学地理教学参考》上可能经过“修饰”的教学设计。第二，当笔者要求当面翻阅一些教师的纸质教学设计时，发现一些教师没有写地理教学目标，或者只是一两句话带过。但这些教师应笔者要求发送的电子版教学设计却严格按照三维叙写教学目标，并且充实了很多，显然经过一番修饰。当然这也是“现状”的一种，也是一种真实的存在。

（三）深度访谈

深度访谈主要分为两种：一种是现场观课结束后，笔者邀请部分学生、任课教师和听课同伴进行深度访谈，事先不设定好具体的题目，而是就地理教学目标达成这一范围领域的问题进行无拘无束的、较深入的谈话。访谈包括三个方面：一是访谈其他听课者对本堂课的意见，二是聆听学生对本节课的感受，三是随即对任课教师进行访谈，倾听和记录任课教师关于本节课地理教学目标达成的教学反思。访谈是理解和认知一线教师对地理教学目标达成的一种方式。它有着问卷调查无与伦比的优势。人们在讲述的时候，所使用的每一个词都浓缩了深藏的意识。采用深度访谈，其目的既不在于解疑释惑，也不在于验证假设，抑或是通常所说的“评价”。深度访谈的核心是，了解其他人的“鲜活”经历，理解他们对其经历生成的意义（埃文·塞德曼，2009）。

另一种是对 45 位高中地理教师进行约谈。约谈的提纲如下，主要目的一是为地理教学目标达成的现状提供教师自评的信息，二是为后续的研究提供思路。深度访谈的内容主要包括五个方面：一是调查地理教师是否具有地理教学目标达成的意识，二是调查地理教师如何设计地理教学目标，三是调查地理教师对自己教学目标达成效果的评价，四是调查地理教师对地理教学目标达成因素的认知，五是调查地理教师对地理教师目标达成的机制与路径的认知。

深度访谈提纲

1. 您觉得达成地理教学目标对于评价一堂地理课而言重要吗?
2. 您多久反思地理教学目标达成的效果?
3. 您在设计地理教学目标时会不会考虑您所设计的地理教学目标能否达成?
4. 您在评价一节地理课时，会不会考虑地理教学目标的达成效果?
5. 您觉得平时自己地理课堂的教学目标达成总体效果如何?
6. 您平时如何设计地理教学目标（过程、步骤或者环节）?
7. 您觉得影响地理教学目标达成的因素有哪些? 最主要的因素是什么? 为什么?
8. 您平时怎样判断自己地理教学目标达成的效果?
9. 您觉得怎样才能更好地达成一堂课的地理教学目标?

（四）教育测验

笔者于 2014 年 10 月和 2019 年两次对安徽省 6 所学校、13 个班级的 568 名学生的地理知识目标达成情况进行了教育测验。

1. 学校分析

在进行测验的 6 所学校中，按照公立私立划分，有 2 所私立学校，有 4 所公立学校；按照城乡划分，有 2 所乡镇中学，2 所县级中学，2 所城市中学；按照是否属于示范学校划分，其中有 4 所非省属示范高中，有 2 所省属示范高中。另外，本书涉及高一年级 13 个班级，笔者所选班级都是任课教师认为的该校最普通的班级。其中，有 9 个班级是进行全班测试，另有 4 个班级是地理教师随机抽查班级里的 10 名学生。

2. 任课教师分析

从任课教师工作年限来说，本次测验涉及的任课教师有 9 位，其中工作年限不到 3 年的教师 3 名，有 10 年左右工作经验的教师 4 名，有 20 年工作经验的教师 2 名。

3. 测验题目分析

热力环流是人教版高一第一册第二章第一节“冷热不均引起的大气运动”中的重要内容，高中地理课标虽然没有对“热力环流”内容直接提出“标准”，但它却是本章的基础部分，是学生学习“气压带与风带”的根本前提，在“大气运动”的内容中起到承上启下的作用，因此，地理教师普遍认为“能画图分析热力环流的形成”是本节课的教学重点和难点。为了检测这一教学目标的完成情况，笔者设计了一道题目“画图并分析海陆风的形成”。在以上 6 所学校进行了检测。值得说明的是，首先这道题相对于“能画图分析热力环流的形成”这一教学目标要求有所提高，因为学生要完成这道题目，首先还需判断海陆风是不是热力环流。其次，从“热力环流的形成”到“海陆风的形成”是一种知识的迁移。再次，题目中的“海陆风”是生活中的地理现象，更体现出学习“对生活有用的地理”的理念。最后，这一题目由两部分构成，地理绘图和分析成因，考查学生热力环流形成原理的掌握情况与地理绘图技能及地理表达技能。

4. 测验结果

任课教师完成本节教学内容后，随堂让学生完成本道题目的测试。测试结果见表 4-1。结果发现，568 名学生中能够全部回答正确的有 396 人，占总人数的 69.72%。理论上讲有 172 名学生需要补救。

表 4-1　学生测试结果统计表

类别	人数	比例/%
全对	396	69.72
全错	42	7.39
图对，分析错	120	21.13
图错，分析对	10	1.76

值得一提的是，在测验之前，有 4 位地理教师都认为“热力环流”在高中自然地理中不是最难的内容，在教学中教师一般也会画图带领学生完成“海陆风”的分析，因此认为可能只有极个别长期存在地理学习困难的学生不能顺利完成该道题目，但是最后的统计结果也让 4 位地理教师震惊。显然，这 4 位地理教师对地理教学目标达成的情况过于乐观。分析其原因，主要是本次测验在高一年级进行，还没有进行文理分科，不少学生依然将地理视为“副科”，秉持着得过且过的学习态度，因此，总体达成率不容乐观。

四、聚合分析信息

在研究的过程中，收集资料与分析资料的过程是同时进行的。通过各种途径，笔者获得了大量的资料，包括现场笔记、教学录像（包括部分教学录像的教学实录）、教学设计（包括教案、导学案、活动单等）、教学课件，以及对教师的教学反思、其他老师的建议、学生感受的记录等，以及笔者的观察记录。

五、归纳相关结论

最后，本书聚合收集的各类信息，归纳当前地理教学目标达成的概况。具体结论见本章第二节。

六、研究效度与信度

研究的信度是指研究步骤和研究发现的可重复程度；研究效度指研究结果的可解释性和可推广性，前者称为内部效度，后者称为外部效度（威廉·维尔斯马和斯蒂芬.G.于尔斯，2010）。为了保证研究的信度，其一，运用观察、访谈、测验、录像、收集教学设计等多种方法收集了资料；其二，听取了多位观察者的看法和建议，得出初步假设和结论后及时与自己的同学、朋友分享，并且得出研究的结论后与被观察者沟通，得到他们的反馈；其三，在现场听课后，进行深度访谈，同时还倾听任课教师的教学反思，并询问学生的意见，多方位进行三角互证。为了提高研究的效度，笔者还专门制定并使用了地理课堂教学目标达成观察单（具体见第五章第三节），确保不偏离研究主题。

第二节　基于三角测量法的研究结果

通过对地理课堂教学真实情境的观察与参与，笔者亲历了地理教学目标达成过程中的丰富性与复杂性，以下力图揭示中学地理教学目标达成的真实图景。

一、总体概况

通过对 100 课时地理课例的分析，以及 6 所中学 568 名高一学生的小型测验与 45 名教师的深度访谈，地理教学目标达成的情况可谓让人喜忧参半。

第一，中学地理教学目标达成总体情况尚好，尤其是地理知识与技能目标。深度访谈中，大约 70%的高中地理教师认为平时教学目标达成总体效果还行，大约有 30%的高中地理教师认为多数情况下很好，偶尔不行。偶尔不行的原因多数是该节课的内容难度太大。

第二，出现一些令人欣喜的现象。其一，一些优秀的地理教师逐渐开始成为研究者和课程开发者，如自觉地反思自己的教学目标，对教学目标进行分类，然后会“形而上”地检视教学目标与教学策略的关系，并会通过理性分析得出最优化的匹配方式。如访谈实录 4-1 中对“地图的阅读”一节的反思。其二，一些地理教师对改革创新地理教学目标达成的实践方面做了多样化的探索。如有的教师用框架图的方式整合三维地理教学目标；有的地理教师形成了独树一帜的极具个人风格的地理教学策略，如关于自然地理的“图示法”策略、“讲故事”策略，以及人文地理的“决策教学”策略，区域地理的“图层教学”策略，这既体现了地理课程改革在课堂层面的深化，也体现了地理学科教学的特色；还有一些教师在教学目标达成的评价过程中，经过多年的教学经验积累形成了教学智慧。如教师根据学生的举手情况判断全班同学的教学目标达成情况，反馈迅速有效，举手投足之间就轻松完成全班同学地理教学目标达成的评价，显示出了地理教师教学智慧的结晶。最后，还有一些教师进行了目标导学的实践。尤其是一些优秀的教师在地理教学目标达成上做得相当出色，他们凭借对地理学科的深刻理解，对地理思想方法的洞察，以及对地理教材进行创造性地运用，巧妙地将知识、能力、情感、意志、价值观融为一体，使学生如沐春风。但遗憾的是这样的教学尚未得到很好的理论升华。

访谈实录 4-1 “地图的阅读”课后访谈

地图就是地理学习的工具。对于这种工具性知识的学习就像让一个小孩学会使用剪刀。有两种教法：第一种教法是先给他讲剪刀的历史，剪刀是怎么来的？再给他讲剪刀的结构，然后给他讲剪刀的使用方法，最后讲剪刀使用过程中可能遇到的问题。第二种教法就是给他一个个的任务。首先让他用剪刀剪一个正方形，一个三角形；再让他剪一朵梅花；再剪一个五角星……哪种方法能够让小朋友最快掌握剪刀的使用呢？很明显是第二种，因此像这种工具性的地理知识，最好的办法就是采取任务驱动式的策略。

第三，也有一些“乱花渐欲迷人眼”的问题和现象值得理论研究者深思。其一，如导学案的风行，一方面导学案确实在地理教学目标达成的评价方面发挥积极的作用，但另一方面一些导学案多为知识训练，是否会加重地理知识的膨化也值得研究。其二，还有不少地区在模仿杜郎口、洋思模式，地理教学目标达成的策略基本上是学生自学为主，但出现了“形似神不似”的异化现象，如在调研的过程中，曾有一线教师告诉笔者“我们县要求所有初中和高中都在学杜郎口，但是县里最好的初中和高中可以不学”。如自然地理学的一些原理，如三圈环流、洋流分布规律，如果缺乏教师的有效引导，学生很难达成地理教学目标。其三，考试文化的盛行，导致不少高中地理教师只专注地理知识与技能目标。但与此相反，在没有中考的情况下，初中地理教学普遍不受重视。此种情况下，如访谈实录 4-2 所示，一些初中地理教师特别关注生活中的地理，注重激发学生的地理学习兴趣，以期引得学生的关注，提升初中地理的学科地位，满足自身的成就感。从某种意义上说，考试真是一把双刃剑。

访谈实录 4-2 地理教学目标达成现状的访谈

要说现状的话，我们那边学校的现状很不乐观，我们初中一个年级有六七个班，并且还分了两个快班，这两个快班的学生能不能上高中都有一点困难，剩下来的班级上课语、数、外都难以保证，所以我们地理课上起来有点艰辛，在上课时我也更多的是吸引学生学习，因为学生根本没有升学的希望，上课更多的就是想提高点学生的素质，一开始还蛮有信心和激情去上课，慢慢地发现学生没有激情，甚至学校领导对上课都没有要求，每次上课都有十几个学生不在，语、数、外都抓去落实去了，所以我准备很好的课慢慢地发现根本没办法落实。但每次出来听课，我还是要不断地去学习，尽量地去吸引学生，来达到教学效果。其实，即使好学校地理也很难搞定，有些班一学期地理课都没上过。我们只能不断提升自己，吸引学生去学。

第四，不同维度的地理教学目标达成过程各有其特点。地理知识与技能目标相对来说具有显明性和确定性，并且大致具有统一性，体现了制度课程的规定性。而在地理课堂教学过程中，地理教师的过程与方法、情感态度与价值观目标的达成则具有潜隐性、不确定性和随机生成性，体现了地理教学的张力。

二、问题分析

尽管地理教学目标达成的情况还好，但也面临着重重困境，冲突与妥协始终存在。

（一）存在严重的不均衡

地理教学目标达成存在多种不均衡。既表现为不同教师之间的不均衡，也表现为不同学生之间的不均衡，尤其还表现为不同维度的不均衡。

1. 地理知识与技能目标达成膨化

首先，除个别课例由于教学目标设计存在问题及教学策略不适导致地理知识与技能教学目标达成低下外，一个普遍的情况是与其他二维目标相比，地理知识与技能目标达成效果最好。

其次，地理知识目标膨化，扩张为教学的全部。一方面，笔者在现场观课中，亲身感受到一些课堂满满地充斥着地理知识，没有思维的火花，没有探究的乐趣，没有灵魂的碰撞，偶尔有些地理情感态度与价值观，往往不过是教学的点缀，访谈中一些教师甚至坦言，“情感的东西太虚了，高考又不考”。另一方面，从笔者拿到的一些“原生态”的教学设计和导学案来看，一般地理教师非常重视地理知识与技能目标，一些地理教学设计和导学案的教学目标只有知识与技能的维度，而且教学过程也主要围绕地理知识与技能这一目标展开，甚至更多的是知识训练。

再次，地理技能目标矮化。教师往往容易去关注那些低层次的、易于评价的目标，而去回避那些高层次、不易评价的目标。美国的B.M.冈斯尼德与J.D.纳皮尔等观察了全美各地67位小学教师设计、运用和达成行为目标的情况，结果发现，74%的行为目标是认知的，95%的认知目标偏于低层次，74%的情意目标偏于低层次，81%的技能目标偏于低层次（吴维屏，2007）。显然，这可能是一个国际性的问题。

最后，从课后的访谈来看，笔者问及地理教学目标达成情况时，任课教师反思的往往是地理知识与技能目标的达成情况，显然，其他维度的教学目标被教师有意无意地遮蔽了。

2. 地理过程与方法目标达成浅化

地理过程与方法目标达成过程中，不少教师“重结论轻过程”，以机械性的模仿、记忆、训练为主的学习过程关注的是学生的低级认知，忽视了学生高阶思维的培养。

第一，降低要求，导致达成异化。如案例4-2中，教学目标要求“通过对地理现象的分析培养学生提出问题、分析问题和解决问题的能力。”为此，在教学过程中，教师提出了两个来自生活的地理问题：一是“面对水资源分布不均给我们带来的缺水情况，我们应该如何解决？”二是读水资源丰富的七个国家比较图的第三个问题“针对以上两种情况我们应该怎样做？”对第一个问题，教师让学生翻开课本，在课本中找答案；对第二个问题，教师没有给学生任何思考的时间和空间，迅速用PPT图片展示了答案。一方面，按照该教师设计的教学目标，这两个任务应该是培养学生的问题解决能力，但实际演化为培养学生获取信息的能力，第一题侧重从课本中获取信息，第二题侧重从图片中获取信息。事实上，地理信息的收集与发现地理问题、解决地理问题属于不同的层级，级别逐渐提高（地理课程标准研制组，2004）。因此，与问题解决能力相比，获取信息的能力是降低了地理过程与方法目标的规格，导致地理过程与方法目标异化。另一方面，本来这两个问题有助于学生发挥想象力，培养学生解决问题的能力和创新能力的很好契机，可惜该教师的处理方式破坏了这一契机。

案例4-2　人教版七年级上第三章第三节“水资源”教学设计

集体备课	个性备课
【教学目标】 1. 知道目前人类利用的淡水资源主要有哪些，了解水资源紧缺的原因。 2. 掌握水资源时空分布的特点及解决途径，了解南水北调工程及影响。 3. 了解水资源的利用情况，以及水浪费和污染现象，知道在某种意义上节水比调水更重要。 4. 通过学生阅读各类图表，逐步培养和提高学生读图、用图、析图、释图的能力。 5. 通过对地理现象的分析培养学生提出问题、分析问题和解决问题的能力。 6. 使学生能全面、正确地认识水资源的价值，从而树立正确的节水、保护水资源的意识。 **【教学重点】** 1. 我国水资源的时空分布特点及对应的解决途径。南水北调工程的主要路线及意义。 2. 理解节约用水的重要性。 **【教学难点】** 学会分析某一地区水资源紧缺的原因。 **【教学方法】** 自主学习、合作探究。 **【教学资源】** PPT课件。 **【教学过程】** 新课导入：讲述“废弃的村庄”激发学生对这一地理现象提出问题，在后面的学习中尝试解决问题。	

续表

集体备课	个性备课
自学指导： 1. 什么是水资源？水资源主要来自哪里？ 2. 我国哪些地区缺水？这些地区为什么缺水？ 3. 怎样解决这些资源性缺水的问题？ **一、水资源** 学生自学讨论后完成自学题1。 教师展示主要水体图片，引导学生总结： 1. 水资源指地球上的淡水资源。 2. 水资源主要来自流水、淡水湖泊水和少量浅层地下水。 **二、水资源的分布** 学生自学讨论后，在教师的引导下共同完成自学题2。 1. 我国最缺水的地区是西北和华北地区。 根据水资源的分布可以知道，河流径流量的大小决定水资源的多少。 读河流径流量分布图，引导学生得出。 2. 我国水资源空间分布特点是南丰北缺。 3. 西北、华北地区缺水的主要原因是河流少，水资源供给少。 进一步探究为什么我国的水资源会存在南丰北缺的特点？ 读我国降水分布图，引导学生得出。 4. 河水主要来源于降水，而我国降水的分布规律是从东南沿海向西北内陆递减。 读吐鲁番降水量柱状图得出。 5. 西北地区缺水的主要原因是全年气候干旱，降水稀少。 （转）华北地区缺水除了水资源供给少，还有什么原因？ 读我国南北方地区耕地、水资源、人口对比图，引导学生找出华北地区缺水的主要原因。 6. 华北地区工农业集中，城市人口多，需水量大。 在工业、农业和生活用水中农业用水量最大。农业用水不但要求总量丰富，还要在农作物生长的不同时期都要求有一定量的水的供应。 读我国四个城市年降水量柱状图思考： 我国水资源时间分布特点是什么？ 为什么华北地区成为我国最缺水的地方？ 总结：我国水资源时间分布特点是夏秋多，冬春少，春季是播种的季节，而此时华北地区水资源稀少，所以华北地区成为我国最缺水的地方。由于我国降水的时间分布不均经常造成南涝北旱，加之我国降水年际变化大更会出现连续干旱的情况。	

续表

<table>
<tr><td colspan="2">集 体 备 课</td><td>个性备课</td></tr>
<tr><td colspan="2">（转）面对水资源分布不均给我们带来的缺水情况，我们应该如何解决？
学生根据自学情况，在教师的引导下完成自学题3。
读修水库和南水北调图。
学生解释水库是如何调节水资源季节分配不均的。
学生介绍南水北调的三条路线，讨论即将完成的东线和中线将会对沿途的生态和工农业生产和生活带来哪些效益。
（转）是不是有了这些工程我国的水资源就可以高枕无忧了？
三、珍爱水资源
读水资源丰富的七个国家比较图，得出我国水资源总量丰富人均少，我们应该如何对待这个问题？
自学指导：
1. 从目前情况看，我国对水资源的需求量是否会发生变化？原因是什么？
2. 从目前情况看，我国可用的水资源量是否发生着变化？原因是什么？
3. 针对以上两种情况我们应该怎样做？
在学生看书解决问题的基础上，引导学生看视频、图片增强学生的责任感。
课堂总结：水是生命之源，请珍惜合理利用每一滴水。
【板书设计】
一、水资源
水资源指地球上的淡水资源。
水资源主要来自河流水、淡水湖泊和少量浅层地下水。
二、水资源的分布
我国水资源空间分布特点是南丰北缺——跨流域调水。
我国水资源时间分布特点是夏秋多，冬春少——修水库。
三、珍爱水资源
水资源利用中存在的问题：利用率低，浪费惊人；水污染严重；水土流失严重。
节约和利用水资源。
【课堂训练】
畅想过去、现在、未来的永泰古城，说明理由。</td><td></td></tr>
<tr><td>教学反思</td><td colspan="2"></td></tr>
</table>

来源：根据笔者实录所得，另人教版地理教科书中该节课题是“降水的变化与分布”

第二，活动肤浅，缺乏地理思维价值。案例 4-3 是一节探究课。首先，由于该校要求教师的讲授不超过 15 分钟，本节课教师讲授较少，教师将全班分成几个小组进行合作探究，但最终还是演化为教师提问学生回答，合作学习落空。其次，活动表层化，缺乏教学价值。如新课导入中的角色扮演活动，其实只是学生朗读课件上一段文字，既无思维磨砺，也无精神启发，无论是对于地理知识与技能、过程与方法，还是情感态度与价值观，意义不大。

案例 4-3 “是否可以利用南极冰山解决沙特阿拉伯的缺水问题”教案

【教学目标】

1. 利用相关资料探讨冰山运输的技术可能性。

2. 利用相关资料及已有的洋流知识，设计冰山运输的路线。

3. 结合已有知识，分析大量利用南极冰山对全球环境造成的可能影响。

【教学重点】

1. 利用已学的气候、洋流和水资源的相关知识，认识解决水资源短缺的措施及这些措施的局限性。

2. 设计冰山运输的路线，分析可能出现的技术问题。

【教学难点】

1. 运用已有的洋流知识，设计将南极冰山运往沙特阿拉伯的路线。

2. 该方案一旦大规模实施，会产生哪些环境影响？

【探究流程】

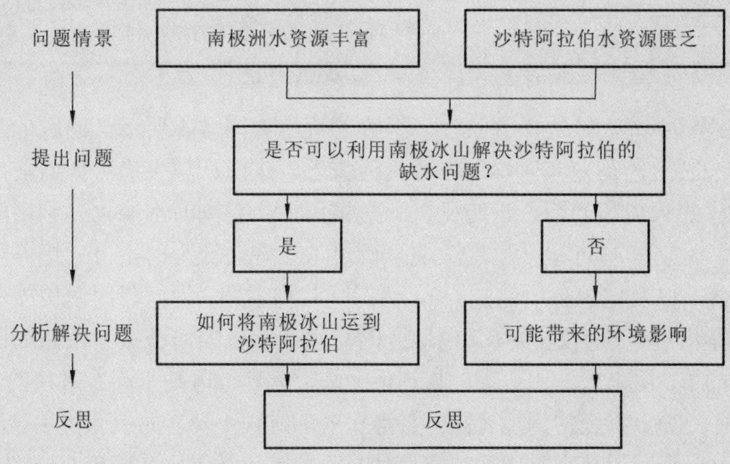

图 4-3　探究流程图

教学过程		学生活动	预期目标	其他
新课导入	材料 1　南极水资源概况（视频）	有用信息提取南极→水资源丰富	1. 调动学生注意力 2. 多种信息强化学生的认知 3. 自然过渡到下一个问题	
	材料 2　沙特阿拉伯王子阿尔索德的《水即生命》片段	角色扮演（沙特阿拉伯顾问团顾问）朗读沙特阿拉伯→水资源匮乏		
	材料 3　沙特阿拉伯的沙漠（视频）	有用信息的提取→沙漠广布		
提出探究问题	两地水资源丰歉程度差异，是否可以利用南极冰山解决沙特阿拉伯的缺水问题	学生根据探究流程上的提示，明确探究流程	学生学会提出问题，这是做好问题探究的关键一步	明确问题的指向性
学生活动	探究一	探讨相关技术问题		
学生活动	探究二	利用相关资料及已有的洋流知识，设计冰山运输的路线		
学生活动	探究三	从环境效益考虑大规模利用南极冰山可能带来的环境影响		

第三，逻辑不清，导致探究肤浅。探究的流程如图 4-4 所示。问题的起点应该是沙特阿拉伯水资源匮乏，首先应让学生思考为何匮乏，进而让学生思考如何解决这一问题。此处为培养学生想象力和创新意识的良机。学生可能会想到海水淡化、利用地下水、跨流域调水等举措。此时教师可让学生理性地分析思考这些途径为何不可（培养学生多视角综合看问题的能力，以及比较分析的能力），然后回归到主题，为何利用南极冰山解决沙特阿拉伯缺水问题是必选，最后迁移到其他地区的缺水问题应如何解决。但是如图 4-3 所示，教师处理过于简单，既缺乏缺水原因的探讨，又缺乏其他地区缺水问题解决的迁移延伸，导致探究的过程不完整，探究的深度有限，甚至探究的过程不畅。如上课伊始该教师便展示南极冰川视频，问学生可以从视频中获得哪些信息，意欲让学生感受南极水资源丰富。哪知由于教师的问题表述不明确，再加上缺乏逻辑起点指引，一些学生答非所问，如“企鹅很可爱”。

第四，资源不足，导致过程瘫痪。如案例 4-3 中的探究一——对“冰山运输的相关技术问题”的探究，由于任课教师没有提供足够的资料，学生的探究难以为继，教师不得不补场，直接告诉学生答案。

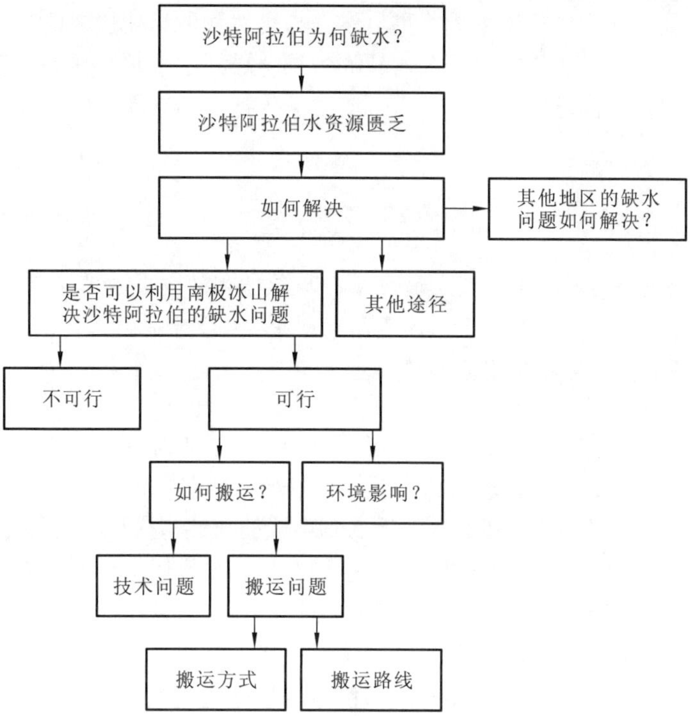

图 4-4　修改的探究流程图

3. 地理情感态度与价值观目标达成淡化

教育是人的灵魂的教育，而非理智知识和认识的堆集（雅斯贝尔斯，1991）。尽管地理课程改革将地理情感态度与价值观目标提升到终极目标的高度，但从笔者收集的资料来看，地理情感态度与价值观目标达成成为三维目标中最为薄弱的一环。主要表现如下。

一是观念淡薄，漠视目标达成。一方面，由于情感态度与价值观目标内隐性的特点，中考、高考等学业水平测试都无法直接考查，认为地理情感态度与价值观是可有可无的“软任务”。另一方面，地理情感态度与价值观内容不像其他二维目标在教材中显性呈现，而是内隐呈现的，因此不少教师感觉难以挖掘。此外，地理情感态度与价值观目标的达成结果具有滞后性，达成过程具有内隐性，缺乏立竿见影的效果，所以遭到一些教师功利性的放弃。

二是内涵不明，目标达成虚化。第一，目标设计“大而空”，难以达成，如地球的运动一节设计“树立正确的宇宙观”教学目标，这样的教学目标一节课内委实难以达成。第二，目标“假而空”，难以达成。一些教师预设的地理情感态度与价值观教学目标在教学过程中缺乏对应的活动，因此目标形同虚设。

三是层次不清，目标达成错位。一方面，一些经典的地理情感态度与价值观目标，虽贯穿中学地理课程的全过程，但是在初中和高中不同的阶段，其内涵和深度应有所区别，如爱国主义教育，初中阶段应结合乡土地理，侧重关心家乡的环境与发展，增强热爱家乡和热爱祖国的情感。高中阶段则应结合地理原理，理性地分析我国的环境与发展的现状与趋势，增强热爱祖国的情感。但是笔者研究发现，不少教师没有把握这种层次区别。另一方面，地理情感态度与价值观目标达成出现初中虚高化，高中幼稚化的倾向。如案例 4-4 中，该初中地理教师关于“因地制宜”和“可持续发展”的情感态度与价值观目标，显然是拔苗助长，不如表述为“初步形成尊重自然、与自然和谐相处的因地制宜意识”更为贴切。而在案例 4-3 中，学生每答对一题，教师带领全班同学鼓掌，并提醒学习委员在旁边的小黑板上给小组加分，虽然其目标是为了激发学生探究的兴趣，但这种形式在高中阶段有幼稚化的嫌疑。

案例 4-4 “天山南北——新疆维吾尔自治区”一节情感态度与价值观目标

通过了解新疆丰富的物产，优美的风光，培养学生的爱国主义情操；

通过综合分析地理环境各要素与人类活动的关系，学生能够正确认识和处理人地关系，树立起因地制宜、可持续发展的观念。

四是达成过程形式化。一方面，一些老师不知地理情感态度与价值观是镶嵌在知识与技能及其形成过程中的，而将地理情感态度与价值观从地理知识中抽离，开展孤立的、“贴标签”式的活动，导致教学生搬硬套，缺乏水到渠成的自然与潜移默化的影响。另一方面，套用地理知识与技能教学目标达成的方法，宣讲空洞、缺乏情绪感染，说服生硬缺乏思想启迪，既脱离真实情境的熏陶，又缺乏学生主体性的体验与领悟，其过程没有触及学生的灵魂深处，其结果更缺乏意味深长的力度，总体效果当然微乎其微。

五是达成效果模糊化。地理情感态度与价值观目标达成难以通过纸笔测试进行考察，因此，由于缺乏有效的评价工具，不少地理教师对地理情感态度与价值观目标达成的效果是模棱两可，含糊其辞。

总之，地理情感态度与价值观目标正面临着淡化的危险，遭到了一种特有的销蚀，即学程或教育计划的最初意图销蚀了，也许教育认知目标和评价认知目标确乎比较容易些（D. S. 克拉斯沃尔和 B. S. 布卢姆，1989）。

（二）存在三种实践偏差

地理新课程追求地理知识与技能、过程与方法、情感态度与价值观三维目标的和谐实现。但当前的地理课堂教学中，地理教学目标达成存在三种实践偏差。主要表现如下。

1. 地理教学目标“错达成”

地理教学过程基本围绕教学目标展开，顺利完成教师所列教学目标，但是这种达成是一种“错达成”。如案例 4-5，其根本原因在于地理教学目标设计缺乏课标本位，导致教学目标与地理课程标准的内容取向南辕北辙，出现了方向性的错误，或者地理教学目标设计降低了课程标准中的相关要求，最终导致教学目标设计差之毫厘，教学目标达成则失之千里。所以，圆满地完成教师设计的教学目标任务并不意味着教学目标一定达成，这种达成可能是“错达成”。

案例 4-5 南辕北辙的尴尬

如一位教师在人教版初中地理八年级下册“以河流为生命线的地区——长江沿江地带”一课的教学设计中，将本节内容的落脚点定位于“长江”本身，认为本节教材的教学目标主要在于通过对中国第一大河的学习来掌握认识一条河流的方法，并在课堂教学中侧重于让学生了解长江在我国水系中的地位、水文特征及对我国人民生活的利与弊。而《义务教育地理课程标准（2011 年版）》对本节的要求是让学生通过“长江沿江地带”这一典型的跨省经济地理区域，初步掌握区域地理特征的一般分析和认识方法。八年级上册“长江开发”一节侧重于长江本身的水文特征与水灾防治，而八年级下册本节内容侧重于长江自然资源开发利用及其对沿江与周边经济发展的影响，下册的主旨是推理分析长江沿江地带的资源形成原因与利用方式，从而完成上下册自然地理与人文地理的交融。显然，该教师的教学目标设计没有基于课标，导致课堂教学南辕北辙，并没有真正地“达成”教学目标。

总之，地理教学目标的合理设计是地理教学目标达成的前提条件。教学目标是教学活动的指向标，不合理的目标会将教师的教学与学生的学习引入歧途。合理的教学目标设计，离不开对地理课程标准与学生及教材的正确解读。课程标准是国家对基础教育课程基本规范和要求的指令性教育文件，是教材编写、教学、评估和考试命题的依据，是国家管理和评价课程的基础。课程标准反映了国家对学生学习结果统一的基本要求，是对学生在校期间应达到的知识与技能、过程与方法、情感态度与价值观的阐述。而地理教学目标设计的本质是课程标准的具体化过程或课程标准的解构与重构过程。教学目标设计坚持“标准本位”，合理把握“标准溢出”，杜绝“标准窄化”是地理教学目标达成的基本前提。

2. 地理教学目标“未达成”

地理教学目标设计科学，但在地理教学目标达成的过程中遭遇各种问题：一是教学目标在教学过程中被闲置，成为“一纸空谈”，并没有发挥引领作用，教学目标整体达成度不高。二是三维目标达成失衡，达成率低下。其突出症状是地理教学目标单向度达成。教学只关注知识的规训，知识扩张为教学的全部，剥离了知识与技能的形成过程及其运用的方法，更无视人在创生知识与技能时所灌注的情感态度与价值观，从而使充满生命活力的知识与技能变成了僵化、刻板的教条，教学最终塑造的是一批又一批缺乏精神营养的“知识人”，而不是“文化人”。三是课堂只有少数同学达成了教学目标，多数同学没有达成教学目标。此三者均为教学目标“未达成”的临床症状。

如某初中教师设计人教版地理教科书七年级上册“人类的居住地——聚落”教学目标中有一条“通过合作和探究，提高团队精神，懂得保护世界文化遗产的重要意义”。但是教学反思时，该教师发现，在教学的过程中这一内容通过教师提问—学生回答—教师总结完成的。显然没有达到“通过合作和探究，提高团队精神”的目标。

造成地理教学目标“未达成”原因有三。一是地理教学目标与教学策略缺乏适配，或在地理教学目标设计时对教学策略考虑不足，或在教学过程中地理教学目标被闲置，在教学过程中“名存实亡”，地理教学目标与教学内容、教学方法缺乏相互协同，最终导致地理教学目标的达成率不高。二是部分教师在教学中容易顾此失彼，或固守“双基”阵地，地理过程与方法或情感态度与价值观目标平日里基本缺席，只是一种摆设，只盼在上级检查或上公开课之时“重见天日”；又或矫枉过正，过分突出地理过程与方法或地理情感态度与价值观目标的达成，地理教学堂堂求新。这既会影响地理知识与技能目标的达成，而一旦地理过程与方法与地理情感态度与价值观游离于知识与技能之外，也会造成两者的不实和“贴标签”。一方面是由于一些教师传统的教学价值观没有更新，教学的过程中或以教书代替育人。教学中教师只提供现成的静态知识，缺乏知识的动态发生过程，漠视学生的情意，没有激活结构化后的以符号为主要载体的书本知识。另一方面是由于部分教师“有心无力”。三是地理教学目标过多或要求过高，导致在课时有限的情况下无法达成。

3. 地理教学目标“伪达成”

课堂场域中充斥着各种教学目标“伪达成”。一些教学内容表面看似学生都学会了，教学目标似乎都达成了，但一旦改变一种情境，或转换表达方式，或增加一些条件，学生就出错。显然，在一些地理概念的学习中，学生或许只是简单地获取一些信息和规则，并没有形成自己的理解，发生深刻的“概念转换”，学到的东西不能进行迁移、应用与拓展，表现为“伪达成”或者“表层达成”。

如案例 4-6，事实上“课标”要求“举例说出聚落与自然环境的关系”，评价中前两个班学生顺利达成记忆水平的目标，而当要求学生以理解与迁移的教学目标水平完成时，则出现困境。显然前两个班教学目标的达成属于“伪达成”。又如直接询问学生“地球内部的温度如何”时，学生能回答出“地球内部温度很高，岩石都被熔化成了岩浆”。但当问到“从地面往下挖一个 10 km 深的洞，洞底的温度情况如何”时，很多学生瞠目以对，表明他们学到的有关地球的知识是惰性知识（王小明，2011），不能灵活迁移。

案例 4-6　这样的教学目标该如何评价？

如某七年级地理教师为了检测“学生能够说明聚落与自然环境的关系”这一教学目标的达成度，设计了两个问题分别在不同的班级测试：问题 1 举例说明聚落与自然环境的关系；问题 2 分析说明蒙古包与当地环境的关系（给出一定的背景资料）。该教师发现回答问题 1 的班级多数学生都能答对，并基本上都以自己课堂讲过的“陕西窑洞”“北极冰屋”等为例，而回答问题 2 的班级却只有一半的学生能答对。该教师迷惑不已：难道“蒙古包”上课没讲过，学生就不会了？

造成教学目标“伪达成”的主要原因在于教学过程是肤浅的，教师常常满足于学生浅层次的理解，如正确地记忆概念、原理等，缺乏对复杂概念形成深度的概念性理解及运用它们创造性地生产新产品与新观念。事实上，学生仅仅能背诵知识不能认为学生真正地掌握了知识，因为真正的知识意味着能够以新的方式加以利用（迁移）。被动学习和机械背诵互不联系的、孤立的事实性知识及基本技能，依然是当今学校大多数学生的主要学习形式。这种传统的学习方式不仅使学生不能真正地理解知识，实现知识在新情境中的迁移，甚至会使学生对学习不感兴趣甚至憎恶学习。正是基于对传统学校教育弊端的反思及由此形成的对理解的重要性的认识，人们开始认识到理解性学习的重要价值。“为理解而教，为理解而学”成为国际学界的共识。此外，实践表明，教学评价也会影响教学目标达成，不恰当的教学评价会让教学目标达成流于形式，造成一种“伪达成”。

三、原因探析

教育工作者一直是关心“活动”胜于关心“过程”；关心“手段”胜于关心“目的”（Knight，2002）。他们从未探问有关目标的大问题，教育工作者的专业训练，由于只注重方法，也助长了此一问题。地理教学目标达成不容乐观，主要原因如下。

（一）地理教师的素养差异大

Sanders 等（1997）通过一系列研究，指出教师是影响学生学习最重要的因素。教师的专业素养一般包括教师的专业态度、专业意识、专业知识和专业能力等（陈柏华和徐冰鸥，2006）。研究发现，地理教师的专业素养对地理教学目标的达成有着极为重要的影响。同课异构表明：一般情况下，职称较高的教师比职称低的教师地理教学目标达成效果要好。但同一职称的教师地理教学目标达成的效果也有明显差异。此外，通过对几名教师的跟踪研究，笔者发现，地理教学目标达成与地理教师素养的相关性明显大于与教学内容的相关性。即一般情况下，教师在自然地理的教学目标达成率较高的，其人文地理、区域地理的教学目标达成率也会较高。

1. 地理教学目标高达成的教学特征

一般地理教学目标达成较好的教学有以下几个特征。

1）教师具有较强的课程意识

教师的课程意识包括教师的主体意识、生成意识和资源意识（郭元祥，2003）。教师的课程意识会支配教师的教学理念与教学行为。本次基础教育课程改革强烈呼唤教师的课程意识。这意味着地理教师的教学既要以课标为本，又要发挥主体性，开发创生课程。

一是地理教学目标的设计基于课标，且是内在的。首先，这种教师从课标出发而非从教材出发，且对地理课标分析到位。如案例 4-7 中，从课程标准的角度出发分析得出本节的课题是“外力作用对地表形态的影响——以河流地貌为例”。因此，在地理教学目标的设计中，并没有要求系统地掌握各种地貌。其次，不会迷信各种理论的解读，也不会盲从于他人的教学，而是在实践中反思目标，反思教学，反思学生，逐渐形成自己的教学观念与教学信念，表现为教学目标是“我化”的，是“内在的”，是“具身的”，并且恰如其分。

案例 4-7　“河流地貌的发育”教学目标设计

【课标要求】结合实例，分析造成地表形态变化的（内）外力因素

【课标分析】本条“标准”关注的对象是自然环境的组成要素之一——地貌（地表形态）。而影响地表形态发生变化的原因主要有内力和外力作用，本节课仅关注外力作用对地表形态的影响。从本条“标准”的要求来看，重在地表形态变化的原因分析，而不必对各种地质作用形成的地貌或各种类型地貌做全面系统的介绍。本条“标准”要求“结合实例”，也就是说要结合具体例子来分析，而不能过度理论化。

【教材分析】本节课使用人教版必修 1 教材，本节标题是“河流地貌的发育”，这种教材编写思路契合了本条“标准”要求的“结合实例”。同时必须认识到本节课的教学目标不是认识河流侵蚀地貌和河流堆积地貌，而是以河流地貌为例，分析外力作用对地表形态的影响。因此可以认为本节的课题是“外力作用对地表形态的影响——以河流地貌为例”。外力作用对地表形态的影响虽然普遍存在，但是河流地貌与学生生活更贴近，更利于学生理解。

【教学目标】

1. 以河流地貌为例，说明外力作用对地表形态的影响。
2. 能够判断侵蚀地貌与堆积地貌。
3. 通过外力作用对地表形态的影响认识地表事物都是处在不断变化之中的。

（来源：龙泉老师）

二是地理教学策略充分体现教师对课程的开发与创生。首先，对地理教材内容进行深层加工，对地理课程内容进行一系列的改造，或充实，或替换，或增删，或拓展，或提炼，重组教学资源，绝对不会照本宣科。其次，地理教学策略促进学生的深度学习，增进学生的理解力。通过设置真实的问题情境或者创设故事情境，分步引导，环环相扣，充分调动学生的主体性发挥，启发学生的地理思维，让学生享受教学过程；另外，教师会帮助学生认识地理核心概念与基本原理，帮助学生梳理知识之间的关系，厘清知识之间的层次，形成结构化、网络化的地理图式，帮助学生建立起地理视角。

2）从人的全面发展角度去思考教学

如访谈实录 4-3 所示，这样的教学不是关注知识的规训价值，而是会“形而上”地思考教学与学生发展之间的关系，会关注学生的德行涵养，会促进人的认知与情意的整体发展。教师会凸显知识的关系性与意义性理解，站在学生的立场，透过“知识”审视对学生发展的“意义”，将地理学科知识“心理化”，转化为适合学生理解的地理知识。并会充分挖掘知识内在的意蕴与学生个体世界的关联，寻找学习与生活、发展的最佳结合点，真正地实现“学习对生活有用的地理”“学习对终身发展有用的地理”。

访谈实录 4-3　某教师关于“水资源”一节的课后反思

我觉得一节课必须有一件引起学生关注的事件，所以我平时特别注重听新闻等，譬如说日本的垃圾分 16 类，就是在前天听新闻听到的。我一般一边做饭一边听新闻。所以，讲课的时候就随时把一些相关的新闻点缀进去，这样学生就会感兴趣一点。

这次我就觉得这个“废弃的村庄”就特别贴合这个主题。以前，为了顺利展开课堂，我都会把导入展开得很长，今天我就把导入精简了。这个导入，引起学生对社会问题的反思。反思之后呢，用所学的知识去解释。将来，学生做了领导者、生产者之后，也能够对自己的行为实现反思。不能说为了钱和自己的利益，就去损坏环境和大家的利益。上课的时候，我时刻关注将这些观点传递给学生。如果环境破坏了，就让学生畅想会怎么样呢？有学生就会说，会变成沙漠；有的学生就会说这有可能变成绿洲，因为人少了，生态环境就会好了。新的居民点也可能会被废弃，因为黄河会淹没了。整个过程有责任感在里面，参与其中。

整个过程，我喜欢以一条主线来探究。如果死板地讲解我国水资源时间不均、空间不均，学生根本没人听。如果我讲我国西北缺水，一起探究怎么样缺水，为什么缺水。再说华北更缺水，学生的兴趣就被提起来了。再怎么样解决呢，解决以后就不缺水了吗？还缺，水污染。以前是地区性缺水、资源性缺水，现在变成水质性缺水。还是在缺水。整个给学生一种紧迫感，让学生知道我们国家这么缺水，我们应该身体力行地去节约用水。

探究不仅让学生知道自己在学知识，而是让学生知道自己在做事，在分析社会现象。让学生知道不仅是知识点，而是知识是一个整体，与学生的生活紧密相关。在一个事件中，可以把所用的地理知识融合在一起，是一个有机统一体，就是学习我们生活中的地理。时间长了呢，学生就会在一些事件中发现问题，譬如别人只看到一个废弃的村庄，而我们看的就比较深入一些。时间长了，学生就会形成一种思维方式，将来就会运用在生活、工作中。我们的社会就会有些改变。

3）地理教师随时关注学生的反馈

课堂教学中，随时通过学生的神态、回答及作业观察学生教学目标达成的情况，并且会做出相应的调整。如案例 4-1 中，教师会关注所有学生的地理教学目标达成情况，在师生互动中调整教学。

2. 教师影响地理教学目标达成的因素分析

影响地理教学目标达成的因素是多方面的，包括教育制度、教育传统等多方面，一些因素通过教师来影响教学目标的达成。如受苏联影响，没有确立教学目标概念，把教学目标等同于教学目的、任务和全面发展的教育目的，地理教师教学目标的意识淡薄。

1）教师的教学目标意识影响地理教学目标的功效

所谓教学目标意识，是指教师形成的一种心理定式，即随时会想到教学目标，并按照教学目标行动。有教学目标意识的教师，往往按照教学目标的要求选择教学内容，筹划教学策略，不达目标不罢休。相反，一些教学目标意识淡薄的教师，教学是盲目的、冲动的，教学目标的“指向标”作用失灵，功效全无，更何谈教学目标达成。

如一些教师为了应付教学管理而设计的教学目标，只是文本意义上的教学目标，而不是内在观念形态的目标；还有一些教师由于对“建构”与“生成”的误解，设计的地理教学目标随心所欲，不管学生的实际和客观条件，更不会考虑能否达成；抑或在教学过程中，地理教学目标“名存实亡”，游离于教学活动之外；教学结束后，更不会反思地理教学目标达成与否。

2）教师的教学价值观影响地理教学目标达成的和谐度

在对待教学目标达成的问题上，存在两种典型的价值观：一种是纯粹为了完成教学任务而教，一种是完全为了学生的发展而教。对许多教师而言，教学是一种工作，而不是生活的使命（张华，2000）。教学结束后，前者会问：我的内容上完了吗？后者会问：学生收获了什么？表面上看，二者似乎并无矛盾。但事实上，前者在教学中往往会关注知识的规训价值，后者则会整体地从知情两方面关注学生的发展。

3）教师的教学能力影响地理教学目标达成的效果

最为典型的莫过于地理教学目标达成过程中的“有心无力”。如在教学目标的设计中，一些教师不知道如何科学地制定教学目标。一方面，学术界对三维目标的论争延伸至各种教育培训中，专家的观点难以统一，一线教师不知所措；另一方面，新课程培训中，往往侧重于课程理念与课程内容的方面，即使设计地理教学目标领域，也缺乏具体的操作层面；还有不少农村中学地理教师是非专业出身，亟须提高地理教学理论修养。在教学过程中，一些地理教师也想让学生的身心获得发展，但是不知道如何重组教学资源，如何处理学生的反馈，如何启发学生的思维，如何让学生乐于其中。

（二）教学文化的多重影响

教学在文化之中，并传承和发展着文化（郝志军，2008）。教学总是带着一定的文化“印记”。一方面，教学的一个基本功能是传递文化，以文化人；另一方面，教学活动总要受一定文化环境的影响。社会文化环境通常是以内在的、不知不觉的、潜移默化的方式制约和规范着教学活动，我们沉浸其中缺乏自识和自觉而已（达尼洛夫 等，1982）。因此，教学活动不是自在自足的。教学活动具有“文化适应性原则”。影响地理教学目标达成的主要有两种教学文化。

1. 考试文化

儒家文化有着考试文化的传统，而崇尚考试有着深厚的民族传统文化根基。时至今日，这种文化和制度发挥过积极的作用。但是古往今来，科考和高考这两大高利害性考试制度，在制度执行的过程中相继促生和绵延了从古至今的应试教育（王中男，2013）。这种应试教育，一个共同的特征是：考试成绩是教师的教学价值核心，关注考试成绩内化为教师的行为习惯。如访谈实录 4-4 与访谈实录 4-5 所示，不少地理教师大都在考试面前都感到了困扰，不少老师认为高考不改革，课程改革难以为继，基于多方面的考虑他们往往选择屈服于考试。受应试教育影响，教师关注与学生升学考试有关的内容，而忽视与升学考试无关的内容。由于地理情感态度与价值观目标难以通过纸笔测评，教师在教学实践中很可能只是突出与应试有密切关联的地理知识与技能及部分地理过程与方法类的教学目标，而忽视与应试无关的地理情感态度与价值观目标及部分过程与方法类的目标。教师的基本生活方式就是围着考试团团转，成为传播知识的机器，忽视了教学的情意维度，“泯灭”了考试诊断、激励、反馈的功能，更是“遗忘”了其促进人的发展的宗旨，学生的主体性更是被压抑，教师和学生都成为“单向度”的人。

访谈实录 4-4　“地球的运动（一）”课后反思

我在中学工作很长时间，经常带高三，我不太习惯这种不分文理科（该校高一没分文理科）的课，跟考试关系不大的课，我不太熟练，因为指向性不强。以前我上课更多的是考虑学生会不会做题。在准备这个课（高一必修 1“地球的运动”）的时候，我一下子又想到考试，所以一直犹豫要不要讲恒星日与太阳日的区别……

访谈实录 4-5　地理教学目标达成意识访谈

问：你每次上完课都会反思自己的地理教学目标达成了吗？

答：教学目标是什么？教学目标不就是考试大纲吗？考什么我们就教什么啊。我每次上课前都会把考纲的要求写在教材上，提醒自己高考有哪些要求，有多少分值。

2. 教研文化

地理教学目标达成涉及教学目标、教学策略、教学评价等多个环节，需要教师集体的智慧进行集思广益，尤其是新教师，更需要专业的指导。而集体备课则是一种好的方法。

调研发现，集体备课的教师的地理教学目标达成效果一般较好，因为教学设计经过了共同的协商，教学目标的设计和教学策略的选择都会比较合理，而且增添了教师教学的信心与勇气，教师哪怕按部就班，地理教学目标达成效果也不会太差。但是一些地理教师仍是单打独斗，既不敢断定自己的教学目标达成的过程一定合理，又因为受学校教研氛围的影响不愿和其他教师交流探讨，闭关自守。这对新教师的教学目标达成尤其不利。

总之，地理教师的素养可以直接影响地理教学目标的达成，而教研文化对地理教学目标达成的影响是间接的，最终体现在教师教学目标的设计、教学策略的选择及教学评价的标准等理念上。

第五章　机理分析：地理教学目标达成的内部机制与基本路径

如前所述，地理教学目标达成过程中存在诸多问题，一个最基本的问题是不少地理教师不明地理教学目标究竟该如何达成，即不知地理教学目标达成的路径。所谓路径，包括节点与路线。一项研究难以穷尽路径的所有节点与路线，因此往往研究其关键节点与路线。本章将从教学设计的角度具体探讨三个问题：第一，关键节点问题，即影响地理教学目标达成的关键因素有哪些？第二，路线问题，即这些关键要素之间有何关系？即地理教学目标达成的内部机制。第三，路径问题，即如何达成地理教学目标？即地理教学目标达成的基本路径。

第一节　地理教学目标达成的影响因素

要找到地理教学目标达成的基本路径，首先需知道影响地理教学目标达成的关键因素是什么。因此，本节主要研究地理教学目标达成的影响因素。

一、基于宏观的视角：学业成绩的影响因素

地理教学目标达成本质上是学生获得了预期的学习结果。因此，一切影响学习的因素都会影响地理教学目标的达成。历史上一些教育学者主要从学习时间、学习者特征及教学质量等方面对影响学习的因素展开探讨。

（一）卡罗尔的研究

卡罗尔提出，学习达成度取决于实际用于学习任务的时间量和掌握该学习任务所需的时间量。即学习达成度=所用时间/所需时间。

学习毅力与学习机会决定学生所用时间，能力倾向、教学质量和学生理解教学的能力这三个变量影响学生所需时间，即学习达成度由这 5 个变量决定。

卡罗尔的这种观点显然是一种时间中心模式，强调时间对学习的影响，但他本人也承认，需要更多的研究来完善这一模式。

（二）布卢姆的研究

布卢姆在卡罗尔研究结论的基础上进一步提出“影响学习成绩的三个主要变量”的观点，如图 5-1（本杰明.S.布卢姆 等，1986）所示。在布卢姆看来，卡罗尔模式中有些因素是短时间内难以改变的，先决认知行为(学生对所要完成的学习已具有的必要条件的程度)、

先决情感特点[学生被（或能被）促动专心于学习过程的程度]、教学质量（教学适应学习者的程度）会决定成绩水平和种类、学习速率和学习者的情感结果之类的学习结果。

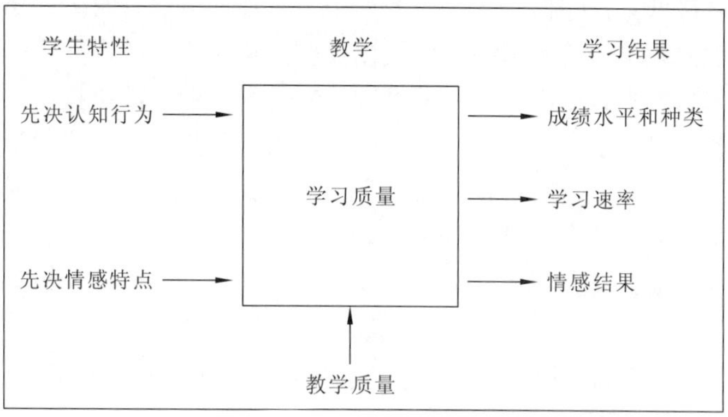

图 5-1　布卢姆学校学习理论中的三个主要变量

其中，布卢姆认为教学质量包含四个要素：①如何向学生提供学什么内容和怎样学的指导；②学生参与学习活动的程度，这种参与既有外显的、看得见的，也有内隐的，如何积极思考等；③如何对学习正确的学习行为给予强化及吸引学生学习；④在班级教学条件下如何建立“反馈–矫正”系统，及时并矫正学生在学习过程中出现的错误。

（三）其他研究

在教学论领域、学习理论领域及教学设计与教育心理学领域都对学业成绩的影响因素展开了一系列的探讨，包括学生内因与教师、环境等外因。

国外的研究如 Wright 与 Horn、Sanders 等学者通过对 6 万多名三年级至五年级学生的测验分数的分析，得出结论：影响学生学习的最重要因素是教师（罗伯特·J.马扎诺，2009）。另外，教学效果好的教师对各种水平的学生似乎都有效，且无论这些学生的水平差异有多大。相反，如果在教学效果差的教师指导下，不管学生的学习成绩如何，学业进步都很小。其他研究者如 Haycock（1998）的研究也证明了这一结论。这些研究结果无比清楚地表明，可以更多地通过提高教师的教学效果来改进教学质量。而教学效果好的老师之所以能提高学生的学业成绩，主要是因为教学与管理策略的不同（Mazano et al.，2001）。教学策略是被研究者非常强调的原因，如精心设计实践活动，使用直观手段如图表、图像等展示知识。事实上，尽管教学策略与课堂管理是课堂高效教学的关键因素，但教学评价却常常被忽视。使一些教育工作者惊讶的是，课堂评价效果研究的主要结论表明，课堂评价有可能是教师手中最有力的武器。Black 和 Wiliam 综合了 250 多项研究的结论，得出这样的结论：课堂评价对学生的成绩有很大的影响，尤其是形成性评价，确实能促进学生的学习（罗伯特·J.马扎诺，2009）。当然，课堂评价并不是任何条件下都能促进学生的成绩。幸运的是，一些研究提供了有关评价条件的指南。研究表明，课堂评价能对学生学业提供清晰的描述，解释并反馈如何强化学习。而据约翰·哈蒂（2015）的研究，改进教育的最简单的处方必须是“一定程度的反馈”。

国内与国外的研究结论有些不同。国内的研究目前广泛认同的是影响学生学业表现的因素总体可以划分为个人因素与社会环境因素。个人因素主要包括动机、自我效能感和成就目标定向，社会环境因素主要包括父母教养方式、师生关系和同伴关系。易芳等（2017）

使用多元整合元分析技术发现，进入多元整合元分析的六个因素都表现出与学业成绩具有中等程度的相关，其中动机和自我效能感与学业成绩的相关程度最高，父母教养方式与学业成绩的相关程度最低。张咏梅等（2012）运用北京市义务教育阶段三年级学生大规模学业测验数据，基于大规模测验数据的多层线性模型分析结果表明，学生学业成绩具有显著的班级间差异。来自教师背景因素的教师性别、教龄和专业一致化程度，教师工作因素中的教师是否兼教等对班级学业成绩产生显著影响；来自学生背景因素的学生性别、独生与否，学生学习因素中的学生自我教育期待、学习习惯、完成作业方式、课外阅读量、课外学习情况等对学生学业成绩产生显著影响。国内的研究表明，教师应从学生个人因素入手，注重激发学生的学习动机与自我效能感，重视学生在学校里的同伴关系与师生关系。

二、基于微观的视角：地理教学目标达成的影响因素

从宏观的视角来看，学生个人、学生家庭、学校环境等多个因素都会影响地理教学目标达成。但这会陷入一个庞大的复杂系统。而事实上，对于地理教师而言，最关心的还是如何在自己可控的范围内，即地理课堂教学内。因此，不妨把眼光聚焦到地理教学系统内部，从教师教的角度去审视哪些教学因素会影响地理教学目标的达成。

针对这一问题，笔者在安徽省对45名一线中学地理教师进行了深度访谈，其中具有高级职称的教师6名，中级职称的教师26名，初级职称的教师13名。总体上看，教师都认为影响地理教学目标达成的影响因素主要有教师、学生与环境。教师对地理教学目标达成的影响主要体现在教师的教学态度（如是否充分备课）与教学能力（对地理课标的理解是否准确、教学目标定位是否合理、学情分析是否客观、实施的教学策略是否科学、多媒体技术是否娴熟等）、教学管理能力等。学生的影响主要体现在学生已有的知识与能力基础及学生课堂中的参与程度。环境的影响主要体现在教学时间、教材结构安排及教学内容的难易程度。但分歧在于有六成的教师认为最关键的影响因素是教师（能力与态度），有近三成的教师认为最关键的影响因素是学生（如访谈实录5-1）。还有一成的教师认为最关键的因素是教学内容。

访谈实录 5-1　地理教学目标达成影响因素的访谈

问：你觉得影响地理教学目标达成的因素有哪些？

答：最重要的当然是学生基础与教学内容的难易程度。教学内容难的话，教学目标就难达成；教学内容容易的话，教学目标就容易达成。学生能不能达成地理教学目标说到底还是和学生的基础有关。比方说，我们这次合肥统一月考，我爱人他们学校的学生一般都能得五六十分，我们学校的学生一般只能得三四十分，还有我又带了四个班，有两个班学生水平好点，考试的分数明显高些。总体上，主要还是跟学生的水平相关。

基于教学系统的角度，学生、教师、教学目标、教学内容诸多因素都与地理教学目标的达成息息相关。基于教学过程的角度，过去的教学论普遍将教师、学习者与教材视为有效教学的三要素。但是，当前教学设计研究中，将三角形关系替换为教学目标、教学策略和教学评估（盛群力 等，2010）。教学可以看作是计划、结果和评价三者的结合[图 5-2（荀烈治 等，2011）]。这三个部分是一个整体，三者相互联系，相互影响，并具有内在的一

致性。教学目标是核心与灵魂，教学策略是达成地理教学目标的载体，教学评价是判断教学目标是否达成的手段。此外，这一模型的好处是：首先，从教师、学生、环境等教学系统因素来研究，过于庞杂，而从教学过程的角度展开研究更为聚焦；其次，一些因素并不能直接影响地理教学目标达成，如教学文化因素，而是通过地理教师的教学来影响地理教学目标的达成。学生的认知基础与动机因素等，往往是通过教师的教学活动（如教学目标的设计、教学策略的选择及教学评价的实施）来影响地理教学目标的达成。最后，从教学过程的角度展开研究可以进一步激发地理教师的责任感（见访谈实录 5-1）。

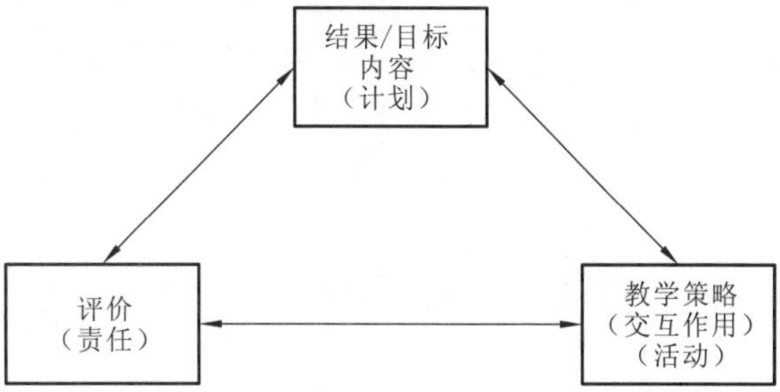

图 5-2　一个整合的教学模型

换言之，地理教学目标的达成，依赖教学系统内部各个要素与各个环节整合协调的力量，仅仅局限于教学目标或者目标系统本身是远远不够的，应该对教学系统内部的各要素乃至课程、教学、评价各个环节进行综合考虑。

（一）地理教学目标

并不是所有的知识都有学习的价值，因此前人提出了“什么知识最有价值”的命题。同理，对于地理教学而言，也并不是所有的教学目标都是合理的，设计怎样的地理教学目标至关重要。

地理教学目标在地理教学系统中具有两个极为重要的作用：一是把国家意志转化为地理教师教学的个人目标，由此把国家的教育目的、课程目标引入课堂教学系统；二是地理教师的教学目标要转化为学生的个人目标即地理学习目标，才能让学生进入地理学习，完成地理教学任务，才能使学生真正地得到发展，才能达成地理教学目标。

地理教学目标决定着教学的方向，其合理性是教学目标达成的前提条件。另外，地理教学目标的内容与程度要求也决定了地理教学目标达成的难度，地理教学目标的密度也影响着地理教学目标达成的效益。此外，从教学目标、教学策略、教学评价三者的关系来看，三者虽然是内在统一的，但教学目标能为三者更好的协调整合提供基础，地理教学目标具有龙头与导航的作用。例如，如果期待学生能利用热力环流的原理去解决实际问题，那么地理教师所设计的地理教学活动、学生所开展的学习活动、学习评估过程就会都与这一预期的学习成果相对应。如此还可以帮助地理教师监控学生的地理学习过程，指导学生的地理学习活动，并判断教学结束后学生是否实现了预期的目标，开展与此相呼应的评估活动。

（二）地理教学策略

当今教育界关于“教学策略”的定义众说纷纭，顾明远（1998）、邵瑞珍（1983）、皮连生（2004）、施良方和崔允漷（2009）都有不同的界定。虽然学界对“教学策略”一词的定义比较混乱，但学者都强调了教学策略的目的性与可操作性。在此基础上，笔者将地理教学策略定义为“为了达成地理教学目标而采取的系列行动，具体体现在教与学的交互活动中”。因此，地理教学活动是地理教学策略的实然状态。

地理教学目标通过地理教学策略的实施从“应然”走向“实然”。地理教学目标达成的过程实际上也是学生对自身身心结构改造的过程。但这种身心结构的改造即素质的发展不是直接从他人那里获得的，而是靠自身努力慢慢发展起来的。人必须通过自身能动的活动而发展自身的素质（陈佑清，2011）。换言之，地理教学目标是在学生能动性的活动中达成的。从教师教的角度看，这种活动就是地理教学策略的实施过程。因此地理教学策略是地理教学目标达成的具体实施过程，也是地理教学目标达成的关键，它直接决定地理教学目标能否达成。它主要通过三种方式影响地理教学目标达成：一是方法与目标的匹配问题，二是教学内容的排序问题，三是教学评价是否嵌入教学过程。

（三）地理教学评价

地理教学评价在地理教学目标达成的过程中起着双重的作用：一是评价地理教学目标是否达成，即评估和鉴定的作用；二是形成性评价作为一种地理教学策略，驱动着地理课堂教学目标的达成。随着现代教育评价理念的改革，评价不再只是“关于”教学的评价，还是“为了”促进教学的评价。评价的目的在于促使人类活动日趋完善，是人类行为自觉性与反思性的体现。地理教学评价不再是地理教学之后可有可无的一个补充环节，而是镶嵌在地理教学目标达成的每个环节，起着调适和反馈的作用。

总之，宏观地看，影响地理教学目标达成的因素事实上是影响学生学业成绩的因素，主要包括个人因素与社会环境因素。由于研究方法的不同，得出的结论也有所差异。一些西方研究者认为影响学生学习的最重要因素是教师。而中国的一些研究者发现学生的动机和自我效能感与学业成绩相关程度最高。这样宏观的结论对于地理教师改进教学的意义极为有限，而从地理教师教的角度对地理课堂教学系统进行微观分析，发现地理教学目标、地理教学策略、地理教学评价是影响地理教学目标达成的三个关键因素。

第二节　地理教学目标达成的内部机制

“地理教学目标达成”是一个宏大的课题，达成的奥秘究竟何在，很少有人展开相关的讨论。笔者通过100余节地理课例的研究发现，地理教学目标之所以存在“未达成”、“伪达成”与“错达成”，从教师教的角度而言，与教学目标、教学策略与教学评价三个要素息息相关，并且三者间的适配关系决定了地理教学目标的达成程度。通过多番理论探索，笔者发现，从教学设计的角度，“教学的整合模型”可以进一步证实笔者关于影响地理教学目标达成内部机制的判断。因此，笔者大胆假设，地理教学目标达成的内部机制是三元适配，即地理教学目标、地理教学策略、地理教学评价三者间的适配。所谓机制，是指一个工作系统的组织或部分之间相互作用的过程和方式（中国社会科学院语言研究所词典编辑室，2014）。地理教学目标达成的内部机制主要是指影响地理教学目标达成的关键要素之间的相互关系及其运行方式。换言之，地理教学目标、地理教学策略、地理教学评价三者之间具有明显的张力。地理教学目标、地理教学策略、地理教学评价三者之间的适配（或者说“一致性”）是地理教学目标达成的内部机制。

一、三元适配的历史嬗变

“泰勒原理”包含了课程和教学的四个基本问题。从教师教的角度看，教师需要一致性地思考“为什么教”“教什么”“怎样教”“教得怎样”四个基本的问题。其中，“为什么教”“教什么”对应的是教学目标问题。而“怎样教”对应的是教学策略问题，“教得怎样”对应的是教学评价问题。概言之，泰勒提出了基于目标的评价范式，以目标的达成程度来对教学展开评价。之后，“泰勒原理”在教育评价领域和教学目标分类学领域得到了不同的发展。这些学者的研究主要有两种取向。

（一）课程与教学领域的思考

课程的一致性研究源于美国，至今已有半个世纪（Squires，2005）。其研究的历程大致经历了“概念提出、实践应用、内涵拓展”三个发展阶段。但对于课程一致性的定义，众说纷纭。Webb（1997）曾这样定义：课程一致性是教育系统的构成要素能够共同作用以达成期待目标的程度。

20 世纪 90 年代后，随着欧美各种教育标准的出台，一场教育标准运动成为各国基础教育改革的热点。其中课程标准和学业质量标准虽然已明确地告诉教师“教什么”和学生“学什么”，但是国家还需要实时监控学生是否真的“学会了什么”，这就要求教学和评价与课程标准保持一致。最近几年，学习进程被认为是联结课程标准、教学与评价，促进一致性的最具潜力的工具（National Research Council，2007）。同时教育评价的改革推动着教学目标与教学评价的一致性研究。近 30 年来课程评价领域的改革，一些“表现性评价”“真实性评价”的理念在深刻地影响着课堂教学。一方面，不再是测量雄霸天下，而是根据教学目标的类型选择评价方式。另一方面，教学评价不再孤立于教学之外，评价连续地包含于教学之中，通过评价驱动教学。同时，一些学者开始建构一致性模型，出现了 Webb 模式、Achieve 模式、SEC 模式、Buros center 模式、Project 2061 模式、Cresst 模式和 SRI International 模式等。其中 Webb 模式、Achieve 模式和 SEC 模式得到了最广泛的应用（Resnick et al.，2004）。作为极具影响力的一种研究范式，Webb 模式提出了五个分析一致性的指标：内容重点、跨年级与年龄的衔接、公平与公正、教学法应用和系统应用。其中“内容重点”包括四个维度：知识种类一致性、知识深度一致性、知识广度一致性和知识分布平衡性（Rothman，2003）。Achieve 模式则围绕向心性（centrality）、挑战性（challenge）和均衡性（balance）三个维度进行分析。SEC 模式包括主题和对学生表现的期望两个维度。

在教学领域，Cohen 则以教学一致性代替课程一致性，认为当三个学习活动（教师期望教授的结果、教学中学习者做了什么、测评的要求）相符合时教学一致性就能发生（Cohen，1987）。通过研究他还发现，如果教学目标与评价一致性越高，无论是普通学生还是天才学生都能取得好的成绩，据此提出“美国学校教育的平庸……更多的归因于教师的教学目标、教学实践及教师评价三者之间的不一致”（Cohen，1987）。Jang 和 Ryan（2003）

提出构成一致性课程需要具备标准、教学与测评三个组成部分。近几年来我国学者崔允漷及其团队认为“教—学—评一致性”是有效教学的一个基本原理，认为有效教学的唯一证据在于目标达成，并展开了一些理论和实践研究。“教—学—评一致性”主要出自安德森对布卢姆教育目标分类学的修订。其本质依然是以教学目标为核心，强调教学目标、教学策略与教学评价的适配。此外，随着实践的推进，课程一致性的研究得到了拓展，衍生了课程标准与教学一致性，高考试卷与课程标准一致性研究等。

总之，课程一致性研究源于西方重视课程的科学理性文化，重视课程形态的结构解剖和理性分析，强调以课程标准为参照对具体课程要素的细致比对（段戴平 等，2015）。而在我国，秉承重视教学的传统，更加注重“教—学—评”的一致性研究。

（二）教育目标分类学领域的研究

从布卢姆的教育目标分类学开始，人们在对教育目标进行分类的同时，日益关注教学目标、教学策略、教学评价之间的适配问题。

1. 布卢姆等的研究

当初，布卢姆为了建立目标与测验（教学评价）的匹配，创建了教育目标分类学。随后，布卢姆在 20 世纪 70 年代构建了“掌握学习”教学模式，通过把教学评价贯穿于教学的始终，使学生通过不断的反馈矫正来达成教学目标。布卢姆教育目标分类法对课程的影响很小，对评价的影响却很大（罗伯特.J. 马扎诺和约翰.S. 肯德尔，2012）。其后的尾随者为教育目标分类、教学策略选择和教学评估鉴别三者之间达到恰当的平衡与一致付出了努力。如安德森及其团队力图帮助教师分析目标、教学、测评以确定三者的一致性，将新修订的认知目标分类学命名为“面向学习、教学和评估的分类学”，并提出了四个重要问题，其中之一便是怎样确保目标、教学和评价三者间的一致性。并且提出，一旦目标、教学、测评之间高度不一致时，就会产生一些问题。一般情况下，将目标与测评、目标与教学及教学与测评加以比较来确定一致性的程度。

2. 加涅的研究

如果说布卢姆研究教学目标的初衷是着眼于教学目标与教学评价的一致性，那么加涅的学习结果的分类则着眼于教学目标与策略的匹配。他重点探究与这些学习结果（教学目标）匹配的学习条件（教学策略）是什么。例如，加涅指出，“认知策略”的学习，可以采取说明演示的策略、练习的策略、对策略的创新程度提供信息反馈等。但加涅似乎无意将教学目标与教学评价联系在一起。

3. 乔纳森的研究

乔纳森没有专门致力于教学目标分类研究，但是他非常精彩地论及了教学目标与教学策略的适配。乔纳森通过列表将 10 种类别 33 种具体学习结果与 22 种教学策略、76 种教学方法相匹配。这种匹配固然带有算法的性质，不可能像科学配方一样精确可信，但也充分反映了当代心理学在这些方面的卓越思考。总之，乔纳森的学习结果与策略适配分类学，也是一次力图体现教学目标、教学评价和教学策略一体化的有益尝试。

4. 其他研究

另外，马扎诺参照“人的行为模式”，提出了“二维三系统”分类模式。此种分类注意到了教学目标分类与教学策略选择和教学评估鉴别相联系的重要性。而豪恩斯坦从整合的角度提出将教育目标分类及其实现纳入一个教学系统中来考虑。而经济合作与发展组织（Organization for Economic Co-operation and Development，OECD）的关键能力分类目前已经同国际学生评价项目（programmer for international student assessment，PISA）联系起来。梅里尔、肯普和兰达都创建了学习结果与教学策略适配的分类学。如梅里尔在教学策略方面提出了真知灼见，肯普则用心良苦地研究了各种目标匹配的教学处方和教学策略。兰达创立的算法-启发式教学在这方面也有其独到的看法。罗米索斯基也提出了知能结构与策略适配分类。但是梅里尔、兰达和肯普等人虽然都注意到了教学策略选择同学习结果分类的关系，但是对教学目标与教学评估的匹配考虑不多。

综上所述，在课程领域，教学目标、教学策略、教学评价被称为课程协同一致原理或者说是课程的思维，即整体一致地思考“为什么教”“教什么”“怎样教”“教的怎样”的问题，而不像教学思维一样单独地思考某一个方面、某一个节点。如一些老师认为自己能做的就是解决好“怎么教”，至于“为什么教”想不了那么远，“教什么”教材和课标都规定好了，“教的怎样”是评课人和学生说了算，凡此种种，都是缺乏课程思维的表现。而在教育目标分类领域，则倾向推动教学策略与教学目标的一致。学者的教学目标分类尽管各有特色，但基本指导思想都是共同的，一是不同类型的学习结果需要不同类型的教学，二是根据教学目标来选择教学策略和教学评价方式。

二、三元适配的内涵解读

地理教学过程中，存在多种类型的地理教学目标，也存在不同类型的地理教学策略和地理教学评价方法。没有一种教学策略和教学评价方法能适合所有的地理教学目标。因此，三者之间存在一个适配的问题。所谓“适配”是指两种或多种事物之间的匹配吻合。“三元适配”是指地理教学目标、地理教学策略、地理教学评价的适配，是指三者相互合作和匹配，从三者“各自为政”到三者形成合力，共同指向教学目标的达成。它包括：第一，地理教学策略与教学目标的适配，这种适配包括时间、广度、深度、顺序及类型的适配；第二，地理教学评价与教学目标的适配，包括时间、内容、程度、方法的适配；第三，地理教学评价与教学策略的适配，包括内容与形式上的适配。总之，这种适配不是一一对应的关系，适配的多样性造就了地理教学的丰富性。

确定不同类型的地理教学目标及与之适配的地理教学策略和地理教学评价可谓是达成地理教学目标的内部机制。三元适配强调了地理教学目标、地理教学策略、地理教学评价既不能彼此隔离，或者相互游离，也不能仅仅是两两匹配，而应该是三个要素之间的完全匹配。

（一）地理教学策略与地理教学目标适配

不同类型目标的实现需要不同的学习过程和条件，没有一种教授所有事物的最佳方式（R.M.加涅 等，2007）。地理教学策略是指为了达成地理教学目标而采取的行动，是对地理教学实施过程的一种总体谋划。加纳认为，策略总含有某些意识成分，意识的参与含有选择的意味，策略就是对达到教学目标的各种途径的明智的选择（周军，2003）。显然，地理教学策略是对达成地理教学目标最佳活动的选择。这种适配或者说对应关系包含四种情况。一是单一教学策略对应某个教学目标，这是常见的最简单的适配关系。二是多个教学策略对应某个地理教学目标。这种情况往往是由于该地理教学目标难度较大或者学习容量较大，需要多个地理教学策略来实现。三是单一的教学策略对应多个地理教学目标，当地理教学目标难度较小时或者同类教学目标聚集时可能会出现这种状况。四是多个教学策略交叉对应多个地理教学目标。这种情况总体偏少，往往在地理教学目标难度较大及学习内容的关系复杂时出现。具体的适配方式如下。

第一，时间适配。这意味着地理教师在设计教学目标时，应该考虑地理教学目标设计的数量与难度是否合适，课堂教学时间能否完成，同时也意味着，在实施教学策略的过程中，要随时关注所有的地理教学目标能否及时完成。

第二，广度适配。这意味着上课的内容主题与教学目标相一致，即教学目标都有对应的教学策略来实现它，避免教学过程中教学活动游离于教学目标之外，漫无目的，从而导致地理教学目标无法达成。

第三，深度适配。地理教学策略与教学目标所要求的认知水平是一致的，即地理教学目标如果要求是“分析”，那么教学策略也必须对应“分析”水平。这种深度的适配存在三种情况：教学策略水平明显高于地理教学目标所要求的水平[图 5-3（a）]，虽然学生可能会达成地理教学目标，但对于学生群体，部分学生可能会存在学习困难；地理教学策略的水平低于教学目标的水平[图 5-3（b）]，因此，地理教学目标比较难于达成；地理教学策略与地理教学目标水平一致[图 5-3（c）]，可以明确地评价学生地理教学目标达成的情况。

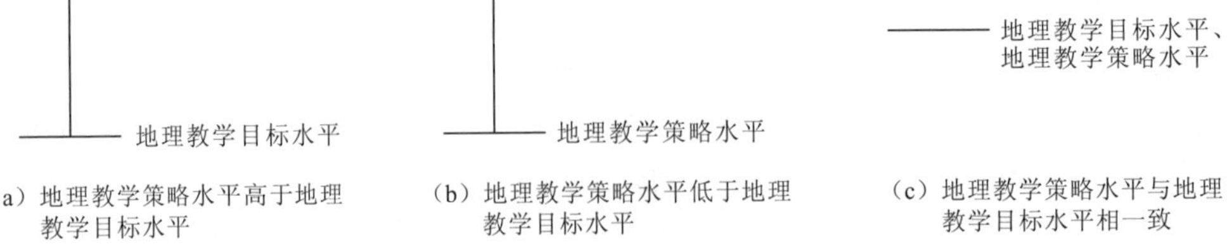

（a）地理教学策略水平高于地理教学目标水平　（b）地理教学策略水平低于地理教学目标水平　（c）地理教学策略水平与地理教学目标水平相一致

图 5-3　地理教学策略水平与地理教学目标水平的适配类型

第四，顺序适配。所谓顺序适配，是指地理教学策略的执行顺序要与地理教学目标的顺序一致。这意味着：首先，在设计地理教学目标时，要斟酌地理教学目标的顺序问题。地理教学目标应该遵循教学的顺序，从简单到复杂，从具体到抽象，由感性到理性，从已知到未知。此外还要遵循地理教学的逻辑，尤其是遵循地理要素的因果逻辑。地理环境具有整体性，自然地理要素之间相互影响（图 5-4），但在分析具体区域地理环境的特征时，尤其要注意地理要素之间的因果关系，千万不要倒置。如案例 5-1 所示，俄罗斯地形要素对河流要素具有决定作用，俄罗斯的地形影响俄罗斯河流的流向、流速及水能蕴藏量等。俄罗斯地势是南高北低，这决定了俄罗斯大多数河流的流向是自南向北，最终注入北冰洋。另外由于河流流经山区时落差大，水流急，水能资源丰富，适合修建水电站。对于伏尔加河而言，水流比较平稳，适合航行。而某教师没有注意这一顺序问题，先教学“俄罗斯河流”内容，然后教学“俄罗斯地形”内容，因此在问及俄罗斯的河流流向中，学生会茫然无措，这非常不利于学生“地理环境整体性”观点的形成与理解。此外，案例 5-1 中，该教师还存在一些专业基础知识不扎实的问题。

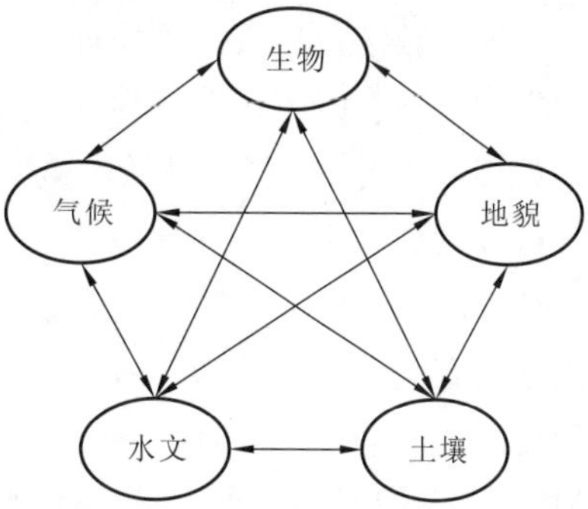

图 5-4　自然地理要素之间的相互关系

案例 5-1　“俄罗斯”第一课时教学目标

在地图上指出俄罗斯的地理位置、领土组成和首都，学会描述一个地区或国家地理位置的方法。

根据地图和其他资料能说出俄罗斯的地形特点与河流特点，概括俄罗斯的气候特征，提高地理读图能力。

树立地理环境整体性的观点。

第五，类型适配。皮连生先生说过，教学策略必须与教学目标相匹配。如果是传授知识，讲授法效果较好；如果是学习动作技能，最好的方法是教师讲解加示范、学生模仿，教师给予反馈与纠正；如果是智慧技能，单纯“讲授加模仿”是不可行的，因为智慧技能以概念掌握为核心。概念分具体概念与定义性概念。前者的学习方法是从例子中学习，运用发现法教学；后者可以用发现法，也可以用接受法进行教学。不过发现法比较费时，接受法效率较高。如果是价值或行为准则，说教的方法无效，班杜拉的观察学习理论最适合解释此类学习（吴红耘和皮连生，2009）。洞察地理教学目标的类型，选择与之相匹配的地理教学策略，这是适配最重要的内涵。当前关于地理教学策略的分类仁者见仁、智者见智，很难统一，因此大致可以概括为表 5-1 所示的匹配关系。

表 5-1　地理教学策略与教学目标的匹配关系

教学目标类型	主要教学策略类型
地理知识	讲授、记中教
地理技能	训练
地理过程与方法	做中教
地理情感态度与价值观	悟中教

值得一提的是，地理教学策略与地理教学目标并非完全一一对应的关系。首先，达成一种地理教学目标有多种地理教学策略。例如，为了达成“学生能够分析热力环流形成原理”的目标，既可以采取地理实验的教学策略，也可以采取图解的策略，都能达成这一教学目标。其次，一种地理教学策略也可以达成多种地理教学目标。例如，使用地图的策略，既可以利用地图来帮助学生学习一些地理位置的事实知识，也可以用地图来提高学生的图像技能，还可以在地图中贯穿爱国主义思想教育。但其中又有主次之分。再次，地理教学策略具有概率性，即地理教学策略本身并不能保证教学目标一定能达成，只能增加达成教学目标的可能性。没有一种教学策略有 100%的成功率，只能竭尽全力提高成功的可能性。但每一种教学策略对学习发生的概率有不同程度的贡献，即每种教学策略的效力不同。所以一般依据教学策略的效力来选择地理教学策略。总之，没有一种教学策略称得上是最好的教学策略，只有与地理教学目标匹配的地理教学策略，才是合适的地理教学策略，才能取得最佳的地理教学效果。

（二）地理教学评价与地理教学目标适配

如图 5-5 所示，地理教学评价与地理教学目标之间存在以下四种适配情况。

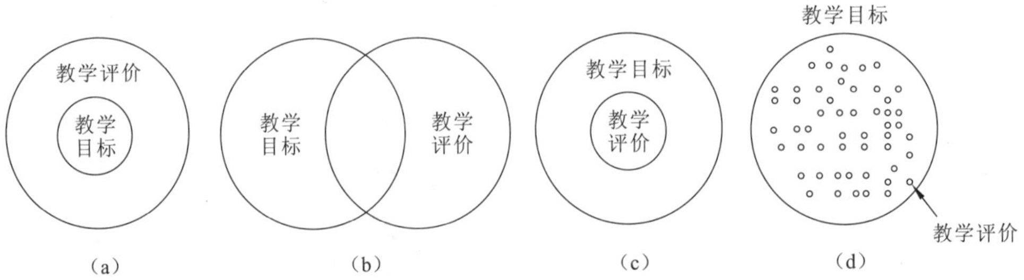

图 5-5　教学目标与教学评价之间的匹配关系

图 5-5（a）中，地理教学评价超越了地理教学目标，即所谓的“超纲”；图 5-5（b）则显示了地理教学目标与地理教学评价只有部分交集；图 5-5（c）则是地理教学评价只涵盖了地理教学目标中的部分内容，还有一部分内容没有涉及，即出现了地理教学评价的“真空”；图 5-5（d）则显示了地理教学目标与地理教学评价基本一致，地理教学评价在地理教学目标范围内分布均匀。

现实的地理课堂教学中，地理教学目标与地理教学目标达成的评价并非能完全保持一致。常见的问题有三点。一是时间不匹配。借用现成的试题，一些知识点学生还未学习，但课堂测验中却已经出现。二是难度不匹配。盲目地增加或减低测评的难度，导致学习程度与教学目标不匹配。三是内容不匹配。地理教学目标的内容缺乏评价，而评价中的一些内容却脱离教学目标。保持评估与目标的一致性，只有当评估能反映出学生预期的学习结果时，评估才能为教学目标的达成提供有效的证据。倘若评价与教学目标不一致，在当前高风险测评的世界中，学生更有可能去学习那些被测评的东西，这不是教学目标的预期。因此，地理教学目标与教学评价的适配意味着：第一，时间适配。即学生学习完学习内容后，再进行相对应的地理教学目标达成的评价，而不是未学即评。第二，内容适配。即学习内容与地理教学目标达成的评价的内容是一致的，都对应于地理课程标准的同一主题。

第三，程度适配。即完成评价任务所需要的认知要求与地理教学目标的认知要求是一致的，水平是相当的。第四，方法适配。地理教学目标具有多样性，既有认知目标，也有技能目标及过程与方法目标，还有情感目标。仅从认知目标来看，既有低层次的记忆水平的目标，也有高层次的问题解决目标。不同的评价目标需要有不同的评价方法。如纸笔测验对于某些认知目标是非常适宜的评价方法，而对一些认知以外的目标评价则无能为力。总之，单一的考试无法反映学生真实的地理学习水平，因此要针对评价目标，采取多样的评价方法。地理教学目标与评价方法的匹配关系如表 5-2 所示。尽管在选择评价方法时，经常要考虑客观性、精确性等因素，但是最根本的标准就是这种方法能否有效地测得想要考察的教学目标，评价方法的选取应依其是否适用于所测量的特性或表现而定。

表 5-2　地理教学目标与评价方法的匹配

目标类型	纸笔测验	表现性评价	交流式评价
地理知识目标	既可以考查对知识点的掌握程度，也可以考查各知识点之间关系的理解		可以通过提问的方式进行
地理技能目标	可以考查对技能的了解与理解程度，但不能考查技能本身	可以观察和评估这些技能	通过提问来考查学生的表达交流技能
地理过程与方法目标		可以观察	
地理情感态度与价值观目标		通过观察学生的行为与作品来推断	可以通过问卷、交谈、自我报告的方式进行

根据评价的实施方式不同，地理教学目标参照评价的方法可以大致分为以下三种。

第一，纸笔测验。纸笔测验是一种广为熟知的地理传统评价方式。简而言之，纸笔测验指被试者根据题目的内容用纸笔完成的测验（马云鹏和刘学智，2007）。纸笔测验又可以分为客观题与主观题。其中，客观题又可以分为两类：选择-反应式与建构-反应式。前者要求学生从备选的答案中选出正确或者最佳的答案，包括判断题、匹配题及选择题；后者要求学生根据前后的表述，填出空缺的词、句，即常见的填空题。客观题一般结构严谨，并且限制了学生的答案。这一题型简单、快捷，评分容易，但不适宜于评价学生的高级认知能力。各类题型的优缺点见表 5-3。主观题的特点是题目本身没有固定明确的答案，只有相对的参考答案或评分标准，考生可以在一定程度上自由发挥（齐梅和马林，2012），但评分容易受主观因素影响。地理主观题主要包括简答题、论述题、作图题、材料分析题、写作题等。总之，在地理教学目标参照评价中，纸笔测验也是一种常用的评价方式，但是地理教师往往是在课堂中将题目呈现在课件中或者导学案中，通过课堂提问等形式完成，而不是通过专门的纸笔测验来完成。另外，纸笔测验所测量的目标往往局限于认知领域，对于地理情感目标难以测量。

表 5-3 各种地理客观题型的优缺点

题目类型	优点	缺点
填空题	答案比较确定，编制简单	主要考察记忆水平，不易反映高级认知水平
判断题	简短且编制容易，评分简单	主要评价记忆水平，猜测的机会大
匹配题	编制与评分均容易	主要评价记忆水平
选择题	评分客观，适用于多种认知水平	编制费时

第二，表现性评价。20 世纪 60 年代以来，针对传统纸笔测验的弊病，表现性评价日益受到重视。表现性评价，又称为“真实性评价”“另类评价”“基于表现的评价”等。表现性评价是通过学生完成特定任务的外部行为表现来评价学生的评价方法（马兰和张文杰，2012）。Borich 和 Tomsari 将表现性评价的特点详细描述为五个方面：①既可以是一种课堂活动，又可以是一种测验形式；②是对学习的直接测量；③既测量学习结果又评价学习过程；④可以嵌入在课堂活动中；⑤能评价社会技能，如合作能力、分享和商讨等（孙名符和刘尚，2008）。在地理表现性评价中，主要包括书面报告、课堂观察、作文、实验、调查、演说、资料收集、作品展示等方式。其中档案袋评价是表现性评价中备受瞩目的评价方法。另外，随着人们对纸笔测验的认识不断深入，测验的形式与内容也在发生变化，出现了一些表现性的测验试题。还有，作为师生直接对话和互动的场所，地理课堂也是表现性评价的最佳地点，课堂观察也是一种表现性评价方式。地理教师可以随时观察学生的语言、行为与态度，对学生的地理学习状况作出判断，它贯穿于地理教学的始终，它既不会加重学生的负担，也有利于教师及时了解学生达成地理教学目标的情况，尤其是对于地理过程与方法目标和情感态度与价值观目标。若教学目标是让学生掌握具体的知识内容，那么观察和判断学生的表现或成果可能就不是评价这种教学目标的最好方法（Stiggins，2005）。总之，表现性评价能够测量一些复杂性任务、高级认知能力，对地理技能目标、过程与方法目标甚至情感态度与价值观目标，都可以使用该方法。

第三，交流式评价。以前，很少有人把人际交流看作一种“评价”，直到 Stiggins 提出“交流式评价”概念。在他看来，教师可以通过与学生交谈来获得学生关于地理学习状况的大量有用信息，显然，这种交谈也是一种评价方法。在地理课堂教学中，地理教师会经常提问，根据学生的回答来判断学生的地理学习效果；抑或组织一些讨论，获取学生地理学习状况的信息。这种评价方法具体包括课堂问答、课堂讨论、访谈、班会、口头测验、与其他学生的交流、学生日记等多种形式。交流式评价面临的两个难题是：评价的主观性与组织性不强，显得有些“非正式”。但如果交流的重点突出、教师积极倾听并慎重地给出结论，学生间的交流及教师与学生的交流就是评价学生地理教学目标达成的有效和可信的工具。另外，交流式评价还有两个优势：一是可以让评价与教学进行有机结合，通常一些富有教学经验的地理教师在课堂提问学生，根据学生的回答，立即发现问题并迅速地纠正学生的错误理解或者不严密的推理；二是凸显课堂评价的艺术性。既不要像纸笔测验那样制定详细的细目表，也不需要反复检测试题的质量，更不需要评分，交流式评价更自然，也更简朴。总之，交流式评价可以用来评价三个维度的地理教学目标，但评价技能和成果本身，只有表现性评价办法是最有效的（Stiggins，2005）。

其实，地理教学评价对于地理教学目标而言具有“保驾护航”的作用。如前所述，由于一些教师缺乏“教学目标意识”，地理教学目标经常在地理教学过程中被遗弃，“名存实亡”，地理教学评价借助评价天生的力量，让地理教学目标不再游离于教学之外，让地理教学目标时时发挥“灵魂”作用，让地理教学不再偏离航道。而地理教学目标与地理教学评价的一致，又保证了地理课程与地理教学的一致性。

（三）地理教学评价与地理教学策略适配

长期以来，人们普遍关注测评的内容效度（content validity），即测评与目标吻合的程度。直到20世纪70年代，人们发现测评的效度还取决于教师所教的内容，这种效度被称为教学效度（instructional validity）。这也意味着地理教学策略与地理教学评价并不总是一致的。

三元适配要求地理教学策略与测评任务在内容上和形式上都保持一致，换言之，所教即所评，所评即所教，有教必须有评。Popham（2004）曾指出，教学与评价的一致性是实现教育专门化的重要方面。Duncan等（2009）则认为，教学与评价的一致性是揭示学生学习过程的重要环节。不同的是二者的功能，地理教学策略旨在帮助学生达成地理教学目标，地理教学评价则不仅帮助学生达成地理教学目标，还要确定学生达成地理教学目标的程度。确保对学生开展的教学活动与测评任务在内容上相似会增强测评的教学效度。确保对学生开展的教学活动与测评任务在形式上相似，并使学生熟悉不同的测评题形式与不同的测验条件（如限时测验），这会增加他们在外部测评中表现更好的可能性（L. W. 安德森和L. A. 索斯尼克，1998）。相反，如果测评任务与地理教学策略缺乏一致性，如果教而不评，则无法知道教是否有效，学生是否学会，是否达成了教学目标；如果教与评不匹配，成为“两张皮”，则地理教学会迷失方向，而地理教学评价则丧失其监测功能，很难正确评估学生达成地理教学目标的效果。

值得一提的是，三元适配不是一一对应的关系，三元适配可能会出现一些复杂的情况。适配的多样性造就了地理教学的丰富性。首先，当地理教学目标、教学策略与教学评价不是同一程度，不能简单地认为三者的适配性就低。一种典型的情况是，教学活动并不在教学目标分类的某一层级之中，但三者的适配性还是很高的。因为地理教学活动中一些较为复杂的认知过程（如分析、评价、创造）可以促进较为简单的认知过程（如记忆、理解、运用）。其次，三元全部适配也未必就一定能说明地理教学目标就会达成。因此有可能是两种或三种教学要素存在相同问题导致的“一致性”或者“适配”的假象。因此设计科学的地理教学目标显得尤为重要，否则一步错则步步错。最后，从更宏观的视角看，三者不适配也未必就一定是坏事，也有可能意味着问题或许是课程标准或者机制本身问题所引起的，不一致的研究结果恰巧能反映其中的问题，从而有利于后面的完善。

第三节　地理教学目标达成的基本路径

或许，地理教学目标达成的路径有多条。从教学设计的角度看，影响地理教学目标达成的关键因素有地理教学目标、地理教学策略、地理教学评价，三者之间存在适配关系。

因此地理教学目标的达成路径即是三者之间的路线，具体可以表述为：根据地理课程标准和学情的前测来设计地理教学目标，然后根据地理教学目标设计地理教学评价任务，随后根据地理教学目标选择合适的地理教学策略。在地理教学策略实施的过程中，不断通过观察、提问、作业等方式随时评估学生达成地理教学目标的效果，并根据达成效果来调整教学策略的进度与方式。最后对没有达成地理教学目标的学生进行地理补救教学。总之，地理教学目标达成的路径可以简化为：地理教学目标的设计与转化—地理教学策略的选择与实施—地理教学目标参照评价的设计与实施。

一、地理教学目标达成路径的概念

“路径”一词在不同的领域中有不同的含义。如在 Photoshop 软件中它是使用钢笔工具所画出来的一段闭合或者开放的曲线段。路径由锚点与锚点间的线段构成。一般意义的路径，是指道路（指如何到达目的地）（中国社会科学院语言研究所词典编辑室，2014）。如图 5-6 所示，路径包含两个基本要素：一是关键节点，如道路上的关键站点；二是路线，即关键站点之间的关系。

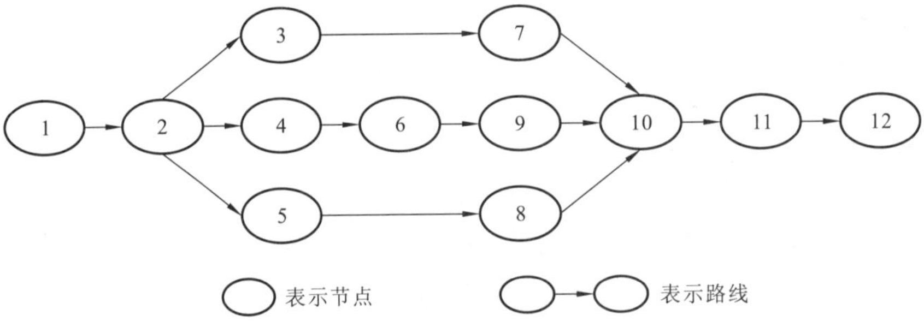

图 5-6　路径的结构

地理教学目标达成的路径是指达成地理教学目标的路线或道路。如图 5-6 所示：从起点到终点的路径往往不止一条，有简单的，也有复杂的；有直接的，也有迂回的；有短程的，也有远程的；可谓“条条道路通罗马”。同理，通过不同的研究视角来研究地理教学目标从设计到达成的过程，也会产生不同的路径。或者说，地理教学目标达成的路径可能存在多条，但笔者无法也无力穷尽所有的达成路径，因此笔者站在地理教师的立场，从教学设计的角度，探索一条方便地理教师可以日常操作的路径。

二、地理教学目标达成路径的特点

地理教学目标达成路径的特点可以概括为目标引领、评价驱动、教评融合、整体达成。教学目标体现了人类的理性之光，但地理教学目标的达成也展示了地理教学实践的不确定性。笔者一直反思，强调地理教学目标达成的路径会不会陷入教学的机械论。如安德森所言“教学目标不是唯一的教学结果。此外，并不是重要的学习结果都能够、应该或必须陈述为先验的目标。然而，这一认识不应该妨碍我们为清楚地表达重要的预期学习结果所做的努力”。实际上，本书并没有强调严密的预设，也没有否定动态的生成。本书所强调的不过是较为理性的教学思维或者教学范式——目标引领、评价驱动、教评融合、整体达成。

教学之前，要对教学进行规划与设计，体现教师的规划意识；教学之中，要对教学进行评价与反思，体现教师的反思意识。而对预设地理教学目标达成的研究不是对地理教学过程的控制与束缚，而是为了更好地筹划地理教学。地理教学目标达成是教师将地理教学目标的理想状态往现实状态推进的过程，教学目标也只有在达成过程中才能体现其价值。

（一）目标引领

在地理教学目标、地理教学策略、地理教学评价这三个元素中，教学目标的设计是关键，是核心，是准则。没有清晰的教学目标，也就无所谓三元适配。三元适配是基于地理教学目标展开的活动，它既是教学的起点，也是教学的终点，教学目标决定着后续的两个问题。教学目标一旦确定，从某种程度上就框定了教学策略，以及教学评价的标准。此外，教学目标、教学策略、教学评价之间的匹配是以教学目标为依据的，脱离教学目标，教学策略与教学评价之间的匹配是无效的，还是不能达成地理教学目标的。

（二）评价驱动

地理教学目标达成是评价驱动教学的过程。传统的地理教学设计中主要是教学影响评价，教师首先根据地理课程标准设计地理教学目标，然后创设基于教学目标的评价，最后设计针对知识与技能目标、过程与方法目标及情感态度与价值观目标的地理教学活动。而在这种受评价影响的地理教学中，评价将地理教学目标进一步具体化与操作化，在教学之前制定评价方案可以帮助教师更好地理解地理教学目标，明确教学结束时希望学生学会干什么，从而更具有目的性地设计教学活动，更有技巧地选择教学方法。

（三）教评融合

在地理教学目标达成路径中，地理教学目标、地理教学策略、地理教学评价已经融为一体，很难截然分开。尤其是地理教学评价，将教学目标的设计与地理教学策略相结合，可以提高三者之间的一致性，同时地理教学评价已经作为一种教学策略融入整个教学过程。

（四）整体达成

虽然地理教学目标可以分为三个维度，但地理教学目标的达成路径却不是分开的，而是统一的。人的认知与情感之间存在重要的联系。情感离不开正确的认知，因此情感目标不能作为一个独立的、脱离认知的教学目标来达成。

地理教学目标的达成是在教学活动中整体实现的，三维目标是相互渗透的，而不是分成三个环节达成的，更不是分成三项任务分别完成的。在教学实践中，任何地理知识与技能的获得，都是学生在经历一系列的学习活动中，通过感受和理解知识的产生与发展，习得一定的方法，才能实现的；同时，学生又是在这些活动中，领悟到知识与技能的意义，体验到积极的情感，获得正确的态度，树立正确的世界观、人生观与价值观。虽然，地理课程标准突出了地理过程与方法及地理情感态度与价值观目标，但它们离不开地理知识与技能，都依靠地理知识与技能的承载。因此，地理教学策略的调适，是整体统一地实现三维教学目标的过程。

三、地理教学目标达成路径的实践工具

地理教学目标、地理教学策略、地理教学评价的适配或者一致性是地理教学目标达成的内部机制。但这对中学地理教师而言，过于抽象，或者说是一种原则和理念，需要有能在地理教学实践中使用实在的工具。此外，在设计这种工具时还应考虑两点。一是如第三章所述，当前地理教师在达成地理教学目标的过程中，一个重要的问题就是缺乏地理教学目标达成意识，地理教学目标名存实亡，考虑教学内容和教学方法远多于教学目标。因此，这种工具应时刻提醒教师要重视地理教学目标的达成。二是鉴于评价在地理教学中坚不可摧的力量，可以设计一种工具，让教学评价与教学目标结合，通过评价来驱动教学。

这种工具在地理教学实践中，有两个基本的作用，一是帮助地理教师进行地理教学设计，二是帮助地理教师进行地理课堂教学评价。

（一）地理教学目标达成简案

作为地理教学设计的工具，地理教学目标达成简案一般是供地理教师在教学准备阶段使用，目的是帮助教师养成教学目标达成的意识，建立三元适配的思维。见表 5-4，教师在设计教学的时候，可以使用地理教学目标达成简案，具体的流程是：第一步，教师先预设地理教学目标。第二步，对每一个教学目标设计对应的评价任务，确定如何证明学生达成了该教学目标。这一步先于教学活动的设计，意图通过评价来促进教学，确保教学目标的实现，避免教学目标的“离场”。第三步，根据教学目标和评价任务来选择对应的教学策略，设计相应的教学活动。第四步，教师反思每一个教学目标的达成度，来调整教学。

表 5-4　地理教学目标达成简案

地理教学目标	地理评价任务	地理教学策略	地理教学目标达成度
目标 1：……	评价任务 1：……	教学策略 1：……	教学目标达成度 1：……
目标 2：……	评价任务 2：……	教学策略 2：……	教学目标达成度 2：……
目标 3：……	评价任务 3：……	教学策略 3：……	教学目标达成度 3：……
目标 4：……	评价任务 4：……	教学策略 4：……	教学目标达成度 4：……

值得一提的是，简案并不与时下所流行的教学生成相冲突。虽然地理教学目标的设计要基于课程标准，但这不是一种自上而下控制教师教学的过程。这种简案并非要限制和束缚教师的教学，更不是地理教学的“紧身衣”，绝非刻板僵化的教学“限定”，而是为了减少地理教学目标达成过程中的随意性、提高地理教学的有效性所做的一种筹划，更是一种积极的预设。

（二）地理教学目标达成观察单

作为课堂评价的工具，地理教学目标达成观察单是为了便于观察地理课堂教学目标达成的质量和过程（表 5-5）。该观察工具采用半结构的方式，提供一种模板，可根据每节课的内容进行填写。其中 O_n、S_n、E_n 是一一对应的关系。

表 5-5 地理教学目标达成观察单

教材版本：	上课课题：
任课教师：	上课班级：
上课时间：	上课地点：

教学目标	教学策略	评价任务	教学目标达成分析
目标 O_1：……	策略 S_1：……	评价 E_1：……	A_1 目标达成分析：……
目标 O_2：……	策略 S_2：……	评价 E_2：……	A_2 目标达成分析：……
目标 O_3：……	策略 S_3：……	评价 E_3：……	A_3 目标达成分析：……
……	……	……	……

总体分析：
教学目标达成效果如何？
教学目标设计合理吗？
有与教学目标匹配的教学策略吗？
有评价教学目标达成的评价环节吗？评价方式是什么？
相关问题与建议：

具体的使用方法是：首先，提前获取该地理教师的教学设计（重点是教学目标）；其次，在课堂观察过程中填写教学策略、评价任务及教学目标达成分析等项目；最后，总结分析并填写“总体分析”项。

第六章　导航系统：地理教学目标的设计与转化

地理教学目标是导航系统，决定着地理教学的方向，合理性是教学目标达成的前提条件。另外，地理教学目标的内容与程度要求也决定了地理教学目标达成的难度，地理教学目标的密度也影响着地理教学目标的达成。本章将主要探讨四个问题：第一，为何要设计地理教学目标？第二，能达成的地理教学目标是怎样的？第三，怎样设计能达成的地理教学目标？第四，如何让地理教学目标转化为地理学习目标并促进地理教学目标达成？

第一节　地理教学目标设计的比较分析

理论上，地理教学目标的设计与地理教学目标的达成往往存在四种适配类型。一是地理教学目标设计错误，真正的地理教学目标没有达成。就如射箭一样，就算命中红心，但射错了靶子，还是不能成功。二是地理教学目标设计错误，但是地理课堂教学却顺利完成正确的教学目标。此种情况下地理教学目标的设计是虚伪的，地理教学目标在课堂教学中是缺席的，设计的地理教学目标与完成的教学目标不完全一致，因此不能称为地理教学目标达成。三是地理教学目标设计正确，但是地理教学目标却没有达成，主要原因是地理教学策略与地理教学评价存在问题。四是地理教学目标设计科学，地理教学目标顺利达成。

一、"未达成"的地理教学目标设计存在的问题

在地理课堂教学实践中，地理教学目标设计一般在以下方面存在问题，导致地理教学目标无法达成。

首先，地理教学目标在一些地理教师眼中是"鸡肋"，用之无味，弃之可惜。或是移植课标，或抄袭教参，抑或堂而皇之地舍弃，无不表明地理教学目标不过都是外在目标，是制度性课程权威下被动的产物，是外在的纸上目标，并没有与地理教师真正相遇。没有经过地理教师理性分析、理解而"发现的""创生的""我化的"内在目标，因此地理教学目标缺乏一种内在的达成力量。

其次，地理教学目标的设计背离自身逻辑，不合其内在的规定。其一，地理教学目标是地理课程目标的具体化，因此地理教学目标应该遵循地理课程标准，倘若背离地理课程标准，其教学目标的达成最终只能是虚假达成。其二，地理教学目标是意欲之至，是可以名状但尚未实现之物，意即地理教学目标本应指向未来，但一些教学目标于学生却是一种"过去时"，无须达成。其三，地理教学目标应是预设的学生学习结果，但实践中教师往往代替学生成为主体。其四，地理教学目标内在地蕴含着评价功能，但一些教学目标设计模糊且假大空，难以达成。

最后，地理教学目标设计的密度过大或者难度过高，难以达成。如案例 6-1 所示，看似目标不多，但对教学策略和教学时间缺乏应有的评估，教师设置的关于地球公转的教学

目标由于教学时间有限，并未达成。

案例 6-1 “地球的运动（一）”一节的教学目标

1. 了解地球自转的方向、速度和周期；
2. 了解地球公转的轨道、方向、速度和周期；
3. 学会用地球仪研究地区自转和公转的现象，形成空间想象能力；
4. 树立正确的宇宙观。

二、“能达成”的地理教学目标设计具有的特点

如前所述，地理教学目标之所以未达成，一个很重要的原因是教师的“随心所欲”，相反，设计怎样的地理教学目标才能有利于达成呢？

（一）比较分析

此处以新教师与专家型教师对人教版七年级上册第一章第三节《地图的阅读》一节的同课异构为例进行研究。按照一般的定义，新教师一般指有 0～4 年工作经验的教师，专家型教师一般指教龄在 15 年以上、具有丰富与高度组织化的教学专业知识与出色教学表现的教师。案例中新教师是一位地理专业出身的、具有硕士学位水平的、拥有 3 年以内教龄的初中地理教师，而专家型地理教师是一位非地理专业出身、拥有 20 多年地理教学经验的初中地理教师。首先，这是一次规模较大的公开课，中学教师一般非常珍惜公开课的机会，会尽心尽力地准备，展现自己最高的水平。其次，尽量采用课例研究方法，将课堂观察、文本分析、录像带分析等相结合，研究中尽可能地保持教学原生态。

1. 地理教学目标设计的比较分析（刘学梅和李家清，2014）

两位老师同一天在同一所学校两个班级进行了同课异构，其具体的教学目标设计如案例 6-2 所示。

案例 6-2 地理专家型与新教师“地图的阅读”一节的教学设计（部分）

新教师	专家型教师
教学目标：	**课标要求：**略
知识与技能目标	**课标分析：**略
1. 理解比例尺的含义，记住三种比例尺的表现形式；	**学情分析：**略 **教学重点：**略
2. 记住经纬网或指示向标在地图上辨别方向的方法；	**教学难点：**略 **教学目标：**
3. 记住一些常用的图例。	通过情境创设，让学生在使用地图的过程中学会辨别方向、量算距离，

新教师	专家型教师
过程与方法目标 1. 能在地图上算出两地之间的距离，并根据比例尺换算成实地距离； 2. 初步具备在实际生活中使用地图的能力； 3. 初步学会绘制地图的方法。 **情感态度与价值观目标** 1. 通过学习使学生对地图产生亲切感； 2. 能够在今后的学习和生活中使用地图。 **教学过程：略**	根据需要选择常用地图，查找需要的地理信息。 通过学生演示，了解电子地图、遥感图像在生产生活中的运用，激发学生对地图的兴趣。 通过不同地图的使用，学会使用地图的方法，养成在日常生活中使用地图的习惯。 **教学过程：略**

1）差异分析

《义务教育地理课程标准（2011 版）》对本节内容的要求为“在地图上辨别方向，判读经纬度，量算距离；根据需要选择常用地图，查找所需要的地理信息，养成在日常生活中使用地图的习惯；列举电子地图、遥感图像等在生产、生活中应用的实例。”活动要求为“开展运用地图、动手制作等活动。”专家型教师与新教师地理教学目标的设计具有以下差异。

第一，地理教学目标设计过程的差异。专家型教师经过对课标和学情做出具体分析后，认为教学目标的重点是“地图的使用”，因此学习地图的过程变为一个使用地图的过程，即“如何使用地图”成为其教学设计的线索（其课后反思可证实）。而新教师的教学目标设计缺乏课标与学情的分析。后者也许参考过课标，揣测过学生，但是教学设计中缺乏相关的理性分析，使其地理教学目标的设计有经验操作之嫌。总之，专家型教师与新教师在地理教学目标的设计过程中的差异有：其一，设计步骤不一样。地理教学目标既不是课标的移植，也不是教材的抽离，更不是教师的臆造。其设计依据包括教育目标分类理论、地理课程标准及中学生的学情等。案例显示新教师对教学目标的设计程序模棱两可，由于缺乏教学经验及教学信心，可能会移植课标、借鉴或抄袭别人的教学目标。而专家型教师会吸收、借鉴他人优秀的设计但并不盲从，经过透视课标、分析学生、解构教材等深思熟虑后确定自己独特的教学目标。其二，教学出发点的差异。在教学设计过程中，新教师首先考虑对教材的解读与教学方法的选择，而专家型教师首先考虑的就是这节课的教学目标是什么，然后根据教学目标来设计教学内容与教学过程（二者的课后反思可证实）。

第二，地理教学目标陈述方式的差异。案例中，新教师的教学目标数量有 8 条之多，明显要比专家型教师多，并采用惯用的句式分三维进行列述。其不足之处是目标密度过大，显得烦琐凌乱，且不得不让人质疑其教学重点不明，教学中心游离。此外，三维目标之间的关系模糊，甚至有三维目标“名不副实”，如“初步具备在实际生活中使用地图的能力”显然不是“过程与方法”目标，过程与方法目标“初步具备在实际生活中使用地图的能力”与情感态度与价值观目标“能够在今后的学习和生活中使用地图”内涵纠缠。专家型教师没有分开陈述教学目标，而是整合了三个维度。总之，二者地理教学目标陈述方式的显著差异表明：其一，对三维目标的内涵把握程度不一样。案例显示了新教师对“三维目标”

指向不明。虽然新课程“三维目标”自推出以来便广为教育实践者所熟知，其精神与理念受到络绎不绝的赞赏，但学界对新课程“三维目标”的提法是否科学一直存有争议。尤其是“过程与方法”目标，遭到了不少心理学家的质疑。实践层面，不少一线教师对三维目标的内涵缺乏实质的理解，“说实话，我们不懂三维目标，你们要检查，只好应付。”（张悦群，2009）。对过程与方法目标是雾里看花，每个维度内部之间的关系也是朦朦胧胧——“我们区别不了‘过程’与‘方法’，‘情感’、‘态度’与‘价值观’，不得已而为之。”（张悦群，2009）。具体到每一节课，不少地理教师只好模糊笼统地教。其二，对三维目标关系的理解程度不一致。首先表现为是否分开陈述。如案例所示，新教师比较谨慎，为了便于理解和把握，严格地按照规范对三维目标进行分解。相反，专家型教师没有严格地分三维陈述，但是三个维度有机结合，目标之间紧密关联，体现了教学目标的整体性。如此，地理教学目标究竟是否应该分开陈述呢？对于新教师而言，分开陈述可利于教师立体地审视教学目标，更清晰地理解每堂地理课的教学任务，不至于顾此失彼，但也潜伏一定的风险。如“过程与方法”与“情感态度与价值观”目标虚假，又如地理课堂教学的支离破碎，以及教学重心不突出。但对专家型教师而言，对每节课应达到的三维目标分别是什么了然于胸，达成不同维度目标的策略也是胸有成竹，因此不必拘泥于是否分开陈述。其次表现为是否会抓住核心目标。新教师采取“平均分布”的策略，三个维度是“面面俱到”，难以分出重点。当然，这与学界对三维目标理论层面的解读不无关系。正如新课程设计者所说“过程与方法”“情感态度与价值观”和“知识与技能”同等重要（赵小雅，2006）。并且从学生个体发展的角度理解三维目标，确实没有主次之分。但在实践层面，殊不知老师会疑惑“样样重要会不会导致样样都不重要？”在教学实践中，为保险起见，不少教师采取每个维度“平均分布”的策略，以便模糊主次之分。而专家型教师不会盲从于理论界的学术解读，会根据自己的实践智慧和实践场景进行变通，他们认为三维目标在教学中的地位从来就不是平等的，每节课的三维教学目标应有轻重之分。专家型教师往往会在解读地理课标的基础上，站在地理学科的角度高瞻远瞩，通过归类与比较，思考一堂课的最终教学目标是什么，是让学生掌握某个概念或规律，还是让学生形成一种技能，一种方法，抑或让学生形成一种思想？并以三维目标中的某一维度为抓手，带动和串联其他目标，促进三维目标的整体达成，而这一目标被称为“核心目标”。如本节课中专家型教师认为地图属于“地理学科的工具”，“工具是为了应用”，因此以过程与方法目标为抓手，通过设计各种各样的活动来让学生“记住地图的三要素”，并最终“养成在日常生活中使用地图的习惯。”

第三，地理教学目标价值取向的差异。案例中新教师知识与技能目标陈述清晰具体，但过程与方法目标中“初步具备在实际生活中使用地图的能力”及“初步学会绘制地图的方法”泛泛而谈。新教师严格地遵循地理教材的思路，非常注重基础知识，以“地图的三要素”为线索设计教学目标。专家型教师没有特别强调地图三要素等基础知识，而是以“在生活中使用地图”为线索，注重教学的设计，或“通过学生演示”，或“通过不同地图的使用”，力求学生在使用地图的过程中掌握地图基础知识，并最终会在生活中使用地图，养成使用地图的习惯。此外，专家型教师以“学会使用地图的方法，养成在日常生活中使用地图的习惯”为最终目标，通过设置各种生活情境，强调地图与学生生活的关联。可见，在地理教学目标的取向上，二者存在差异：其一，价值取向不同。三维目标中，新教师对知识目标内涵思路清晰，把握切实具体，且数量较多，而对过程与方法、情感态度与价值观目标的描述较为空泛，体现出新教师的知识取向（之后的教学过程也可以证实），侧重学生对具体科学知识的掌握，而专家型教师侧重于地理核心技能，技能重在“操作性”，因此过程与方法目标较为具体。其二，教学意义不同。教学的意义是衡量教学活动能否满足相关主体需要的一种价值判断（陈大伟，2013）。如案例 6-2 所示，新教师重点关注知识的规训价值，侧重于地理教材的严格执行与地理知识的规则化理解，但这种满足于学生掌握正确的概念、原理等，获得一些信息和规则的教学，甚少触及知识的使用情境及与学生生活的关联，凸显对知识的工具性理解，而缺乏关系性与意义性理解，既是一种浅层次的教学，又是一种被动地完成教学任务的方式。地理新教师对教学内容的价值和意义缺乏自觉的反思，自然也就无法引领学生发现知识与生命、生活的关系，体悟不到学习对生命完善、生活改善的意义与价值，最终导致教学意义的迷失和偏狭。与新教师首先考虑知识的重难点不同，专家型教师一般首先考虑的是学科的育人价值。专家型教师会思考“教什么”及“为何而教”，他不会满足于知识的符号表征，而站在学生的立场，透过“知识”审视对学生发展的“意义”，将地理学科知识“心理化”，转化为适合学生理解的地理知识。如杜威所言“最好的一种教学，牢牢记住学校教材和现实生活二者相互联系的必要性，使学生养成一种态度，习惯于寻找这两方面的接触点和相互的关系”（约翰·杜威，2001）。专家型教师的教学是一种深度教学，会充分挖掘知识内在的意蕴与学生个体世界的关联，寻找学习与生活、发展的最佳结合点，真正地实现“学习对生活有用的地理”“学习对终身发展有用的地理”。具体表现为专家型教师力求用地理知识去解决实际问题，在专家型教师的教学中，教学不是直接让学生面对抽象而缺乏生动感、意义感的知识，而是引导学生投身蕴含问题的生活情境（知识问题化），对生活中的问题进行探索，在问题解决中建构新的知识（问题知识化）（陈大伟，2013）。

2）共性分析

案例中，新教师与专家型教师在地理教学目标的陈述技术方面都有改进的空间。如教学目标的主体不是教师，教学目标缺乏可测性。值得一提的是在知识目标的陈述技术上，新教师的表述较为规范，但并不能始终如一；专家型教师的教学目标的“实质内容”有不少可圈可点之处，但其教学目标的可测性方面仍需较多的改进。总之，虽然陈述技术属于地理教学目标设计的浅层次问题，但也普遍地反映地理教学目标在现实中的尴尬遭遇，是教师缺乏相关的教学目标陈述技术，还是教学设计过程中“不拘小节”地随意为之，抑或“偶尔失误”？

2. 地理教学目标达成效果的比较分析

从教学过程中学生回答问题的情况看，专家型教师所教的学生除了个别学生个别问题出现错误，其他问题的回答情况良好，而新教师课堂学生回答问题情况明显差一些；从课后现场听课的地理老师（90%为中学地理教研员）对两堂课教学效果现场测评的预测来看，几乎都赞同专家型教师要比新教师的地理教学目标达成情况要好。因此可以判断，专家型教师的教学目标达成效果要明显好于新教师。

（二）相关结论

结合本案例及现状研究中的 100 节课例，笔者得出如下结论。

首先，对三维目标内涵与关系的准确理解是设计地理教学目标的重要前提。此外，设计基于达成的地理教学目标时应关照地理教学目标的达成。一是在设计地理教学目标的时候，应该理性思考这样的教学目标能否达成。二是应该思考这样的地理教学目标通过什么教学方式才能达成。例如，专家型教师在课后反思中进一步说明，这节课的目标定位于“会使用地图”，因此，通过设计各种各样生活情境性的活动，学生在活动中自然而然地学会使用地图。三是应通过什么方式评价教学目标是否达成。总之，地理教学目标设计的目的是达成地理教学目标，因此，只有在设计过程中关照地理教学目标的达成，如此地理教学目标才不会成为“空中楼阁”。

其次，地理课堂教学实践中，教学理念的不同会导致地理教学目标取向的差异，最终导致地理教学目标达成效果的差异。如在案例 6-2 中，新教师的“知识与技能”教学目标偏重知识的记忆，侧重于地理教材的严格执行与地理知识的规则化理解，因此，学生的基础知识目标达成效果不错，但是缺乏“辨别方向”等技能的目标，更缺乏相应的“过程与方法”。因此，在新教师课堂，学生“辨别方向”等技能性的教学目标达成效果并非太理想。而专家型教师力求用地理知识去解决实际问题，将三维目标贯穿于“使用地图”的“过程与方法”中，因此，学生在活动的过程中三维目标很好地达成。总之，教学是有目的地促进学习以达成既定学习目标的活动（P.L.史密斯和 T.J.雷根，2008）。苏联教学论专家巴班斯基也曾说过“明确教学目标”是实现“最优化教学”的首要条件。地理教学目标的设计，影响着地理教学目标的达成。或者，进一步可以说明地理教学目标设计的差异反映了地理教师学科教学知识（pedagogical content knowledge，PCK）水平的差异。20 世纪 80 年代中期，美国斯坦福大学舒尔曼（Shulman，1987）教授提出了 PCK 的概念，并且认为 PCK 是教师特有的教学知识，PCK 最能区分学科专家与教学专家、高成效教师与低成效教师的差别。PCK 本质上是一种转化的知识，从知识性质的角度来说，PCK 是将学术形态的学科知识经过“教学化”转化为教学形态的学科知识；而从知识表征的角度来说，PCK 是以演示、图示、类比、模型、解释等学生易于理解的方式来呈现学科知识。继舒尔曼之后，诸多学者对 PCK 的内涵、结构和特征进行了研究。无论研究的侧重点和理解存在何种差异，显而易见的事实是：其一，教学目标的知识是地理教师 PCK 的重要组成部分。地理教学本质上就是教师将地理知识转化为学生可以理解的地理知识的一种活动，而 PCK 正是实现这一转化的关键。PCK 是学科知识在教学上的理解，是包含教学目标在内的一种学科知识的表征形式。其二，地理教学目标的设计集中地反映了地理教师 PCK 水平。地理教学目标是地理教师综合了课标、教材、学生、教师等因素以后对学生教学后要达到的水平的一种预测，既整合了教师关于学科内容、教学法、学生及学习情境的知识，又集中地体现了教师的知识观、课程观、学生观、教学观等。

再次，能够达成的地理教学目标具备几个特点：第一，地理教学目标是教师“深思熟虑”的结果。如案例 6-2 中，新教师按照三维目标规范地分开陈述，亦步亦趋地按照教材的逻辑设计目标与教学，严格地遵守学科知识的秩序与学科教学的规范（尽管有失误），倾向模仿借鉴，但往往会缺乏自身理解。专家型教师变通性较强，不会人云亦云，既不会迷信理论的解读，也不会盲从于他人的教学，而会结合自身丰富的教学经验，形成自己独特的思想，对教学目标整体把握、灵活处置。第二，对地理课程标准有着精准的分析。专家型教师不仅会对地理课标中的要求进行条分缕析，还会“形而上”地对教学目标进行归类。

第三，对学生了如指掌，以学生立意思考教学目标。如案例 6-2 中新教师的教学目标侧重知识的工具性理解，强调学生对事实材料的记忆，对地理知识的“教学化”的转化程度不高。而专家型教师站在学生的立场，审视知识对于学生的意义，让知识不单是符号的表征，而与学生的发展、生活发生关联，让学生体悟到学习地理的意义与价值，明显地体现出深度教学的特征。

最后，地理教学目标的内容决定了地理教学目标达成的方向，地理教学目标的密度与难度影响了地理教学目标达成的效果，因此设计地理教学目标时应关注地理教学目标的达成。具体说来，应该理性思考：第一，在设计地理教学目标的时候，这样的地理教学目标无论是数量还是程度能否达成；第二，这样的地理教学目标通过什么样的教学方式才能达成；第三，应通过什么方式评价教学目标是否达成。总之，地理教学目标设计的目的是达成地理教学目标，在地理教学目标达成中实现自身的价值。因此，只有在设计过程中关注地理教学目标的达成，如此地理教学目标才不会成为“空中楼阁”。

第二节　地理教学目标设计的策略

地理教学目标是人为的和为人的，地理教学目标的设计闪烁着人的智慧之光。地理教学目标决定了地理教学的方向，地理教学目标的合法（“法”指地理课程标准）合情（“情”指学情）合理（“理”指地理教学规律）设计是地理教学目标达成的前提。设计是创造未来的一种途径（Banathy，1992）。地理教学目标的设计，不仅是地理教师需要完成的“教学任务”，而且是教师不断研究和创生的过程。每一节地理课的教学目标设计，都需要教师对地理课程标准精确解读，对学生的学情了如指掌，对地理教材条分缕析，然后还要结合具体的教学实践，充分体现教师个性化的理解与创造，从而充分体现“设计”的理念与思想。

一、基本立场：真实自觉

如前所述，虚假的地理课堂教学目标导致了地理教学目标缺乏内在的达成力量和达成意义。因此，构建真实自觉的地理教学目标已是当务之急。

（一）地理教学目标的虚假存在

主要表现为：地理教学目标设计过程中的形式化、消极化现象，教师对地理教学目标的重要意义缺乏深刻的自身理解。教师往往对教学目标的意义（为什么而教）和目的缺少深入的反思，或直接移植课标，或照搬教参，或抄袭他人，地理课堂教学目标被制度性地设计，地理教师专注于教学方式的选择与优化，于是教学成为一场秀，“课堂热热闹闹，学生头脑空空”，误把教学方式的改革当成教学改革的最终目标。学生参与各种各样的活动，却往往说不出参与活动的实质性收获，地理课堂教学在浮华中迷失了方向，教学于教师和学生而言仍是一片混沌。总之地理教学目标的设计过程中：一是教师内心缺席，或者说缺乏地理教师自觉的、主体性的研究和反思所得；二是地理教学目标游离，教案上的地理教学目标与实践的地理教学目标不一致，地理教学目标成为一种摆设，名存实亡。其主要原因在于一些地理教师缺乏真正教学目标意识。地理教师虽然普遍都不否认地理教学目标的重要地位，但不少地理教师内心并没有真正地、充分地意识到教学目标的重要性，只是慑于课程制度和教学规范的力量，勉强为之，缺乏内在的觉醒。或者无视教案中所呈现的教学目标与地理教学中实际追求的教学目标并不一致，他们内心并没有追求二者的一致。很多时候，他们只是把地理教学目标的设计作为一种常规性的形式化工作，将地理教学目标象征性地摆在教案中，没有去追问这样的设计是否合理，即使教学实践出了一些问题，仍然不会去反思地理教学目标的设计是否出现了问题，如此这样既遮蔽了教学问题产生的源头，又导致了地理教学过程中教学目标的游离，地理教学目标达成率不高。此外，缺乏对地理教学目标的体悟与批判，将不利于地理教师的专业发展。这种追问和反思正是教师专业发展的力量，促使教师保持积极的心态并超越当前的状态，实现自己的专业成长。

总之，虚假的地理教学目标是现象，其本质是缺乏自觉性，根源于地理教师主体性的缺失与话语权的萎缩。虽然本次地理课程改革要求地理教师成为地理课程的开发者和研究者，但一些地理教师没有完全适应地理课程改革的要求，对自身角色的转换还存在困惑。设计地理教学目标是地理改革也是教师角色的内在要求，教师未能完全理解自身的新角色，因此也不能充分发挥其自主性和能动性，实际更是忽视了自身的发展。在课堂世界里，教师一直被认为是话语权的代表。但地理教师还是社会中的人，地理教师的话语系统包括诠释性话语和个体性话语。其中“诠释性话语”主要是指教师按照学科专家的要求对课程所进行的阐释和编码；“个体性话语”是教师作为社会个体根据个人对现实生活和社会实践的认识和领悟渗透到课程中去（闫艳，2010）。但这两种话语是两种不同的编码系统，教师的话语几乎不能影响到专家，教师感受到自身话语权的失落，自身的主体性无法得到体现，于是产生自我保护意识，消极地设计虚假的地理教学目标。

（二）设计真实自觉的教学目标

所谓“真实”，是指地理教学目标发挥“真作用”，教师话语中的目标与实践中的目标是一致的，与教学实践相符，地理教学目标能够尽可能正确、全面、系统地描述日常世界，或者说真实就蕴藏在教学实践之中，地理教学目标真实地栖息于地理教学实践中，这意味着教师设计的教学目标能够在地理课堂教学中发挥实际的、应有的作用。所谓“自觉”，是指地理教学目标是真实自觉的内心体验，是经过地理教师思考的真心实意和真真切切的表达，而不是消极被动地套用别人的教学目标，是检视内心所得，是一种内心体验的真实。另外，这种自觉还表现为教学目标设计时决策的自主，清楚明白自己的教学目标是什么和为什么，而不是人云亦云。真实自觉的地理教学目标是教学实践与教师内心体验的统一，它所追求的是地理教学目标能够对教学发挥“真作用”，而不是一种摆设，是一种真实的和真正的在场。

真实自觉的地理教学目标在不同的教学阶段，其“真实”的状态有所不同。在地理教学目标设计之初，“真实”是一种理想状态或者教学追求，是一种“预设的真实”。此时教师“自觉”设计地理教学目标是“真实”教学目标的前提。没有经过地理教师“我化”的体悟，没有自身的思考，就不能保证设计的教学目标与实践的教学目标相符。在地理教学目标达成阶段，随着地理教学活动的展开，逐步在实现和接近理想中的地理教学目标，此时的地理教学目标具有真实的倾向，是一种正在体验的真实。地理教学结束后，教师要评价地理教学目标达成情况，并质疑教学目标设计的合理性，以期调整地理教学目标。只有学生真正地达成了地理教学目标，这时的地理教学目标才是一种实践的客观真实。尽管这种“真实”与设计阶段的理想的“真实”并不完全一致，但没有设计阶段的“真实”的引领，就无法达到评价阶段的“真实”。

要设计真实自觉的地理教学目标，必须做到：第一，教师主体意识的觉醒。真实自觉的地理教学目标来源于教师发挥自身主体性，地理教师只有真正成为地理课堂教学目标实践的真实主体，才能得到真实的内心体验，才能真实地实践地理教学目标。所谓的主体意识是自觉地认识到人作为主体的支配地位，它是人的一种理性精神自觉，也是一种对自己的关心。地理教师的主体意识主要体现在：一方面，能够在教学实践中，按照自己的方式去开展教学活动，作为一种实践的主体存在；另一方面，能够按照自己的方式去思考和建构地理教学，即作为一种精神的主体存在。总之，地理教师主体意识的觉醒，意味着教师对教学具有深刻的体悟，教师自由地行使教学的权利，教师自主性与能动性的极大发挥，让地理教学具有差异性、多样性与丰富性。第二，地理教师应该确立地理教学目标意识。一方面，内心真实地领悟地理教学目标对地理教学的引领作用，重视地理教学目标的设计，教学的过程中牢记本节课的地理教学目标，始终按照地理教学目标开展一系列的地理教学活动。另一方面，会理性地研究教学目标。在设计地理教学目标时，或辩护或反思：我的教学目标合理吗？我的判断依据何在？我为何要设计这样的教学目标？有没有更好的设计？教学结束后，或质疑或批判：我的地理教学目标都达成了吗？我的地理教学目标设计有问题吗？如何调整更有利于教学？第三，彰显地理教师的教学责任感。责任感是指个体在自身和社会自我发展中所承担的责任的一种意识，是对自己在道德活动中完成道德任务的情况是否满足其道德需要而产生的情感体验，它是人类生存和发展的动力（龚耀南，2004）。表现在地理教学目标设计中，地理教师内心愿意并积极主动地研究课程标准，了解学情，经过思考比较后琢磨出地理教学目标，而不是因为教学制度而敷衍了事。

总之，地理教学目标的多样性和丰富性，并非表明地理教学是随意性和自由化的教学活动，而是教师主体性与教育智慧的充分展现。只有融入了地理教师个性化的理解和建构之后，才会逼近地理教学的本真。

二、基本策略：整合三维

德国教育家第斯多惠说“人是一个整体，一个完整的统一体。教育的最高目标就是力求达到和谐发展。”（第斯多惠，1990）。三维整合的地理教学目标正是基于人的整体和谐发展，遵循教学实践的逻辑，其目的是更好地达成地理教学目标。地理教学目标的设计应涵盖“知识与技能”、“过程与方法”及“情感态度与价值观” 三个维度。

（一）地理三维目标的内涵

事实上，“三维目标”并非指“三维教学目标”，它原本指课程目标的设计思路。它来自现代的“学科”的概念，是对基础力学的一种具体描述（钟启泉，2008）。三维目标始见于《基础教育课程改革纲要（试行）》。因教学目标是课程目标的具体化，因此地理教学实践中也往往从以上三个维度设计地理教学目标。

所谓地理知识与技能，是指地理学科的基础知识与基础技能，这是地理认知的内容与结果，也是地理课程的基础目标，它是学生有效地参与地理教学过程，熟练地掌握地理学习方法，正确地养成地理情感态度与价值观的前提与基础。地理“知识”与地理“技能”之所以放置在一起，目的是强调以能促知，知能合一（袁孝亭，2006）。

地理知识与技能目标与地理过程与方法目标主要的区别在于，前者主要指向认知的内容与结果，后者主要指向认知的思维程序（陈澄 等，2012）。本轮地理课程改革将“过程与方法”单独列为课程目标的一个领域，目的在于力图改变过去地理教学“去情境化”“去过程化”的现象，还原地理知识的动态形成过程，让学生在知识创生的动态过程中体验人类求知的火热思考。

佐藤正夫（1996）说过，教学过程不仅是一个教养过程，而且还是一个教育过程。学习是以人的整体发展为目标的认知与情意相统一的过程。地理新课程提出，“情意”不再是“认知”发展的手段，而是地理课程的目标，且是地理课程更追求的终极目标。显然，情意目标被提升到一个新的高度。首先，情感包含学习兴趣、学习热情、学习动机，也包括内心体验、情操陶冶。其次，态度包括学习态度、学习责任，也包括科学的态度、求实的态度。再次，价值观不仅强调个人的价值、人类的价值，更强调个人价值与社会价值的统一、人类价值与自然价值的统一（地理课程标准研制组，2004）。

（二）地理三维目标整合的必要性

一是在地理教学目标设计的过程中，一些教师严格按照三维目标分开陈述，但是教学目标之间既重复累赘，又相互割裂和脱节。如案例 6-3 所示，“学会运用地图，归纳世界洋流分布规律”与目标“对‘世界洋流分布示意图’去繁就简，画出‘洋流分布模式图’。在画图的过程中，逐步观察分析出洋流的分布规律”有重复之嫌，知识与技能目标“并分析其成因”与过程与方法目标“小组合作对‘洋流分布模式图’和‘气压带、风带分布图’进行对比分析，得出洋流的成因”几乎完全一致；知识与技能目标“说明洋流对地理环境的影响”与过程与方法目标“通过读图、画读、自主分析、小组讨论、结论互评等多维方式，分析说明洋流对地理环境的影响”如出一辙。这种形式上的全面，却缺乏内在的整合。显然，一些地理教师可能仅仅关注到“三维”，而忽略了“实施过程是一个有机的整体”的要求，因此只在形式上表述全面，而缺少了内在的整合；或者为了避免重复，某些过程与方法目标、情感态度与价值观目标空洞无物，缺少知识的载体。如案例 6-3 中的“认识地理要素之间相互制约、相互影响的关系，形成正确的资源观、环境观”与“形成正确环境观和社会责任感”两个目标都较为空洞，放置在任何一节地理课甚至一些其他学科课堂都无所不当。因为知识本身就包含三个维度，人为地隔开只能导致地理教学目标的设计或重复或空洞。另外，还有为了贯彻“三维目标同等重要”的理念，一些教师为了避嫌硬是在陈述三维目标时采取平均分布的策略，唯恐有人看出三维有侧重点。

案例 6-3　“水圈与水循环”（第二课时）教学目标设计

1. 知识与技能

学会运用地图，归纳世界洋流分布规律，并分析其成因；学会运用有关图表资料，说明洋流对地理环境的影响。

2. 过程与方法

对“世界洋流分布示意图”去繁就简，画出“洋流分布模式图”。在画图的过程中，逐步观察分析出洋流的分布规律；小组合作对“洋流分布模式图”和“气压带、风带分布图”进行对比分析，得出洋流的成因；通过读图、画读、自主分析、小组讨论、结论互评等多维方式，分析说明洋流对地理环境的影响。

3. 情感态度价值观

认识地理要素之间相互制约、相互影响的关系，形成正确的资源观、环境观；形成正确环境观和社会责任感。

二是从地理教学目标达成的过程来看，分开陈述容易导致：其一，地理教学目标达成不全。设计的地理教学目标众多，教学目标密度过大，教师在达成地理教学目标的过程中一方面容易顾此失彼，另一方面有一些教学目标没有时间达成，最后导致一些目标不了了之。其二，地理教学目标达成缺乏深度。一些教师往往是这种线性思维或者孤立的思维：一个教学内容对应一个维度的教学目标，因此，在达成地理知识与技能目标时，倘若没有地理过程与方法的体验，没有地理情感态度与价值观的参与，地理教学就缺乏活力和高度；在达成地理过程与方法目标时，如若没有地理知识与技能、情感态度与价值观的参与，表面热热闹闹，实则学生所获寥寥。在实现地理情感态度与价值观目标时，倘若没有其他两个维度的渗透，地理教学充斥着空洞的说教，严重缺乏地理味。

总之，地理教学目标达成过程中出现了种种问题，与地理教学目标的陈述存在某种程度的关联。而事实上，教学是培养人的活动，而不是完成三项任务的过程（杨九俊，2008）。从地理教师课堂教学实践的角度来看，学生究竟学会了什么，可以将地理教学目标分成三个维度，但在陈述地理教学目标时，不必完全分割开来。简言之，三维只是地理教学目标设计的原则，而不是地理教学目标陈述的方式。

（三）地理三维目标整合的可能性

《普通高中地理课程标准（实验）》明确指出，“课程目标从知识与技能、过程与方法、情感态度与价值观三个维度来表述，这三个维度在实施过程中是一个有机的整体”。三维目标整合面临的首要问题就是三个维度的教学目标是各自分别达成的还是整体达成的。尽管“知情交融”一直是学术界所追求的理想，但受理性主义的影响，“重知轻情”的传统教学基本会忽略这一问题，直到20世纪80年代情感教学的兴起，“愉快教育”开始重视教学中的情感因素，而当代以卢家楣为代表的“以情优教”的理论则强调通过情感来优化教学，但是该理论认为情感目标与认知目标是分别达成的，缺乏知情交融的理论分析。

1. 神经科学的视角

首先，认知神经科学的研究表明了整合的生理基础，揭示了认知与情意之间的内在联系。Derryberry 和 Reed（1996）通过研究大脑执行功能，表明目标驱动的行为同时依靠控制性的认知方面的信息加工（如工作记忆、注意）和大脑情绪系统的活动。Gray 等（2002）则运用功能性核磁共振成像技术，检验了情绪状态对侧前额皮层与认知相关的神经活动的选择性影响，其研究结果则证实情绪和高级认知相互融合，并通过平等的联合共同实现对思想和行为的控制。显然，神经科学的研究成果表明人的心理加工是认知与情绪的相互作用，认知与情绪不是相互独立的。总之，人类信息加工过程包括认知和情绪两个子系统，其中认知子系统侧重于对事物本身的特性或客体意义的反映，情绪子系统侧重于对事物与人自身的关系或主体意义的反映，它们相互联系、相互作用，构成人类信息加工的统一过程（乔建中，2006）。

2. 知识论的视角

首先，从知识的构成看，地理三维目标体现了一种整体的知识观，充分体现了知识的三个维度。知识的主体化产生了整体性的知识。知识是主体与客观世界通过交互所产生的体验，这种体验是知情意行的整体反映，不能截然分开。这种现象被杰拉尔德·埃德尔曼解释为我们的身体和大脑都被嵌入世界之中，成为“嵌入世界的主体，通过在世界中的行动获得知识”（乔建中，2006）。知识是由符号表征、逻辑形式和意义三个内在要素相互关联构成的整体（郭元祥，2009）。地理学科也不例外，地理知识蕴含着三重意蕴：第一，知识与技能，即地理知识表层系统是符号表征系统，这也是地理知识的表现形态。作为人类的认识成果，任何地理知识都是以特定的符号作为表征的。符号所表征的是人类关于世界的认识所达到的程度或状态，即“关于世界的知识”（郭元祥，2009）。它表明的是一种客观存在地理认知的内容与结果。第二，过程与方法，即地理知识中层系统是逻辑形式。它表明的是地理认知的方式。任何地理知识的形成都要经历归纳分析、比较综合等地理思维过程，并携带着地理学科特定的研究方法。它蕴藏着人类对地球表面差异理解的方式、路径与结果，表明了地理知识形成的过程与方法。地理过程与方法目标的提出，充分体现了知识是结果与过程的统一。传统知识观认为知识是人类认识世界的结晶，是科学无误的结论。但这一观点在当代遭到挑战与质疑。知识作为人类认识世界与改造世界的成果，具有启智的价值，而且知识在创造与生产的过程中也蕴含着生动的内容、丰富的意蕴及深刻的意义。结论性的知识无疑是思维加工与提炼的结果，是一种被压缩的、概括性的认识，并且常常被物化为文字，体现出知识的简约、凝固、静态的特征。而对过程性知识的关注，则是对传统知识观的纠偏，凸显知识的动态性、生成性与丰富性。地理知识与技能目标是一种结果性知识，是可以言明的，属于显性知识；而地理过程与方法是一种过程性知识，体现了知识的动态性、生成性与开放性，是一种缄默性的知识，它将有助于激活静态的地理知识，将探究过程与学习方法引入地理教学，丰富地理教学的价值，其主旨在于让学生学会地理学习。第三，情感态度与价值观，即地理知识的顶层系统是意义系统。知识作为人发展的必不可少的精神元素，具有丰富情感、唤醒灵魂、启迪智慧的作用。

其次，从知识的价值看，三维目标体现了知识三大价值的统一。地理知识与技能、过程与方法目标直接指向人的认知发展，间接体现知识的积极效用，共同体现了知识的功利价值和认知价值，地理情感态度与价值观目标能更好地促进人的精神世界的发展，体现地理知识的发展价值。总之，地理三维目标充分体现了知识的功利价值、认知价值和发展价值的统一。

总而言之，地理教学目标的三个维度体现了一种整体的知识观，地理知识与技能代表的是知识的符号属性即客观属性，地理过程与方法代表的是知识的过程属性和认知属性，而地理情感态度与价值观代表的是地理知识的价值属性和动力属性。显然，地理知识的三个层面是浑然一体的，地理教学目标的三个维度是三维一体的，共同构成地理教学目标。三者之中，地理知识与技能显性存在，而后二者即地理过程与方法、地理情感态度与价值观则是潜隐地存在。因此，地理教学目标设计应关注地理知识与技能背后所蕴含的过程与方法，所镶嵌的情感态度与价值观。值得一提的是，日常地理教学实践中，一方面，一些地理教师习惯于静态地理解地理知识，视地理知识为人们认识客观世界的结晶，认为地理知识是绝对真实和客观的，强调地理知识的符号表征，而忽视背后的思维与方法，无视背后的情感态度与价值观，最后知识被物化为各种符号，沦为一堆死气沉沉的结论，教学毫无活力，知识毫无生命力，学生学到的是惰性知识，并且学习毫无兴趣可言。其根源乃是知识缺乏立体的演绎和动态的诠释。而另一方面，没有地理知识内涵的课不能称为地理课。笔者曾聆听过三节似是而非的地理课，由于没有必要的地理知识铺垫，一节地理课成为激情澎湃的语文课，而另外一节则沦为了走马观花的旅游景点图片欣赏课，还有一节更是成为道义凛然的思想品德课。

3. 教学目标的视角

从三维目标之间的关系看，三维之间具有内在的一致性。首先，三者各有侧重，层层递进，三者统一指向人的完整发展。“地理知识”是一系列地理学科的核心知识，也是一系列的陈述性知识，体现了人们对地球表层的客观认识成果；而“地理技能”是关于地理研究所需的行为步骤与操作的知识。“地理过程”意指学生应经历地理知识与技能的形成过程，在体验、活动、探究中进行学习，“地理方法”是研究地理的科学方法。所谓地理情感，是“人对于客观事物是否符合人的需要而产生的态度体验”（林崇德 等，2003），是地理教学过程中学生所产生的比较稳定和持久的情感体验。而态度“是指在一定情境下，个体对人、物或事件，以特定方式进行反映的一种心理倾向。由认知成分（对态度对象的信念或真实知识）、情感成分（对人、对事的情绪反应）和行为成分（对客观的外显行为）所构成。”（顾明远，1998）。或者说“是一种影响个体对人、对物、对事的行为选择的内部状态。”（R.M.加涅 等，2007）地理态度是学生在地理学习中对待地理学习、对待自然、对待地理科学等的认识、喜恶与反应倾向（袁孝亭，2006）。地理情感和态度是地理学习的内在条件。而地理价值观是人们对事物进行价值判断的观念系统，是情感态度的升华，是人格的核心组成部分。显然，三者是层层递进的情意连续体。三维目标之间，地理知识与技能是后二者的基础和根基；地理过程与方法是地理学习的核心，旨在让学生学会学习，是形成地理知识与技能和地理情感态度的中介和机制；地理情感态度与价值观是地理学习的最终归宿，是地理知识与技能、地理过程与方法的动力，它对其他两个维度的教学目标具有明显的调控作用，积极的情感与态度，无疑能够促进和推动知识与技能的高效学习、过程与方法的优质掌握，与此相反，消极的情感态度与价值观，也会妨碍和阻碍另外两者的学习。总之，三维目标具有内在的统一性，从知识传授到技能发展到方法掌握再到精神关怀，其目的在于让学生发展成为一个整体的人，一个和谐的人，最终形成完美人格。

4. 教学实践的视角

从教学的逻辑或者实践的逻辑来看，地理教学是以活动为单位进行的，而不是以目标为单位进行的。活动与目标之间并不是一一对应的，地理教学活动包含着知情的统一，不存在没有情意的教学，只可能存在错误情意的教学，或者说学生在学习的过程中可能是带着消极的情感在学习。因此，在地理教学过程中，情感态度与价值观其实时时刻刻都存在着，只不过过去我们关注不够而已。现在，强调三维目标，只不过是强调要把消极的情感态度与价值观变成积极的情感态度与价值观，甚至有意识地、自觉化地激发学生的学习兴趣。因此，地理教学不是地理知识与技能加上地理过程与方法加上地理情感，三者是一个水乳交融的整体。

综上所述，在理论研究层面，为了研究方便和深入，对地理教学目标进行拆分和分类研究是必要的。但是在实践层面，地理教学以活动为单位开展，并且面对的对象是完整的人，因此在实践层面，地理教学目标达成应该三维一体，一节地理课不能分割成三个环节，分别一一完成三个维度的目标。

（四）地理三维目标整合策略

教学是培养人的活动，而不是完成三项任务的过程（杨九俊，2008）。以“人”为出发点，把握地理教学目标的整体性，可以采取核心教学目标串联的整合策略。

首先，通过核心目标进行整合。即以某一维度的教学目标为基础、核心和抓手，分析该维度教学目标和另外两个维度的价值，有机联系和建构发展其他两个维度的教学目标，形成一个目标串，实现教学目标的整合。三维目标的每一个维度的教学目标都可以成为核心目标，可以作为达成其他二维教学目标的辅助和凭借，其主要依据是教学内容，并且不是一成不变的。但地理教学实践中，地理知识与技能目标往往成为这样的核心和抓手，因为这对于地理教师而言简便易行。但是理论界担心如此会重回单纯注重知识技能的老路（杨九俊，2008）。一些教师也生怕遭受只重视知识传授而忽视其他维度教学的批评，因此不敢说出这一核心和抓手。事实上，这一担心实无必要。重视地理知识与技能是必需的，首先，在所有的地理课程目标与地理教学目标中，地理知识与技能是中学地理课程非常重要的组成部分，三维目标中地理知识与技能所占的比例最大；其次，地理过程与方法和地理情感态度与价值观的“根”是深植于地理知识与技能的建构之中的；再次，当前的地理教学评价特别是大规模的高利害地理学业考试，都侧重于地理知识与技能目标的评价，相对于另外两个维度而言，地理知识与技能比较显性，且比较容易评价。因此以地理知识与技能目标作为核心和抓手理所当然，无可厚非。在地理课堂教学实践中，地理教师往往以地理知识与技能目标为主，串联、穿插、渗透地理过程与方法及地理情感态度与价值观目标，地理知识与技能能够成为一个载体，它能“载”给学生一些“过程与方法”的体验，“载”给学生若干“情感、态度、价值观”（孙晓天，2004），实现地理教学目标的整体达成。当然，以地理知识与技能目标作为抓手，并不是要忽略其他两个维度的教学目标，而是体现对地理知识与技能的深度理解、多维体认和融会贯通。

其次，三维目标通过整合达到动态的平衡。对于地理课程目标而言，三维目标同等重要，与之并行不悖的是对于地理教学目标而言，这种均衡体现在地理教学的全过程，而不是每节地理课。具体到每节地理课，三维地理教学目标并不总是均衡重要的。恰恰是这种若干局部和短暂的不均衡达到最终的整体均衡，这符合事物发展的客观规律。均衡是相对的，不均衡是绝对的，无数绝对不均衡的不断回归，最终将导致相对的均衡，也就是一种动态平衡（廖晓翔，2005）。

如案例 6-3 中的地理教学目标设计，按照三维整合的理念与策略，可以进一步修订为案例 6-4：

案例 6-4　修订后的“水圈与水循环”第二课时教学目标设计

1. 能够观察世界海洋表层洋流分布简图，归纳洋流分布的规律；
2. 能够结合图像分析洋流分布的成因，领会地理要素相互制约的关系；
3. 根据老师提供的图表等各类信息，通过小组合作交流，能够归纳说明洋流对地理环境的影响，体会海洋探索的乐趣。

三、基本标准：基于课标

基于课标是对地理教学目标的合法性与科学性而言的。地理课程标准是地理教学的“法律”，只有依法（地理课程标准）而教，地理教学目标才是合法的。

（一）作为法令文件的地理课程标准

首先，基于地理课程标准既是时代的要求，也是本次课程改革的基本取向。基于地理课程标准设计地理教学目标是国家的强制性规定，是本次课程改革的基本要求。

其次，从实践来看，地理教学目标“不合法”的现象归根到底是没有基于地理课程标准设计地理教学目标。从笔者收集到的地理教学设计来看，虽然一些地理教师言必称地理课程标准，但一些教师似乎把地理课程标准当作一种时尚的名词或者模糊的背景，担心被批判为教学观念落后，但事实上并不具有现实意义。另外，在地理教学实践中，基于地理课程标准的教学目标设计经常出现四种倾向：一是偏离，完全背离地理课程标准中学习内容、表现程度的要求，教学目标与地理课程标准完全是南辕北辙，出现根本的方向性错误；二是异化，即与地理课程标准要求的学习内容一致或有所拓展，但降低了地理课程标准的水平要求；三是忠实，即与地理课程标准要求的学习内容与表现程度完全一致；四是调适，即根据学情，比地理课程标准要求的学习内容与表现程度略有调整，但不低于地理课程标准的要求。总之，一些地理教师往往是依据个人的教学经验，或者说是个人现行生产的“知识”，随意性地设计教学目标，往往是不自觉的、无理据的变异和阐释。因此，基于地理课程标准进行地理教学目标设计是地理有效教学的必然选择。

（二）基于地理课程标准设计教学目标的意蕴

目标不是用于描述预期的学生学习结果的唯一术语（洛林.W.安德森 等，2009）。课程标准也有同样的内涵。或者说地理课程标准是一种特殊的目标。它规范了学生在学习地理课程遇到的“学什么”和“学到什么程度”的问题，同时也对教师“为什么教”和“怎么教”提出了相关建议。对于地理教师而言，一方面要以地理课程标准为“法令”和“规范”，另一方面，地理课程标准不是详细具体的标准，为教师教学主体性的发挥留下了空间。

所谓基于标准，即“standards-based”，意为“以标准为本”“以标准为基础”“以标准为依据。”第一，地理教师应有标准意识。所谓标准意识指的是对课程标准的敏感性与自觉性程度。这意味着地理教师在设计地理教学目标的过程中，能够自觉地站在地理课程标准的高度和立场来理解教学。第二，为了标准设计地理教学目标，意指地理教学目标的设计要落实地理课程标准的课程目标，践行地理课程标准的理念。第三，依据地理课程标准设计地理教学目标，即要通过分解和解构、转化地理课程标准中的内容标准和活动建议来获得具体的地理教学目标。第四，明确地理课程标准与地理教学之间的空隙。这个空隙恰好是教师主体性发挥的空间和自由，但这个空间和自由给一些教师带来困扰，长久以来形成的惰性让教师一旦松绑，反而无所适从。第五，地理课程标准是教学目标设计的最低标准，真实的地理课堂教学目标应该是对地理课程标准的超越。值得一提的是，一方面，地理课程标准不是地理教学目标，另一方面，地理课程标准是设计地理教学目标的重要依据，但不是唯一依据。换言之，地理教学目标的设计不能直接移植地理课程标准。因为地理课程标准是对学生在某一个阶段要达到的要求的总体规定，与具体某节地理课堂教学是有差异的。此外，教师还应根据学生的差异对地理课程标准进一步调整和解构。

（三）基于地理课程标准的地理教学目标设计策略

基于地理课程标准来设计地理教学目标，重点是对地理课程标准中内容标准的分解。而地理课程标准中的内容标准涉及的几乎都是知识与技能目标，属于过程与方法目标和情感态度与价值观目标的内容非常少。因此，基于地理课程标准的地理教学目标设计除根据内容标准直接得出知识与技能目标外，还要根据内容标准挖掘和拓展过程与方法目标、情感态度与价值观目标。

1. 分解地理课标内容标准

地理课程标准中较为宽泛的表述具体化为有一定操作性的图景。内容标准的分析主要包括两个步骤。

1）划定学习内容

首先，寻找对应的内容标准，进行三种类型的分解：“一变一”是指地理课标中的一条内容标准稍作调整后就可作为一条地理课堂教学目标；“一变多”是指地理课标中一条内容标准可分解为多条地理教学目标；“多变一”则是指从多条内容标准中提取部分要素进行组合，形成一条新的教学目标。一种较为便捷的方法就是可以参照各版本教科书的教师用书。

其次，解析学习内容，包括五种策略：改进策略、拓展策略、替代策略、分解策略、重组策略。改进是指对国家课程、地方课程的某些不合适、不恰当或者错误之处进行局部、少量的修改，以适应特定的教育情境；拓展则是赋予内容标准以情境条件；替代是针对地理课标中内容标准与地理教学目标 “一变一”的关系，用较为具体的学习内容替代内容标准中一些宽泛性的学习要求，本质就是将内容标准具体化为地理教学目标，如一些案例教学；分解是依据内容标准与教学目标 “一变多”的对应关系，把一条内容标准拆解为几个课堂教学目标。事实上，这些策略也是经常交叉运用的。此外，地理课标内容标准的解析往往要与教材分析相结合。在确定一节课的学习内容时，要对整个课程的知识结构有一个宏观的战略上的认识，还要对地理教材某个单元的内容进行了解，以此形成一个完整的知识脉络。然后重点要结合地理教材对本节内容进行解析。

再次，对地理教学目标进行排序。一节地理课的教学目标往往有多个学习内容，因此，还要根据学习内容之间的关系，对地理教学目标的先后顺序进行调整和安排。如上述案例中，“洋流分布规律”是“洋流对地理环境的影响”的学习基础，而“洋流对地理环境的影响”是“洋流分布规律”的学习目的。

最后，对学习内容进行归类。地理知识大致可以分为地理事实性知识、地理原理性知识。这是对教学目标设计的一种形而上的思考。

2）厘定学习程度

关键动词往往表述了学生的认知过程，因此重点是找到内容标准的核心动词，然后根据动词来确定学习的程度。如“运用地图，归纳世界洋流分布规律，说明洋流对地理环境的影响”其行为动词“归纳”在认知水平上属于“理解”水平，“说明”属于“理解”水平，但是该内容标准还提出“运用地图”来“归纳”，显然是降低了理解的难度。对学习内容的认知维度进行分析，形成认知分析的二维框架。

尤其要注意教学程度要与课标匹配。如有些老师认为在处理“地球的形状”这一内容时，只要将教材中几个证明地球是个球体的证据罗列出来用以说明地球是球体就行了。但事实上，课标明确提出“通过该内容的学习使学生受到有关科学史的教育”。无疑，教学不能停留在罗列证据，还要展示证据间的时空演变过程，甚至要加上当今认识地球形状的最新技术。

2. 重构整合性的地理教学目标

每一个知识都包含有认知和情感成分。由于地理课程标准中的内容标准主要是针对知识与技能目标，在设计地理课堂教学目标时，还要根据地理课程目标和地理教材来拓展和补充其他两个维度的教学目标，设计三维一体的地理教学目标。

四、基本理念：立足学生

地理教学目标是对学生地理学习结果的预期，因此，只有悉知学生发展的已有情况及可能情况，才能设计出能够达成的地理教学目标。基于学生，立足学生，为了学生，是地理教学目标合理性的前提。地理课程标准是地理教学目标的底线，学生则是地理教学目标最高限度的尺度。但现实情况是，地理教学目标设计的过程中学生明显缺席。设计的过程中缺乏学生的参与，教师对学生缺乏足够的考虑，一些教师甚至十年共用一份教学设计，其教学目标十年固定不变。

（一）悉知学生“前情”，地理教学目标走在发展的前面

奥苏贝尔曾经说过“如果我不得不把教育心理学的所有内容简约成一条原理的话，我会说：影响学习的最重要的因素是学生已知的内容。弄清了这一点后，进行相应的教学”（Ausubel，1968）。学生的学习前情，是制定地理教学目标的起点。只有悉知学生的“前情”，才能保证起点是正确的，地理教学目标是面向未来的，从而确保地理学习发生了“位移”，地理教学目标达成是有意义的。按照认知心理学的观点，学习是新旧知识之间进行反复的、相互的作用过程而建构的。学习的过程总是受前认知的影响，或促进或妨碍、干扰，因此需要对学生的前情进行分析。

倘若界定学生在学习前的学习值是A1，在地理教学目标的指引下完成学习活动后的学习值是A2，那么地理教学目标的达成意味着A2−A1＞0，这意味着学习只有发生了增值，才能算是达成地理教学目标。当然这种增值包括三种增值：一是知能值，即学生新学到了

一定的知识与技能；二是思维值，学生学会了地理思考的视角与思维；三是动力值，学生学习的兴趣和愿望得到增强。而能不能发生增值，一个非常重要的方面就是要确定A1。

确定A1或者说前情分析包括分析学生的前认知和学习态度等。所谓前认知，是指学生学习某一内容之前对该事物的看法和观念。地理前认知是普遍存在的。学习状态的分析就是要了解学生对待即将要学习的内容的态度，以便设计合理的情感态度与价值观目标，并为此设计对应的教学活动，来激发和调动学生的学习积极性。如案例6-5所示：在分析学生的前认知方面，地球运动、大气环境及水循环的内容为“洋流”的学习奠定了基础，但是，课标要求学生“运用地图，归纳世界洋流分布规律”，学生在地图的阅读与分析方面存在困难；在分析学生的学习态度方面，由于本部分内容较为枯燥难懂，学生可能会“感到无从下手，学习兴趣不高”。

案例6-5　“洋流”一节的学情分析

学生在前面已经学习过地球运动、大气环境和水循环等内容，特别是对与洋流关系密切的全球气压带、风带的分布与移动这一内容进行了深入学习，为本节课的学习奠定了基础。但是高一学生的地理空间感、读图能力较差，本节内容是对洋流的分布规律进行探究、总结和应用，而课本的图像是静态图，对学生来说内容比较抽象。学生在学习中会感到无从下手，学习兴趣不高，课堂气氛沉闷，这给教学带来了一定的困难。

学情的判断方法有两种类型：一方面，根据教学经验进行判断，一些教学经验丰富的教师往往根据多年的教学经历能够说出哪些内容是学生困惑的地方，学生可能出现哪些错误的认识；另一方面，可以进行前测。前测的方式是丰富多样的。一是设计测试题，让学生完成相关的测验；二是进行问题情境的访谈，让学生谈谈对这一问题的认识；三是让学生绘制概念图，判断学生对知识结构的掌握程度。但是根据笔者的观察和访谈，在地理课堂教学实践中，很少有教师去做一些前测工作，主要原因在于一些教师认为，既无必要，又过于耗费精力，不太现实。但是笔者坚持认为，前测对于一些新教师尤为必要，这是了解学生、立足学生的必经之路。

（二）确定最近发展区，确保地理教学目标能够达成

苏联杰出的心理学家、社会文化历史学派的创始人维果茨基提出最近发展区是学生潜在的发展水平与当前实际的发展水平的差距。“最近发展区”体现了学习的准备性概念，强调能力的上位水平（维果茨基，2005）。最近发展区预示着认知发展的可能性，代表了学生可能达到的最高学习水平。因此，地理教学目标的设计不仅应该着眼于“现实水平”，而且应指向“潜在水平”，即教学要走在发展的前面，这样的地理教学目标达成才是有意义的。否则，一旦地理教学目标超过学生的最近发展区，学生无法达成地理教学目标，这样的教学目标形同虚设。但是，一个人的最近发展区是动态发展的，随着与他人和社会的互动，人的最近发展区也会不断变化和发展。

此外，地理教学目标的设计不仅要在最近发展区内，还要考虑学生的“可持续发展”。所谓人的可持续发展，究其实质是指个体生命开发的长度之持久、广度之均衡、深度之透彻（潘涌，2001）。或者说，是人不断完善自我，不断进取和发展的心向与能力。其一，人

的可持续发展依赖于人的主体性的发挥。人只有其主体性得到了充分的发挥，才能激发起潜藏体内的生命能量，从而获得终身发展的源泉和永不枯竭的动力。只有当生命个体超越了人的工具性及消极被动的状态，展现出积极进取的主体精神时，人才会有可持续发展的明朗前景。因此，地理教学目标的设计应发展学生的主体性，形成主体意识。具体来说，首先，要把培养学生的主体性作为一项长期的地理教学目标，不是某一个环节或某一节课的“休止符”，而是一个动态的发展过程。如让学生共同参与设计地理教学目标，共同反思教学目标的达成情况。其次，学生主体性的参与，不是行动上的服从，而是思维同步，情感共鸣。地理教学目标应该全面关注学生的发展。其二，培养人的发展能力。地理教学目标的设计要重点关注教会学生怎样学习和怎样思考，为后续的学习和未来的生活提供基本能力和做好准备。可持续发展的创新人才需具备杰出的思维能力，包括以怀疑性和批判性为特征的思维品质、以独立性和自主性为特征的思维立场、以开放性和多向性为特征的思维形态（潘涌，2001）。其三，要关注人的情意发展。地理教学目标的设计要关注人的精神世界的丰盈。人的可持续发展需要强劲和持续不断的动力，需要精神世界的支持，认知和情意和谐并进，使得生命获得淋漓尽致的发挥。

（三）关联意义，创造有意义的地理学习经历

学生的学习应该是“有意义的学习”。它并非指教学内容自身的客体意义与逻辑意义，而是指教学内容对于学生应具有主体意义与心理意义，即教学内容应能与学生已有认知结构中的知识和观念发生现实的关联。故而，地理教学目标自身是否有意义，从本源上保证了地理教学目标达成是否有意义。新的地理课程标准改变了过去教科书一味强调“知识本位”的教学理念，重视对学生能力培养及情感态度价值观教育的要求。以人为本，“使所学内容不仅对学生现在的生活和学习有用，而且对他们的终身学习和发展有用”是新课程标准的基本理念，也是地理教师教学的重要标准。

根据英国《太阳报》的报道：2004 年 12 月 26 日在泰国海滩旅游的 10 岁小女孩蒂莉·史密斯利用有关海啸的地理知识救活了 100 余条生命。显然，有人不缺少地理知识，但是地理知识却与自己的生活世界相互隔离，缺乏一种对地理现象生成地理意义的意识，进而缺失激活地理知识的生理机制，更不用谈生成地理智慧。而小蒂莉之所以能活用地理，是因为对所学的地理知识进行了意义关联，进行了自我建构，形成了一种一旦遇到相应“情境”就会自动激活的心理图式。真正有效的地理学习就是应该极力追求这种“地理意义关联”的、地理新课程强调的“学习对生活有用的地理”与“学习对终身发展有用的地理”两大理念，实际上是让学生不再是旁观学习者，而是要在地理学习的过程中不断构建丰富的“地理意义关联”，甚至形成独特而又相互交汇的“地理意义关联群”，在生活中能够活用地理知识。

五、基本取向：核心素养

随着基础教育课程改革的深入，新一轮高中地理新课标修订围绕以“立德树人”和“培养学科核心素养”两大主题进行。所谓地理核心素养，是指最核心的、最关键的、最必要的地理素质，具有可繁殖性。地理核心素养作为一种学习结果，是地理知识和技能、过程与方法、情感、态度和价值观的整合，是地理学科本质观与育人价值的集中体现。相对于

三维目标，它更具有内在性和终极性的意义。因为地理学科核心素养指向人，是人的内在秉性。换言之，只有抓住地理学科核心素养，才能抓住地理学科教育的根本。地理学科核心素养包括四个方面：人地观念、综合思维、区域认知、地理实践力。人地观念是地理课程最为核心的价值观，综合性和区域性是地理学研究的两个最突出的特点，由此而来的综合思维和区域认知，是学生分析、理解自然地理过程和规律、人地关系地域系统的重要思想和方法。地理课程具有很强的实践性，在真实的情境中运用所学的地理知识和技能，感悟、分析、理解人地关系状况，学以致用，是学生地理实践力的体现。

（一）人地协调观

地理学是研究地球表层自然和人文现象、以及它们之间的相互关系和区域分异的学科，人地关系是地理学的核心主题。人地协调观主要指人们对人类与地理环境之间关系秉持的正确的价值观。人地协调观素养有助于人们更好地分析、认识和解决人地关系问题，成为和谐世界的建设者（中华人民共和国教育部，2018）。

（二）综合思维

地理学从其形成之初就具备了可持续发展的先进理念，用一种综合的多维视角来研究地球表层人与环境相互作用的机理（美国国家研究院，2002）。地理学的综合性和系统性理念引领着现代地球系统科学和可持续发展研究的趋势（傅伯杰 等，2015）。综合思维是地理学基本的思维方式。它是指人们运用综合的观点认识地理环境的思维方式和能力（中华人民共和国教育部，2018）。地理学研究对象纷繁复杂，表现在自然、人文等要素相互交织，在不同的区域中地理要素的组合和联系多种多样，而且地理事物和现象在不断地变化、演进。因此，地理学不仅限于研究地球表面各个要素，更重要的是把它作为统一的整体，对其进行要素的综合分析、时空的综合分析及地方的综合分析等。“综合思维”素养有助于人们从整体的角度，全面、系统、动态地分析和认识地理环境，以及它与人类活动的关系。因此，在设计地理教学目标时，尤其要注重学生综合思维的培养。

（三）区域认知

把地球表层划分为不同尺度的区域是地理学区别于其他学科的独特的认识世界的方式。人类生存的地理环境多种多样，将其划分成不同类型的区域加以认识，是人们认识地理环境复杂性的基本方法。区域认知是指人们运用空间-区域的观点认识地理环境的思维方式和能力（中华人民共和国教育部，2018）。它主要包括三个方面：具有从区域的视角认识地理事象的意识与习惯；能够采用正确的方法与工具认识区域；能够正确揭示、评析区域开发利用决策的得失（韦志榕和朱翔，2018）。即区域的视角、认识区域、区域观三个方面。“区域认知”素养有助于人们从区域的角度，分析和认识地理环境及其与人类活动的关系（中华人民共和国教育部，2018）。

（四）地理实践力

地理实践力是指人们在考察、实验和调查等地理实践活动中所具备的意志品质和行动能力。考察、实验、调查是地理学重要的研究方法，也是地理课程重要的学习方式（中华人民共和国教育部，2018)。地理实践力素养可以提升学生的行动意志和行动能力，从而更好地在真实情景中观察和感悟地理环境及其与人类活动的关系，增强社会责任感。简言之，地理实践力要求培养学生实践能力与实践品质。这意味着部分地理教学目标要通过“做中学”来达成，学生要像地理学家一样工作和思考。历史上，我国曾经有建立气象园、地理园及地理野外实习的经验。其目的一是将书本的理论与实际的经验相结合，帮助学生更好、更深入地理解地理知识，尤其是要将地理知识转换成解决问题的能力；二是锻炼学生的意志，培养团结协作的品质。在地理过程与方法目标设计中，尤其要注意给予学生地理野外实践与社会调研的机会。

总之，地理教学目标的合法合情合理设计是地理教学目标达成的前提条件。通过专家型教师与新教师地理的同课异构发现：第一，地理教学目标的设计确实会影响地理教学目标的达成；第二，能够达成的地理教学目标设计具备几个特点。一是对三维目标的内涵及其关系把握准确；二是教学目标是教师自觉思考的结果；三是对地理课程标准分析精准；四是对学生了如指掌。因此，要设计“能达成”的地理教学目标，就要基于真实自觉的立场，采取整合三维的策略，依据地理课程标准，站在学生立场，关注地理核心素养。

第三节　地理教学目标转化的策略

教学目标具有导教、导学、导测评的三大基本功能。但是在地理课堂教学现场中，教学目标对学生往往是“不可见”的，阻挠了地理教学目标“导学”功能的发挥。加涅等人认为“告知学习者目标”是教学的重要事件，是教学过程的重要组成部分。研究也表明，教学目标的呈现比不呈现要更能促进课堂教学效率（卢晓旭 等，2011）。但是，学生只会为自己的学习目标而学，不会为教师的教学目标而学。因为对于学生而言，教学目标是外在的。因此，只有当地理教学目标转化为学生的学习目标时，目标的功能才会得到发挥。这一过程即地理教学目标转化的过程。地理教学目标转化是指地理教师将教学目标转译为学生能够理解的学习目标，通过有效的方式呈现给学生，在互动与反馈中师生对地理教学目标形成共识，并激发学生的内部动机，从而促进地理教学目标的达成。

一、目标转化的意义

地理教学目标的转化过程中，学生不是静待，而是主动“进入”学习的规划过程，“亲身”经历自己的学习规划。如果教师在教学一开始就告知学生教学目标，那么学生就会明确自己努力的方向，并明确自己进行多种学习活动的目的。这样一来，学生也能更容易地理解学习过程的复杂性，在学习中更加积极主动（Gronlund and Brookhanrt，2017）。地理教学目标的转换是“导学”功能实现的基本途径，激发学生内部动机的基本策略。通过地理教学目标的转换，可以实现教师教学的民主化，促进学生成为自主学习者。

（一）让学生成为自主学习者

《学会生存——教育世界的今天和明天》指出：“未来的学校必须把教育的对象变成自

己教育自己的主体。”（联合国教科文组织国际教育发展委员会，1996）。教的最终目的是不教，让学生成为自主学习者。

学习本质上是自主的、自控的、内发的。培养学生的自我意识与自我监控的能力并养成自主学习的习惯是课堂教学的努力方向。教学目标共享的实质是通过“教学目标”转换为“学习目标”，让学生利用学习目标来监控自己的学习，成为自主学习者。自主学习者是“具有元认知的、有动力去学习且具有策略”的学习者（Perry et al.，2011）。认知建构主义学派认为，元认知监控是自主学习的首要特点。元认知监控包括预测内容、自我提问和自我测试、确认自己没理解的内容（安妮塔·伍尔福克，2015）。即确定学习目标，利用学习目标来监控与调整自己的学习，并用目标来评估自己的学习效果。

首先，学生“看见”学习目标后，可以进行目标定向，激发学习的主体性责任感。教学目标的共享通过视角与立场的转换，教学目标被转译为学习目标呈现给学生，学生知道了学习的可能结果，就会激发学生的好奇心，明确学习的方向，将注意力集中在教学目标所规定的任务，避免偏离学习目标的行为或者无关因素的干扰。另外，这样一来，学生也能更容易地理解学习过程的复杂性，激发自己的学习责任感，在学习中更加积极主动（Gronlund and Brookhanrt，2017）。值得注意的是，自主学习从“依赖”到完全“独立”，需要经历四个发展阶段（Boud，1988）。学生从他主到自主、从依赖到独立需要教师的指导。每一节课学习目标的设置不是学生能独立自主完成的，需要教师在权衡社会、学科、学生等各要素后做出协调与抉择，先内化为教学目标，然后转译成学生能够理解的学习目标并予以呈现，以此帮助学生知道自己为何而学，自我决定学习的行为与选择，而不是受他人控制、受任务驱使。

其次，学生可以利用学习目标来监控学习。共享教学目标实际上是帮助学生设置自我反思式的问题，帮助学生掌握一定认知监控策略，提升自己的元认知能力。它帮助学生思考：这节课我要学习什么？学完后我能做什么？我能达到目标吗？这个目标对我难度大吗？我应该怎样做才能达成这些目标？除了这些，我还想学会什么？在完成这部分学业时，我的学习目标完成得怎样？我还要做怎样的调整？在完成所有学习任务后，我的学习目标完成得怎样？学到了自己想学的东西吗？我还有其他的问题没解决吗？总之，共享教学目标是促进学生从“要我学”到“我要学”的关键，鼓励学生根据自己的学习情况，选择不同层次的学习目标与学习方法，利用学习目标来调节自己的学习策略，维持学习的动力，帮助学生养成“内向”审视自己思维过程的习惯。

最后，学生可以利用学习目标来评估学习效果。学习目标事实上是提供了学习的成功标准。看见并理解学习目标后，学生可以自主调控自己的行为倾向，自觉达到预设的目标，从而实现学生自律的最高教育境界（石鸥，1998）。

总之，对学生而言，学习目标具有导学的作用，具体包括定向、提供监控标准与评估标准等作用，利用学习目标可以帮助学生进行自我导向、自我激励、自我监控、自我调整、自我评估。如果教师不共享教学目标，学生对教学目标“不可见”，学习目标的这些作用都无处发挥。学生任由教师牵着鼻子走，学习是漫无目的，不知道要去哪儿，更不知道如何去哪儿。长此以往，学生习惯了这种被动式的学习，学生的主体性、能动性、独立性不能得到充分的发挥。

（二）让地理课堂教学民主化

教学民主的宗旨是让学生学会学习，学会参与，学会质疑，学会批判。教学目标的共享可以消解教师在课堂的霸权，让教学民主化。

传统的教学中教师是权威，学生不知道学习的目的，不明确学习的重点，更不理解教师如此这般教学的意图，却要绝对服从教师设计好的教学过程。尤其是多数学生几乎从来没有质疑过教师主宰教学的状况（胡白云，2015）。学生丧失了知情权与表达权，学习是盲目的，既漫无目的，又缺乏自主意识。雅斯贝尔斯说过："教育诉诸自由，而不是人类学上的自然事实，教育以从自由中不断获得的东西为其内容，如果教育变成了权威，那它就失败了。因此，我们必须尊重儿童的自由，让他们自己明白学习的动机，并不是出于服从而学习，同时允许他们轻视不行的教师。在学习过程中，他们将心甘情愿地尊重能令他们学到知识的教师，并且敬爱那些以德服人而不滥用权威的教师。假如学校里游荡着权威的幽灵，对此学生也不反抗的话，那么，权威的思想将深深地印在他们稚嫩可塑的本质里，而几乎不可变更。将来这样的学生在下意识里只知道服从与固执，不懂得怎样自由地去生活。"（雅斯贝尔斯，1991）。久而久之，作为一种"隐性课程"存在，它潜移默化地训练了学生的依赖与顺从，学生缺乏自由意志与自主精神，这是最大的可怕之处。

教学民主与其他民主有一些不同，主体性是民主的核心。参与是民主的实质，课堂教学中学生的参与是衡量教学民主的重要标准（胡白云，2015）。教学目标共享就是将教学目标透明化，学生与教师全部、充分、有效地参与到与自己利益相关的决策中来，师生之间敞开心扉，相互沟通，相互倾听，展示师生之间的共识，实现真正的教学民主。教学目标可以充分激发学生对学习最原始的动机——好奇心与兴趣，而不是靠外部因素来控制和维持学习。教学目标共享让学生具有知情权、参与权与选择权，清晰地知道要学习什么，学习的结果应该是什么，自由地选择学习什么和怎么学习，从而主动地、自发地学习。对教师而言，尊重学生的知情权与选择权，让学生经过思考与判断，经过一番论证后做出判断，而不是简单地接受与信奉教师对教学的决策，从而唤醒学生的主体意识、平等的精神，才能在学生的灵魂深处扎根，学生才真正地形成民主意识。长此以往，学生才能把这些表现内化为民主的精神。另外，共享本身就是一种平等的合作，教师凭借其专业的权威性设计了教学目标，但是还要接受学生的选择与反馈，在这一沟通交流的过程中，学生与教师真正实现身份的平等。

二、目标转化的逻辑

地理教学目标不是地理学习目标，地理学习目标才是学生内在的目标，后者更具有"导学"的功能，因此地理教学目标应该转化为地理学习目标。同时，教师与学生是利益共同体，地理教学目标与地理学习目标的达成机制一致。因此，地理教学目标转向地理学习目标具有可行性。

（一）目标转化的必要性

学生只会为自己的“学习目标”而学，不会为教师的“教学目标”而学。因为对学生而言，教学目标是外在的。只有当“地理教学目标”转化为学生的“地理学习目标”并为学生“所见”“认同”“内化”后，才能真正地深入学生的内心并促进学生的地理有效学习，目标的导学等功能才能得到真正的发挥。

1. 地理教学目标不是地理学习目标

在我国教育界，往往将“教学目标”视同于“学习目标”，模糊了二者的区别。因此，一线教师往往将教学目标等同于学习目标，目标还是“教师心中的目标”，不是“学生心中的目标”。此外，在目标的呈现中，教师经常照搬教学目标，出现了一些较为复杂的“学科专业术语”，学生观后一片茫然，尤其是一些学生见所未见、闻所未闻的术语作为即将要学习的内容，学生何谈理解。

地理教学目标是教师预期学生的地理学习结果。如第三章中所言，地理教师是地理教学目标操作的主体，学生是地理教学目标利益的主体。简言之，地理教学目标的主体是二元对立的，即地理教学目标是教师为学生制定的，但教师只能依赖并作用于学生，不能自己直接达成地理教学目标。而地理学习目标是指学生对学习结果的预期或者期待。其操作主体与利益主体具有相对的一致性。理论上讲，地理学习目标有两种产生方式：一种是学生完全自主自发产生的，然后根据需要在教师的指导下进一步修订，使之符合地理课程标准要求；另一种是学生结合自身的需求，对外在目标（地理教学目标）进行改造与认同、内化。比较而言，第一种方式既要求学生对地理课标要求、教材内容都有着较为深刻的领悟，又要求地理教师具有更为开放的教学心态，还要求地理教师花费大量的精力与时间修改并解释修改的原因，这远远超出了学生的认知限度与教师的工作限度。第二种方式相对简便易行，但它的实现也有两个条件：改造与认同。这种改造不是学生自主能够完成的，需要教师将“地理教学目标”改造为学生能够理解与达成的“地理学习目标”；认同是让学生看见“目标”后，将教师设计的“外在的规定”成功地转化为学生“主观的追求”，与教师形成利益共同体，为共同的目标而努力。

因而，地理教学目标与地理学习目标存在明显的区别。首先，二者的主体不一致。对于地理教学目标而言，教师是操作主体，学生是利益主体，其二元主体是分离的。而地理学习目标的主体是一致的，学生既是操作主体又是利益主体。其次，形成方式不一致。教师是相对成熟的主体。从身心发展水平来看，地理教师已是成年人与社会人。从专业水平来看，地理教师是从事教学活动的专业人员，经过职前的技能训练与在职过程中不断的自我成长与发展，因此教师完全可以独立自主地设计地理教学目标。但学生是未成熟的主体，身心发展不成熟，但在迅速发展之中。地理学习目标的产生受到学生认知发展水平的限制，还主要依赖教师的指导与帮助。再次，表述方式上也有区别。地理教学目标更抽象更概括，地理学习目标更具体。如教学目标“理解冷锋影响下天气变化的规律”，作为教学目标这样表述无可厚非，因为教师知道应该从“气温”与“降水”两方面来分析“天气”；从“过境前、过境时、过境后”三个节点来分析“变化规律”。但是对于学生而言，这一表述过于抽象。不如进一步具体为：①能够分析冷锋过境前气压、温度、降水的特点；②能够分析冷锋过境时气压、温度、降水的特点；③能够分析冷锋过境后气压、温度、降水的特点。相对于教学目标，这样的学习目标更具体更容易理解，且更能帮助学生知晓从哪些角度去分析“天气”与“变化”问题，建立分析地理知识的认知图式。地理学习目标的形式更丰富，如表格式、简图式、板书式、习题式等，甚至可以设计一些互动性质的问题与活动来反映学生学习前后的变化。教师惯用的条目式的地理教学目标，对于学生而言不如一些反思性的地理问题或地理活动更有效。如案例6-6地理学习目标的本质是学生学习后发生的变化，而反映变化最好的方式就是比较。如表格式的地理学习目标可以将学生地理学习前与学习后的观点、思想甚至能力的改变可视化和显性化，帮助学生反思“我学会了什么”，让抽象的目标变为具体的内容，让学生清晰地知道自己即将要学习的内容，并通过反思直接感受地理学习带来的变化，从而产生一种学习获得感。最后，面对的对象也有差异。地理教学目标往往是教师针对一个班级或一个群体而制定的，体现了学习任务的共性。而地理学习目标是学生个人对教师提供的“地理教学目标”进行个性化再加工，更具个性化色彩。

案例6-6　学习目标（选自帕迪利亚《科学探索者》中地表的演变）

（1）在学习本章内容前，对下表所述观点进行判断，将结果写在表格左侧（A同意，D不同意）

（2）在学完本章内容后，再来回顾这些观点，看你是否改变了主意。

如果你的答案有变化，请说明原因。

对错误的观点进行修改，直至正确为止。

将修改后的观点作为你的阅读指导。

学习前（A或D）	观点	学习后（A或D）
	1. 风化作用将岩石分解成越来越小的碎屑，如沙、粉砂或者黏土	
	2. 岩石暴露在大气、水汽和气体中，发生化学变化	
	3. 土壤是一种由风化岩、矿物颗粒、有机腐殖质、水和空气组成的混合物	
	…	

2. 地理学习目标更具“导学”功能

所谓“导学”功能是指学生明确学习目标后，利用目标引导自己的学习。显然，学习目标更具有“导学”功能。在地理学习目标的指引下，学生不是“静待”而是主动“进入”地理学习的规划过程，“亲身”经历自己的学习规划。地理教学目标本身不具有这一功能。学习本质上是自主的、自控的、内发的。培养学生自我意识与自我监控能力并养成自主学习的习惯始终是地理课堂教学的努力方向。研究显示：如果教师想培养学生成为自主的学习者甚至有效的终身学习者，就得确保学生知晓“在学习活动结束时，自己应该知道、理解和能够运用什么”（CCEA，2009），因为目标是自主学习的核心构成成分。

相比较地理教学目标，地理学习目标的“导学”功能更内发、更直接。而地理教学目标是否能起到“导学”功能或者说能起到多大程度的“导学”功能取决于教师能否转换及呈现教学目标。笔者曾经在课堂观察结束后现场访谈6位学生这样一个问题“你知道这节地理课的教学目标吗”，有近三分之一的学生掩笑不语，有三分之一的学生看着黑板上的板书告诉笔者“单圈环流、三圈环流……”，还有三分之一的学生告诉笔者“应该是画三圈环流图吧”。由于地理教学目标对学生“不可见”，学生学习结束后才能猜想本节课的教学目标。显然，地理教学目标如果对学生“不可见”，地理教学目标会丧失其“导学”的功能。然而，在笔者所观察的100节地理课中，能够呈现地理教学目标的课例不足三分之一。

（二）目标转化的可能性

第一，教师与学生是利益共同体或者说是学习共同体。地理教学目标与地理学习目标都有共同的利益主体，都是学生，都依赖于学生，又都是为了学生。一方面，根据利益相关者理论，师生是教学利益相关者，发展是师生利益的实质。师生利益共同体实为发展共同体。主体性的共同发展是师生教学利益共同体的首要目标和核心目标。它既包括了教师的发展，也包括了学生的发展，既是个体的目标，也是集体的目标。另一方面，师生的教学利益相互依存，密切相关。教师的发展是学生发展的前提。因为在教学活动中，把握方向和控制过程的是教师，选择方法和协调内容的是教师，了解学生需要和身心发展规律的是教师，对于教学的成败优劣承担最终责任的还是教师（丛立新，2005）。由此，教师的主体利益极为关键，它不仅促成教师自身的发展，还通过发挥教师的主导作用实现学生的主体利益。同时，学生的主体利益又是教学利益的核心与主要内容。简言之，师生的教学利益共生共荣，这是地理教学目标转化为地理学习目标的基础。

第二，地理教学目标与地理学习目标的实现机制都是主体性活动，二者都是在学生主体性活动中达成的。无论是地理教学目标还是地理学习目标其本质都是学生素质的发展，而能动活动是学生素质发展的机制，因此二者具有共同的实现机制。值得强调的是，学生主体性的活动是指学生作为主体而开展的活动，依赖于自身需要的推动及自身意识的调节，是自控的活动而不是他控的活动。这意味着教师的地理课堂教学只有符合学生的需要或学生的兴趣并激起学生的主体性，学生的心理结构才能得以丰富、改造与调整。

三、目标转化的过程

目的“作为一种力，它激起自身的外在化，作为一个原因，它就是自己的原因，或其结果直接就是原因”（黑格尔，1976）。根据洛克和莱瑟姆的观点，确立目标能促进行为表现的原因主要有四个。第一，目标把人们的注意力引向当前手头的任务。第二，目标推动人们努力工作。第三，目标提高人的坚持性。第四，当旧策略不能奏效时，目标促使形成新的策略（阿妮塔·伍德沃克，2005）。显然，地理教学目标确有提高动机与毅力的作用。但是，这种功能的大小与教师是否展示地理教学目标及展示地理教学目标的方式息息相关。卢小旭等（2011）通过实验来研究教学目标内容不呈现、展示呈现和发放呈现三种方式对课堂教学效率的影响，结果发现课堂教学效率由高到低的方式依次是发放呈现、展示呈现和不呈现，还发现教学目标发放呈现和展示呈现可以弥补班级的劣势因素，放大优势因素。

国外也早就有类似的研究结论。因此加涅提出的九大教学事件中，包括“告知学习者目标”。目前，我国已经有一些教师也开始通过导学案等方式呈现地理教学目标，但也有一些教师还是反对这种做法，据说与中国人含蓄的文化性格有关。事实上，地理教学目标的展示过程是师生共享教学目标的过程，体现了师生的共同理解。教师在课堂教学呈现地理教学目标的过程中，学生也完成了对地理教学目标的理解，从而达成了“共识”，这有利于激发学生的动机，从而提高地理教学目标达成的效果。

学生对教学目标的认识，不仅仅是要“看见”，还要“理解”，更深层次的要求是“认同”并“内化”。而这些都依赖于地理教学目标的转化。它包括两个基本环节：一是目标改造，即将“教学目标”转化为“学习目标”；二是目标呈现，即将“他主”变为“自主”。“目标改造”的目的是学生能够理解教学目标，而“目标呈现”则是通过可视化的手段，让学生将教学目标变为“内发性”的学习目标，让教学目标能够成为学生自己的意愿，而不是受外界强迫所致。

（一）目标改造：从“教学目标”走向“学习目标”

如果教师想培养学生成为自主的学习者甚至有效的终身学习者，就得确保学生知晓“在学习活动结束时，自己应该知道、理解和能够运用什么”。换言之，知晓并理解教学目标是学生有效学习的前提。但教学目标是教师设计的、教师教学活动的目标，因而应该是教师的个人目标。对于学生而言，这种教学目标是外在的，而学生的学习是学生自己的活动，应该有自己的学习目标。怎样将教师的教学目标转化为学生的学习目标呢？教学目标的转译就是教师将教学目标转化为学习目标的过程。其目的是帮助学生理解教学目标，从而为自己的学习负责，减少对教师的依赖，努力实现学习目标。

1. 目标改造的本质

这种改造的本质是指教师站在学生的立场，用学生容易理解的语言与方式表述教学目标，从而帮助学生理解与知晓学习目标，知道学习任务与成功标准。这种转译需要教师整体地理解与把握学科内容，根据学生的特点，采取多样化的方式，将课堂教学目标的教学语言翻译成学生熟悉的、可以理解的学习语言。其前提条件是教师必须熟悉学生的认知基础、理解水平、语言习惯等，并能随时接收与理解学生的反馈。这一过程并非教学目标的简单传递，而是教师转换立场，用学生熟悉的语言陈述教学目标，帮助学生深层次地理解“这对学习意味着什么”——学习的意义，而不是简单地知道要学习什么和做什么。这种改造水平取决于教师的 PCK 水平。

2. 目标改造的方法

教学目标改造的任务有三项：一是改变教学目标的表述，使其符合学生的语言习惯和理解程度，成为学生可接受的学习目标；二是把教学目标融入学生具体的学习步骤中，使之可操作、易达到；三是赋予教学目标新的形式，使学生乐于为之奋斗。例如，可采用表格式、简图式、板书式、习题式等。

1）解释

即用文字语言进一步具体阐释。教学目标的转译不是直接照搬教学目标，而是要用学生熟悉的话语及容易接受的语言将教学目标换算为学习目标。尤其是对于一些教学目标中的笼统抽象的、学生难以理解的术语需要进一步具体化。如教学目标“能够分析地球自转的特点”，对教师而言，这条教学目标基本足够，但是对学生而言，它过于笼统，哪怕学生学完之后再评估这条目标的达成度，还是不知道它隐含哪些内容，因此，可以具体化为：熟记地球自转方向、周期和速度的特点；能从不同角度的图形中标出地球自转的方向；理解太阳日和恒星日的区别和实际运用；能用地球自转角速度与线速度的变化规律分析解决实际问题。

2）演示

即用图像、多媒体、实物模型等方式呈现教学目标。主要有两类：第一，图示。对于一些比较抽象、难以解释的原理或规律之类的教学目标，尤其是使用了“运用示意图……”之类的词语，教师可以采用示意图的方式帮助学生掌握要义。如教学目标“运用示意图说明岩石圈的物质循环过程”，这一目标中的“岩石圈的物质循环过程”就是一个非常抽象的术语，学生没有认知基础，很难理解其内涵。转译成学习目标，如图 6-1 所示：①能说明岩浆、岩浆岩、沉积岩、变质岩四者之间转化的顺序；②能说明岩浆、岩浆岩、沉积岩、变质岩四者之间转化的条件。显然，学习目标将教学目标中的抽象具体化与形象化，不仅帮助学生明确了学习的具体要求，而且隐含着图像法的地理学习方法，潜移默化地影响着学生。第二，实物。对于一些作品创作类的目标，如写作叙事抒情散文、制作地球仪模型等，教师可以准备一些实物样品进行展示。一是提供已有的优秀作品样本作为学生学习的榜样与范例，让学生知道学习后应该获得的成果是什么样的，既可以帮助学生评估自己的当前水平，又可以激励学生朝榜样努力。二是提供一些反面的实物样品，提醒学生学习的结果不应如此。通过这种对比，学生可以深化对教学目标的认识，进一步明确成功的标准。其三，教师还可以进一步提供不同水平的实物样品，帮助学生辨别较差、合格、良好、优秀等不同等级，分析其优劣原因与改进措施，进一步强化学生对成功标准的认识。

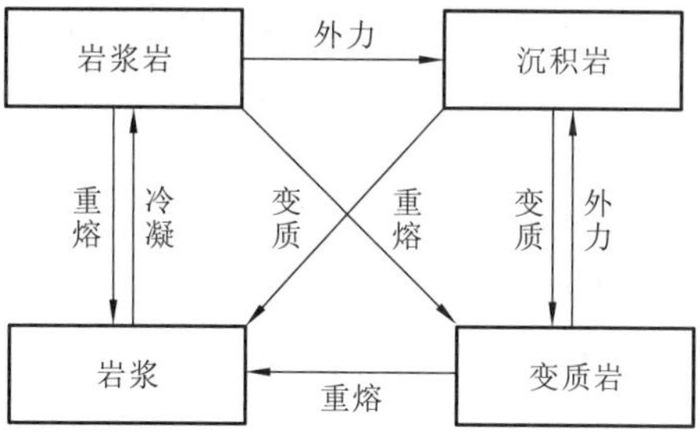

图 6-1　岩石圈的物质循环

3）设疑

如表 6-1（Cohen，2008）所示，还可以通过一些表格、问题来帮助学生反思学习的效果，直观地呈现学习的收获与疑惑，帮助学生反思学习的效果。

表 6-1　质疑式的学习目标

我知道了什么？	我还想知道什么？	我解决了什么问题？	还有什么问题没有解决？

总之，在教育界，相对于教学目标的转译，教学目标的呈现越来越得到了更多学者的关注。但是，在实践领域，教学目标呈现的一个最重要的问题是呈现的效果不佳，学生不理解，不关注。其中的根本原因是教学目标是用“教师语言”叙写的，学生难以接受与理解。因此，教学目标呈现之前，教师必须用学生的语言转译教学目标，让教学目标走向学习目标。这三种策略可以交叉重叠使用。

（二）目标呈现：从“学习目标”走向“学习动机”

教学目标的呈现是教师将教学目标的使用权、知情权与学生共同拥有。在中学课堂教学中，教学目标往往是“犹抱琵琶半遮面，千呼万唤始出来”，教学目标往往是制度性的存在，主要存在于教师的教案中，对于学生而言往往是“不可见的”。原因在于：一是教师认为一开始就呈现教学目标，过于直接，不太符合中国人含蓄的性格；二是教师认为呈现教学目标会浪费教学时间，学生看不懂或不关注，还不如不呈现；三是教师认为教学目标是教师自身的事，只要老师“有谱”即可，与学生无关。显然，教学目标是存在教师心中，在学生心中是缺席的。事实上，上课开始学生会建立自己的期望，并且这种期望未必与教师的目标一致。而告知学习者目标只需很少时间，而且至少可以起到防止学生完全脱离轨道的目的。告知目标看来还是一种与一名好教师的率直和诚实相一致的行为（R.M.加涅 等，2007）。相反，如果学生拒绝他人为自己设定的目标，或者拒绝设定目标，他们的动机就会很低（Locke and Latham，2002）。因此就需要教师在呈现教学目标时，进一步解释目标中的活动与他们的兴趣及生活和未来的关联，帮助他们认识到学习目标的价值，从而认同教学目标。

1. 目标呈现的过程

地理教学目标的呈现也是地理教学目标交互生成的过程，它交织着教师的不断解读与学生的不断反馈。对教师而言，它是一个解读、反思与调整的过程，对学生而言，它是一个理解、反馈、认同的过程。总而言之，它是师生形成对教学目标共识的过程，是师生合作实现的共同目标。

1）教师维度：让教学目标可见

现实课堂中，教学目标的呈现往往是课件呈现教学目标，教师或一念而过或一闪而过。事实上，教学目标的呈现不是简单的展示，同时包括教师的解读、反思、调整。

第一，解读。解读的重点不是“是什么”，而是“为什么”。既要解读目标的内涵、目标之间的逻辑关系，帮助学生建立认知结构，教师还要帮助学生认识“这个学习目标对我是否适宜”“为什么需要这个目标”“这个目标与未来学习有何关系”，进而推动学生建构起当下与长远的学习目标之间的关系，积极探索学习活动与个人发展等之间的关系。

第二，反思。一是反思学习目标的设计是否合理，可以在学生的反馈互动中进一步调整教学目标。二是反思教学目标的达成度。一线教师有一个较为普遍的感受，就是教学目标如同“鸡肋”，弃之可惜，留之无用，往往是“一抄了之”或者“一写了之”，教学目标在课堂教学中的不在场，可能会导致教师对教学目标“视而不见”，教学目标的导教、导学、导评功能得不到成功发挥，教学目标因为缺乏监督的力量可能会“名存实亡”或者“纸上谈兵”。相反地，教学目标一旦公开呈现，就会受到学生监督，会时刻提醒师生要朝着教学目标的方向教学和学习，同时也会督促师生及时评价教学目标的达成，决定是否要采取补救措施，从而促进教学目标的达成。同时，一个教学目标的达成，会促使教师和学生产生一定的成就感和良好的学习信念，建立自我效能感，获得良好的情绪体验，同时又会对下一目标的达成产生良好的影响——这种前绩效对教师的教学效能感与学生的学习效能感影响力最大。

第三，调整。教师通过展示、解读教学目标，观察学生的神态，聆听学生的声音，进一步反思：学生能否理解学习目标？学习目标对学生是否合适？有没有需要补充和删减的目标？教师则需要洞察学生的需要，聆听学生的声音，而不是独揽教学目标制定的话语权，单方面控制学生的学习。

2）学生维度：让教学目标内化

如前所述，教学目标不等同于学习目标。学生只会为自己的学习目标而学，不会为教师的教学目标而学。因为对学生而言，教学目标是外在的。因此，只有当教学目标转化为学生的学习目标时，目标的功能才会得到发挥。因此，教学目标的呈现过程中，学生需要理解、反馈、认同教学目标后，将其内化为自己的学习目标。

第一，理解。教师通过语言、文字、图像等形式，将转译后的学习目标适时、准确地呈现给学生，解释学习目标“是什么”和“为什么”，帮助学生理解与澄清目标的内涵与意义。学生需要每一目标的具体内涵，目标之间的逻辑关系，以及目标对自己的适切性，等等，然后做出判断。

第二，反馈。教学目标呈现的过程中，学生并不是“聆听者”与“沉默者”，学生可以通过神态、语言等方式来主动地表达自己对目标的意见与诉求，与教师共同商定学习目标，让教学目标变成学生认可的、内发的学习目标。这种反馈，学生的主体性已经从“学”的领域逐渐扩展到了对“教”的参与。

第三，认同。在理解与反馈的基础上，学生将教师的“外在的规定”与“自身的内在需求”交互调适，变成自己的“主观追求”。这种认同与共识是学生在教师的指导下自主完成的，而不是被外界所强迫完成的。它意味着学生对教学目标的认同，也意味着学生对学习的自主选择。只有师生形成这种共识后，才能形成一种合力，共同促进目标的达成。

2. 目标呈现的策略

在西方，呈现教学目标是加涅提出的“九大教学事件”之一，是教学活动的重要环节。在我国，呈现教学目标被称为一种教学方法——目标教学法。课堂教学实践表明，教学目标呈现是教师关注度较低甚至被教师无视的一个问题，相关研究也比较缺少。

1）呈现方式

当前的课堂教学中，教学目标的呈现比较形式化，主要表现为：一是呈现的目的只是为了教学结构完整，并未深入思考重视教学目标呈现对自己的教学到底有何价值；二是多数呈现只是把自己教案中的教学目标简单地移植到幻灯片或者导学案中展示出来，或屏幕一闪而过，或教师对本宣科，或学生大声朗读，既缺乏解释，也缺乏互动与反馈；三是呈现方式也比较单一，主要是借助于多媒体课件和导学案进行文字呈现，并且多为集中呈现，很少分散呈现；四是从结果来看，由于很多教学目标是分三维来陈述，条数比较多，学生记不住也理解不透，而导学案上的学习目标，极少有学生真正认真地去看，最终多数学生还是不清楚当前的课堂教学目标。

按呈现的工具不同，可以分为展示呈现、发放呈现与口头呈现等。展示呈现主要是利用多媒体课件或者黑板展示，发放呈现是通过导学案等以书面的形式发放给每位学生，口头呈现是指教师用语言陈述教学目标。并且研究表明，对课堂教学效率的影响由高到低的方式依次是发放呈现、展示呈现和口头呈现，还发现教学目标发放呈现和展示呈现可以弥补班级的劣势因素，放大优势因素（卢晓旭 等，2011）。

有关研究表明，教师过快地呈现教学目标、PPT 上的字密密麻麻等都是学生讨厌的教学品质（邢磊，2010）。因此，如果教师呈现教学目标像“蜻蜓点水”，必然影响学生对教学目标的感知，进而影响其学习效果。

2）呈现时间

教学目标按照呈现的时间可以分为前置目标、后置目标、分散目标。其中，前置目标与后置目标都属于集中呈现。前置目标是指在正式上课之前或者正式开始讲课时呈现。后置目标是指放在有关教学内容的后面进行呈现。分散呈现则是不固定具体的呈现时间，将教学目标分成不同的部分，在各个教学活动或者教学环节中对应呈现。梅尔顿曾比较了不同教学目标呈现方式的有效性。他认为：前置目标和后置目标都能够提高学习效果，但后置目标比前置目标效果更好，且分散目标比集中呈现效果更好（张祖忻，1992）。而我国教育界的观点和做法与此大相径庭。如皮连生教授在其“六步三段两分支”的课堂教学过程模式中明确提出教学目标前置呈现，可以引起学生的注意，激发学生的学习兴趣与动机（皮连生，2000）。在课堂教学实践中，教师也往往习惯于将教学目标前置。

前置目标有利于学习者对学习形成明确的预期，这种期望贯穿于学习的全过程，并且一旦期望被召唤，学生形成学习的定向，并千方百计地去实现它。但是教学前置可能导致的潜在危险是学生只重视或者只关注学习目标中规定的学习任务，而忽视生成性。教师在前置目标的时候，应该提醒学生学习目标是一定要检查的，如果不能达标，还要补教与补学的。时间一长，学生养成按时完成学习任务的习惯，养成学习的自觉性（皮连生，2009）。前置呈现容易出现的误区是：第一，呈现的目标过多过细，且没有指出重点目标与难点目标，显得过于烦琐，学生会无从把握；第二，学习目标的呈现泄露了后面学习与探究的“天机”，让学生过早地获得了探究的结果，失去了探究的激情与动力，成为一种“假探究”。

后置目标往往有两种情况：一是学习一段材料后呈现教学目标，目的是先从感性材料引入，帮助学生建立一定表象，让学习自然而然地从感性材料过渡到理性知识。如在“农业的区位选择”一节的教学中，可通过一些学生比较熟悉的典型地区的农业景观图片引入，先激发起学生学习的兴趣，再呈现出学习的目标，提出学习的要求，学生对目标的认知程度比先呈现教学目标再进行农业景观图片引入的效果要好很多。二是在课堂最后呈现教学目标进行总结。往往有两点功能：一是教师利用教学目标来总结课堂教学，会让学生通过一番探寻与思考，最后水到渠成，豁然开朗，起到画龙点睛的作用。二是利用教学目标来帮助学生反思学习的效果，通过与教学目标的对比，让学生查漏补缺。实践证明，优秀教师在教学中教学目标清晰，紧扣教学目标展开教学，做到开始时说明目标，学习到相关目标时做出强调性提示，结束时再次总结目标。正由于教师反复强调教学目标，大多数学生在学习中表现出明确的学习目标，积极主动地围绕学习目标展开学习，使教学目标成为学生学习的导向，进而转化为学生学习的内驱力（张孔义，2014）。

我国教育工作者的研究表明：分散展示目标的效果优于集中展示目标（郭德俊，2002）。认知负荷理论认为，当学习者觉得任务太多或太难、不太可能完成时，可能会放弃努力，这样，认知负荷反而会下降（孙崇勇和李淑莲，2017）。人的工作记忆容量是有限的，集中呈现教学目标有可能会造成学生认知上的超负荷，而学生这种应对超负荷的消极反应并非是我们期望的。分散目标从某种程度上算是“分步子教学”，则不会给学生太多的压力，并且能避免目标之间的相互干扰，这种呈现如果自然的话，能达到水到渠成的效果。

总之，关于如何向学生呈现目标，教师应根据学生年龄、学科内容特点，灵活采用不同的方式方法（皮连生，2009）。对小学生而言，不是生硬地念教学目标，而是应该告诉学生学习结束后能够获得什么本领，增加哪些技能。对中学生而言，可以直接告诉他们，学习结束后能够解决什么问题。另外，为了教学目标的呈现更有效：在课堂教学伊始，教师可以呈现本节课的学习目标，并做一定的解读，或者在教学过程中，分别呈现每一板块的教学目标；在课堂结束的时候，教师进一步呈现教学目标，帮助学生对学习进行反馈与反思。如此这样，教学目标呈现“步步为营”，才能最大地发挥教学目标的作用。

还有，在课堂实践中，有一些老师在课堂教学开始时会有意无意地表达这样的话语“同学们，今天我们要学习的内容是……”其实，也算是教学目标呈现的萌芽阶段，但教学内容明显不同于教学目标，因此，教师应当进一步将无意识地呈现教学内容变为有意识地呈现教学目标，让教学目标对学生可见，养成教学目标呈现的意识与习惯。

总之，让地理教学目标转化为学生的学习目标是地理教学目标达成的重要环节。地理教学目标转化为地理学习目标，可以促进学生成为自主学习者，可以实现地理教学民主化。目标转化包括目标改造与目标呈现两个环节。前者属于形式转化，教师通过解释、形象、质疑等方式让教学目标“可懂”；后者属于实质转化，教师通过解读、反思、调整等方式让教学目标“可见”，从而促进教学目标被学生“内化”，真正地激发学生的学习动机，实现从“他主”变为“自主”。

第七章 执行系统：地理教学策略的选择与实施

地理教学策略是执行系统，是地理教学目标达成的具体实施过程，也是地理教学目标达成的关键，它直接决定教学目标能否达成。地理教学目标的设计与转换是筹划的过程，地理教学策略的选择与实施是执行的过程。地理教学目标设计完成后，学生需要在主体性的活动中完成发展，教学目标要在活动中达成。从地理教师的角度，不妨称这种能动性的活动为地理教学策略。地理教学策略是对达成地理教学目标最佳途径的选择。地理教学目标通过地理教学策略的实施从“应然”走向“实然”。换言之，教学策略是为了达成教学目标，对教学活动的筹划和执行过程。达成地理教学目标，是地理教学策略制定和实施的宗旨。

作为两栖科学，地理学既要探索自然规律，又要昭示人文精华，还要研究区域综合。自然地理明显带有“自然科学”的特点，而人文地理更具有“人文与社会”科学的特点，而区域地理则是地理综合性的完美体现。地理学科是中学课程中唯一横跨“人文与社会”和“科学”两个学习领域的学科，具有在学科内部实现“科学与人文”融合的基础与优势。因此，自然地理、人文地理及区域地理各有特点，应采取不同的教学策略。

本章将主要探讨三个问题：第一，自然地理应采取怎样的教学策略来达成教学目标？第二，人文地理应采取怎样的教学策略来达成教学目标？第三，区域地理应采取怎样的教学策略来达成教学目标？笔者将从适配的角度，先探讨自然地理、人文地理、区域地理各自的核心教学目标，然后研究其适配的核心教学策略，再探索其具体的教学策略。

第一节 自然地理教学目标达成的主要教学策略

自然地理研究地球表层的自然地理环境，包括人周围“气、水、土、生、地”的物质与物质运动，以及由“气、水、土、生、地”错综复杂的相互关系共同构成的自然环境（杨达源，2012）。自然地理具有很多自然科学的共同特点，如知识之间的联系比较密切，即俗话说的“一环套一环”。另外，从致知方式来看，人类获取自然知识经常采用观察和实验的方式，对自然事实和自然现象进行记录和叩问（陈佑清，2011）。地理学者常言“大地是地理工作者的办公室，游山玩水是地理工作者的本职工作。”自然地理学研究方法通常包括野外观测与地理实验。野外观测是自然地理特有的研究方法，通过野外考察认识地理现象、验证地理假设、证实地理原理。地理实验也是自然地理学的重要研究方法。但是由于自然地理环境的复杂性，地理实验又有别于其他自然学科的科学实验。

中学地理课程中的自然地理从“地对人”的影响出发，着重研究地球表层的结构及其发展变化规律。初中地理课程中的“地球与地图”、高中地理课程必修模块中的“地理 1”、选修Ⅰ模块中的“自然地理基础”，选修Ⅱ模块中的“天文学基础”“海洋地理”“自然灾害与防治”“地理野外实习”等都属于自然地理。初中自然地理知识主要包括一些地理感性知识，如地理名称、地理数据、地理景观、地理分布等，很少涉及地理原理，其根本原因是初中地理课程是一门“基础课程”，“原则上不涉及较深层次的地理成因问题”（中华人民共和国教育部，2011）。而高中自然地理侧重理性认识，主要包括一些地理原理等。

一、自然地理的地位

首先，自然地理在中学地理课程中占有很大的比例。初中地理 4 个模块中占了 1 个，高中地理 14 个模块中占有 6 个，其他模块也与自然地理有着千丝万缕的联系。其次，自然地理是高中地理课程的基础。人类对自然地理环境的影响，以及区域开发与发展都应该尊重自然环境的发展规律——这是地理学的核心思想。高中地理课程曾明确提出“自然地理”“人文地理”“区域地理”是递进的关系，学习“人文地理”和“区域地理”必须以“自然地理”为基础。再次，自然地理对于培养学生的地理素养具有不可替代的作用。自然地理是学生学习地理基本知识、掌握地理基本技能和地理学习方法，形成基本地理思维，养成地理素养，形成正确的全球意识，培养科学的宇宙观和可持续发展观念的重要途径（陈澄，2006）。

二、自然地理学习的特点

首先，自然地理学习抽象性强。第一，自然地理事物具有宏观的“空间格局”。地理现象研究毫米量级的土粒到全球 5.1 亿 km^2 地理现象的变化，横跨 14 个数量级（马蔼乃，2007）。如水循环等自然环境中的物质运动与能量交换都是在全球尺度的“大空间”进行的。第二，自然地理过程时间跨度长。地理时间从秒、分、时、日、月、年到十年、百年、千年、万年、百万年、亿年等，跨越 12 个数量级。“气、水、土、生、地”五大地理要素的物质与能量的循环与交换，都是时间跨度非常久远的过程。如气压带、风带的移动、水循环等更是长时间尺度（至少以亿年为单位）的变化结果。第三，自然地理环境极端复杂，而研究手段相形见绌。当代所有先进的学科理论和技术手段，面对地球表层系统都显得幼稚无能（陈国阶，2003）。最大的难点在于用定量的动态的变量、系数和表达来描述系统的有序度和变化范围、变化速度、变化方向、变化结果（陈国阶，1985）。学生既无法亲身感知，也无法通过现代科技来准确地模拟这些地理过程，地理表象难以形成。

其次，自然地理的学习对学生的思维要求较高。第一，自然地理的学习，既讲“地”，更讲“理”。如高中“地理 1”模块的 18 个“内容标准”中涉及 16 个基本原理的学习。对学生的概括、分析与比较的思维要求较高。第二，地理尺度的不断转换。尺度是地理学的核心概念之一。从广义上讲，尺度是指研究对象在时间或空间方面的基准尺寸。地理尺度包括空间尺度与时间尺度，地理时空组合更具有复杂性。第三，自然地理规律中特例比较多。虽然地理学也追求类似数学和物理学中那种普遍适用的一般法则，但实际上地理学中的一般法则却很少。对地理学家而言，发现一般法则是千载难逢的事（单之蔷，2012）。如一般大河的入海口容易形成三角洲，而刚果河入海口没有形成三角洲。总之，无处不在的特例让学生的地理学习变得复杂起来。

总之，自然地理比较抽象，对学生的思维要求较高，若没有适当的教学策略，学生会感到枯燥无味。此外，据调查，大多数教师认为影响高中自然地理知识教学的最重要的因素是“学生的基础和兴趣”（易桂芳，2011）。而初高中地理课程的断层造成高中自然地理学习可能存在一定的困难。

三、自然地理的核心教学策略

自然地理学属于自然科学。“科学的核心是探究”（中华人民共和国教育部，2011），因此，探究可以作为自然地理教学最核心的教学策略。《美国国家科学教育标准》指出：“科学探究也指学生用以获取知识、领悟科学的思想观念，领悟科学家研究自然界所用的方法而进行的各种活动。”显然，探究强调三个问题：一是探究始于地理问题，问题激发探究；二是探究过程不可能是被强迫的活动，它是以学生积极参与为前提的；三是探究是探索未知的过程、发现的过程、实践的过程。探究学习的主要特点是让学生自主认识地理事物、地理现象，通过探究自然的过程获得地理知识，而不仅仅背诵现成的结论性知识（陈澄 等，2012）。

（一）探究的基本过程

学界对探究过程的研究，划分为以下三种类型。

一是直线型，如 Finley 和 Pokovi（2000）提出的“科学探究过程的线性模型”（图 7-1）与由美国神经科学家、科学教育家 Landsman（2005）提出的科学探究模型（research investigation process，RIP）（图 7-2）。后者由于具有更强的操作性，目前已被美国科学教师联合会推荐为可资选择的科学探究模型（袁维新，2013）。

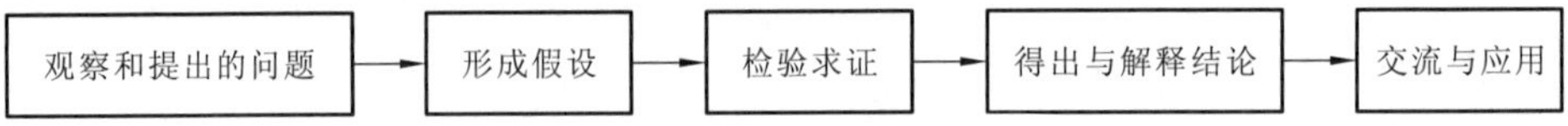

图 7-1　科学探究过程的线性模型

图 7-2　科学探究模型

二是车轮型，由 Reiff、Harwood 和 Phillipson 在 2002 年提出（图 7-3）。该车轮模型中包含 10 个活动，其中有 9 个活动都以问题为中心，活动与问题之间是双向的。

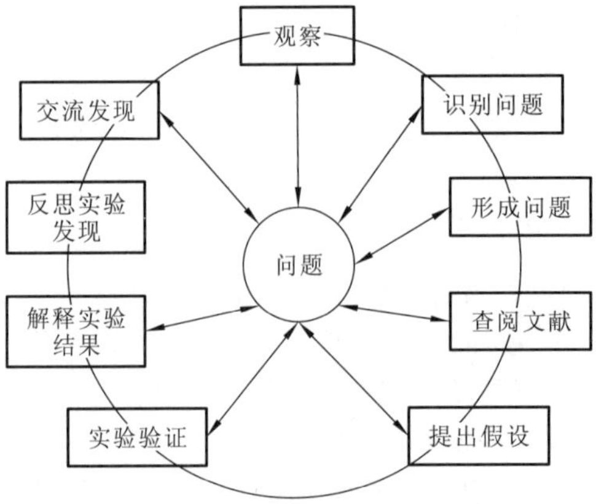

图 7-3　探究过程的车轮模型

三是循环型。由 David（1995）在“科学教学研究国际协会年度会议”报告中提出。该模型由疑惑、收集数据、研究数据和做出联系四个相互关联的部分组成（图 7-4）。

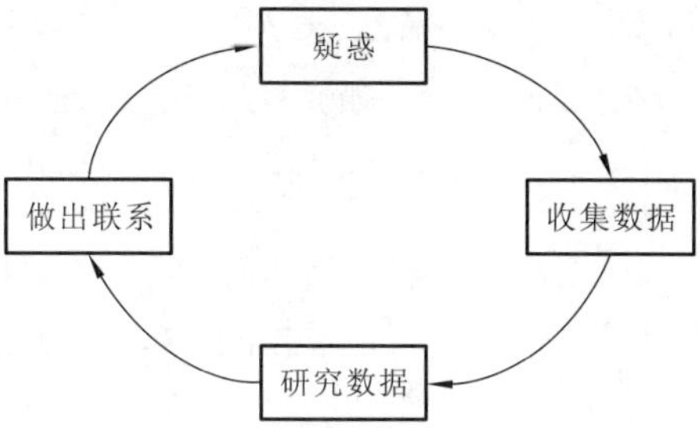

图 7-4　探究过程的循环模型

总之，探究没有固定的模式，但是具有一些共同因素：第一，学习者围绕科学性问题展开探究活动；第二，学习者获取可以帮助他们解释和评价科学性问题的证据；第三，学习者要根据事实证据形成解释，对科学性问题做出回答；第四，学习者通过比较其他可能的解释，特别是那些体现出科学性理解的解释，来评价他们自己的解释；第五，学习者交流和论证他们所提出的解释（“科学探究性学习的理论与实验研究”课题组，2001）。

（二）探究与自然地理教学目标之间的适配

事实上，“探究”的本质是不把构成教学目标的知识、技能、态度等直接告诉学生，而是创造一个情境，让学生通过观察、实验等手段去探索未知。总之，探究是一种模拟性的科学研究活动。但这种活动首先学生是主体，学生要进行主动建构，在这一探索未知的过程中，学习者要进行多种类型的活动：观察，提出问题，设计调查方案，收集信息，分析信息，解释与预测，表达与交流探究结果。此外，教师要进行引领、促进、答疑、组织、监控、评价等多方面的引导。它主要包括的教学方法有发现法、问题解决法等。探究教学在自然地理教学中也具有广阔的实施空间。一些较难的自然地理知识是地理学科核心素养的重要养分。自然地理知识对学生的思维能力和空间感知的能力要求较高，仅靠传统的讲解难以将自然地理知识讲解深透。通过探究，一是不仅可以将自然地理知识学习得透彻，还可以激发学生的求知欲，保持思考的动力；二是让学生在探究的过程中体会地理探究，学会探究的方法，学会地理思维；三是在探究的过程中弘扬科学精神。探究本身就是一种过程，或者说是地理课程标准要求的“过程与方法目标”。总之，探究有利于地理三维教学目标的整体实现。

值得一提的是，探究不仅仅可以匹配地理过程与方法目标，匹配地理知识目标，还可以匹配地理技能目标。如在训练型探究中，表面上看似是发现知识、解决问题或者表达观念，但实质上是培养从事这些探究活动所需要的某种技能。训练型探究通常以游戏或角色扮演的形式进行（表 7-1）（李亦菲和杨宝山，2002）。

表 7-1　探究的类型

类型	目标
发现型探究	发现探究对象的特点、性质和规律等方面知识的探究活动，涉及的对象包括自然现象、社会现象、心理现象、人造事物及各种符号体系

续表

类型	目标
应用型探究	解决各类具体问题而进行的探究活动
表达型探究	表达抽象的观念或描述复杂的事物而创造形式化表达方式的探究活动
训练型探究	培养某种技能，通常包括特定领域的认知和操作技能，以及一般性的学习技能两个方面

总之，探究是自然地理的核心教学策略，具体而言，针对“地理原理”的核心目标，可采取野外观测、实验等教学策略，而针对“地理技能”核心目标，可采取练习等教学策略。

四、以“理”为核心目标的自然地理教学策略

自然地理的教学中，“地”是“理”的前提与基础，“理”是“地”的升华与提高。不掌握一定数量的地理事实就无法理解地理原理，同样不掌握地理基本原理就很难了解地理现象的本质。当然两者不是并列的，后者尤为重要（瞿葆奎，1990）。自然地理中的“理”，既是高中自然地理教学的“难点”与“核心”，也是高中自然地理教学的“魅力”与“价值”。首先，在高中自然地理学习中，地理原理占据极大的比例，占据重要的地位，地理原理是中学地理教学的核心内容之一；其次，在地理原理的学习过程中包含着地理感性知识的学习；还有在高中自然地理学习的过程中，有很多地理感性知识的学习，其最终目的还是掌握地理原理。因此，笔者不单独探讨自然地理感性知识的学习，而是重点探讨以“地理原理”为核心目标的地理教学策略。

（一）地理原理的概念澄清

一般认为，原理的陈述形式是命题，原理以概念为基础，原理是方法的基础。地理教育界大致认同地理原理应该包括地理规律、地理特征、地理成因等。但在地理原理是否包括地理概念方面存在争议。一种狭义的定义认为地理原理不同于地理概念。如陈澄（2000）认为“地理概念是用词表示的，而地理原理是用命题即表达判断的句子的形式来表示的，所以地理原理要比地理概念更加复杂。而一种比较广义的定义认为地理原理包括地理概念，如褚亚平和曹琦（1985）认为中学地理知识可以分为地理感性知识和地理理性知识。地理感性知识主要是指地理事实性知识，而地理理性知识简称“地理原理”，它是反映地理事物的本质特征和内在联系的地理基础知识，包括地理特征、地理概念、地理规律和地理成因等。陈亚颦（2007）、陆希舜（1992）、李晴（2015）等都持有类似的观点。因为自然地理概念往往是与地理规律交织在一起的，地理规律的学习过程包含了地理概念的学习，且地理原理的掌握过程也和地理概念的形成过程相似（陈澄，2000），所以本书所指的地理原理属于广义的概念，包括地理概念、地理规律、地理特征、地理成因等。

通过地理原理的学习，学习者能够了解一些地理概念之间的关系，能够对一些地理现象进行解释，还能预测一个变量发生变化将会出现什么样的情况。

（二）自然地理原理的学习特点

第一，地理概念与地理原理叠加。地理原理不像数理化学等学科的原理那样明显，往

往比较隐蔽，稍不留意就当成地理事实去教。另外，地理概念总是镶嵌在地理原理之中，很难区分地理概念与地理原理。如“热力环流”，既是地理概念，也是地理原理。不分析热力环流的形成机制，就很难理解“由于地面的冷热不均而形成的空气环流”这 热力环流概念的内涵，更难理解不同空间尺度的热力环流，因而难以掌握热力环流概念的外延。

第二，过程原理与因果原理耦合。过程原理是连续的自然事件，因果原理是两种或多种变化之间的因果关系（盛群力和马兰，2006）。自然地理往往既要研究地理事物与地理现象的时空变化规律，也要研究其变化的原因，不了解其变化的原因就很难分析其过程。如图 7-5 所示，热力环流的学习，受热不均是根本性条件，导致空气的垂直运动，空气的垂直运动又导致大气水平气压的差异，大气的水平气压差异又是导致大气的水平运动的直接原因。显然前一过程是导致后一过程的直接原因。原因与结果环环相扣。因此热力环流形成原理的学习既包括过程，还包括原因。

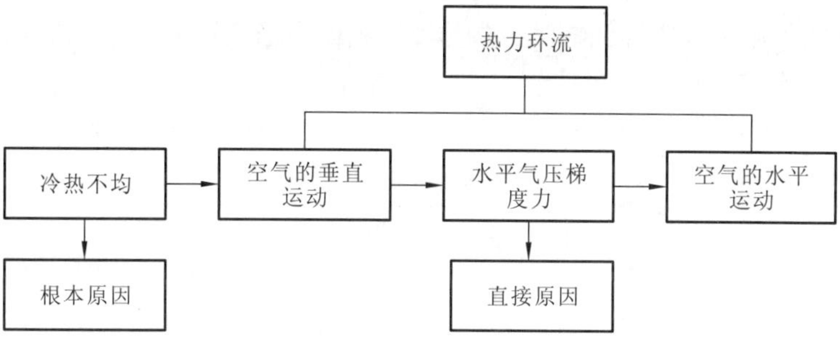

图 7-5　热力环流形成过程

第三，逻辑思维与形象思维的融合。思维涉及在头脑中考虑一个问题的一般过程，而逻辑是思维的科学（乐国安，2001）。逻辑思维是当人们面对理论性质的任务，并要运用概念、理论知识解决问题时的思维；形象思维一般指人们利用头脑中的具体形象（表象）来解决问题的思维。自然地理学与数学、物理学等不同，后者是从现象中抽象概念，然后在概念与概念的推理中求得新概念，抽象再抽象，直到得出公理。而地理学则是从野外的景观中抽象成概念后，必须还能将抽象的概念与实际的地理现象相对应。因此，在学习自然地理的时候，既要能图解概念与规律，也要看到地理现象，还要能抽象成概念与公式。

（三）自然地理原理的学习过程

学是教的基础，采取怎样的教学策略要依据学生地理学习的过程与机制。如图 7-6 所示，自然地理原理的学习包括两个基本阶段：一是自然地理原理的获得，二是自然地理原理的应用。其中，自然地理表象是自然地理原理学习的起点，概括自然地理原理是关键，应用自然地理原理是归宿。

1. 自然地理原理的获得

一般说来，如图 7-7 所示，地理过程原理的获得可以通过呈现（尽可能动态演示）原型例子和概括描述实现，并且二者往往是同步的。如水循环的过程，可以一边动态演示水循环的过程，一边描述和标明整个过程的各个独立环节，并清晰地指出每个阶段的开始和结束，以及各环节的连续性。地理因果原理的获得同样也包括例子呈现与概括两个环节。

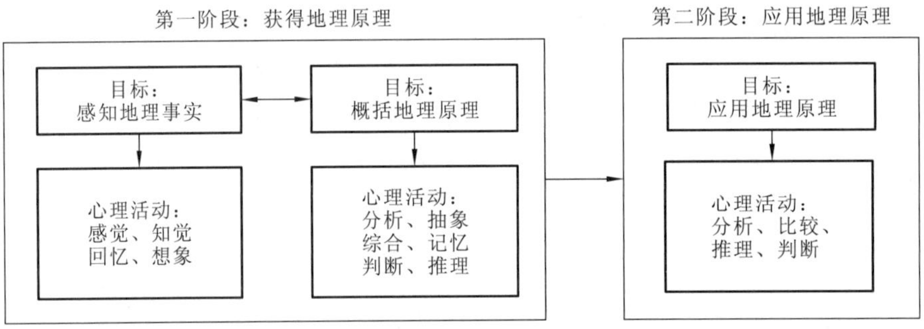

图 7-6　自然地理原理学习的过程

但两者的呈现时间不一。如果例子呈现在先，概括在后，则为归纳途径，相反则为演绎途径。另外，如图 7-8 所示，在例子呈现环节，如果仅仅让学生观察知识之间的原因与结果，则是观察性的呈现，学生参与度不高，若是学生不仅观察原因和结果，学生还能通过改变原因来观察结果，则是探究性的，学生参与度较高；在概括环节，既可以是教师讲解性的概括，也可以学生发现知识。

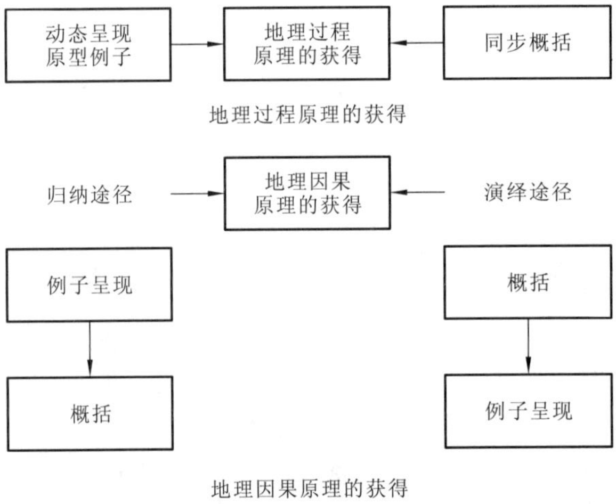

图 7-7　自然地理原理获得的不同方式

	没有参与	积极参与
例子呈现	观察性呈现	探究性呈现
概括	讲解性	发现性

图 7-8　自然地理因果原理获得的分类

1）例子呈现

地理原理是学生在感知地理事实的基础上通过更加深入的分析、综合、比较、抽象、概括等心理活动来发现地理事物必然的、本质的联系。换言之，地理原理的掌握必须基于地理事实的感知。学生的认知一般是从现象到本质的，倘若学生无法正确地进行地理感知，会使地理原理的学习失去感性认知基础，阻碍后续的地理原理概括。如在学习“海陆风的形成原理”时，部分学生怎么都学不会，老师不知道怎么办，如何启发他们的思维，其实是学生没有经过“形象思维”训练，还不知道什么是海陆风，教师却催促他们快些过渡到抽象思维——掌握海陆风形成的原理，根本原因是教师操之过急，形象思维与抽象思维相脱节。换言之，思维发展的顺序是从形象思维到抽象思维。没有足够的形象思维，学生学习地理概念与地理原理时困难重重。

感知地理事实包含着两个连续性的心路历程：一是由生理为基础的感觉器官接受外界刺激而产生感觉，二是由脑的功能将感觉转化为知觉。在地理原理的教学中，教师可以利用地理图像、地理模型、地理视频、地理实验、地理观测等刺激学生的视觉、听觉、味觉、嗅觉等。例如，关于太阳直射点的移动规律，教师往往是用地球仪在全班同学面前展示或者利用动画展示地球的运动，让学生观察太阳直射点运动，最终让学生发现其中的规律。总之，地理教师可以开发各种课程资源，刺激学生的各种感觉器官，形成对地理事物的“感觉”。相反，学生的“知觉”是以学生原有的经验为基础，对环境事物的主观解释，它是对学生“感觉”的再加工，对感觉收集到的信息进行选择、组织和解释，它比“感觉”要复杂得多。这一阶段的具体策略包括：对学生而言，例子呈现是学生感知地理事实，建立地理表象的过程。学生的地理认知一般是从现象到本质，在感知地理现象的基础上通过更加深入的分析、综合、比较、抽象、概括等心理活动发现地理事物必然的、本质的联系。对教师而言，例子呈现就是设置情境与提出问题的过程。《普通高中地理课程标准》（2017 年版）明确指出“将完整呈现问题和相应情境作为学生学习的基础和背景，避免将情境仅作为‘导入’的做法，引导学生在充分理解情境的前提下展开学习。”换言之，在地理教学过程中，应当将地理知识（包括自然地理原理）情境化，因为情境是地理知识转化为地理核心素养的基本途径。同时，问题与情境总是如影相随，问题不能凭空产生，总是发生并隐藏在某个情境之中。反之，没有问题的呈现，地理情境的设置就失去了教学意义。

（1）创设情境

地理核心素养本质上是指在复杂情境下解决地理问题的能力。地理核心素养的养成不能脱离具体的情境，它的发展、养成与表现必然基于情境中复杂问题的解决，进而嵌入具体的情境。情境学习理论认为，学习者在情境中通过活动获得了知识，学习与认知本质上是情境性的。为培养核心素养，教学应该“由‘抽象知识’转向‘具体情境’，注重营造学习情境的真实性。”（陈佑清，2005）地理原理虽然都反映、承载一定的地理事实，但它是地理事实的浓缩、抽象与概括，是简化与剥离情境之后的抽象，是抽掉具体时间与空间后的“普遍真理”。相反地，地理情境则赋予地理原理真实的时间与具体的区域，还原了地理原理在现实中的真实面目。通过感知，学生学会的知识不是惰性的，而是有活性且能够迁移的。有了感知，才能进行分析、综合、比较、抽象、概括。总之，地理高阶思维的形成既依赖于感知，还有赖于新情境中的知识重构，甚至顿悟和默会。

过程原理可采取直观演示、野外观测等教学策略。前者主要包括图片、模型、动画等演示，尤其是随着现代信息技术的发展，VR、AR 等技术在地理教学中的应用，将虚拟的世界与真实的环境进行交互与叠加，可以解决地理环境过于宏观而复杂、地理问题过于抽象而综合的问题。如“冷锋的形成过程”，可以通过 Universe Sandbox2 软件，让学生佩戴 HTC Vive 立体显示头盔，应用环绕声耳机使学生感受冷锋形成的动画模拟过程。又如“昼夜长短的变化”，AR 技术可以进行立体、平面之间的相互转化，全方位多角度地帮助学生直接观察到昼夜长短的纬度与季节变化规律。此外，观察是科学研究最重要的方法，野外观测是自然地理学研究最重要的方法，也是自然地理原理学习最重要的方法。如“正午太阳高度变化规律”的教学，可以让学生通过观测影子在不同时间的长短变化来分析正午太阳高度的变化。

因果原理可采用地理实验等教学策略。因为地理实验除了演示功能，更加注重对不同要素、不同现象关系的研究。实验的目的是让学生掌握控制变量比较差异的科学方法，训练科学严谨的科研过程，提升认真严谨、科学求实的科学品质（韦志榕和朱翔，2018）。值得注意的是，与教师演示性的实验相比，学生自己动手的地理操作性实验是更为理想的状况。因为身体参与是实践学习的核心要义，是地理实践力形成的机制。当作为主体的学生将身体参与到教学中，可以调动自己所有的感官，用眼睛去看，用耳朵去听，用嘴巴去说，用手脚去做，用心灵去感悟，从而不仅会理解和领会地理原理，还会体验地理原理的实际意义。

（2）提出问题

情境不是学习产生的根本原因（尽管学习是需要情境的），产生学习的根本原因是问题。设置情境只是让学生感知了地理现象，但要想学生主动进入学习，深度参与学习，还需进行问题探究。现代教育心理学的研究表明，学生的学习过程本质上是一个提出问题、分析问题、解决问题的过程。问题既是地理学习的起点与动力，解决地理问题是地理学习的主线。问题又是地理学习的结果，通过学习来生成问题，通过发现问题、提出问题、分析问题、解决问题来完成学习。

对于过程原理，可以提出地理判断类问题。即判断地理过程发生的环节或者阶段，主要回答“发生的过程是怎样的”。这一类问题的关键是事件发生的先后顺序。如关于“河流堆积地貌”内容，可以先展示一幅我国西北地区的山麓冲积扇图片，然后提出问题“山麓冲积扇是如何形成的呢”。其答案包含了“携带、搬运、堆积”三个外力作用过程的时间顺序，以及从“山区”到“出山口”两个空间顺序。另外，如前所述，由于过程原理与因果原理相互叠加，在回答这一类问题的时候，要将因果关系与时间关系相结合，这样描述“由于在出山口时地势突然趋于平缓，河道变得开阔，水流流速减慢，故河流搬运的物质逐渐在山麓地带沉积下来”。

对于因果原理，可以提出地理解释性问题。即解释不同地理要素、地理现象之间的关系，主要回答“为什么会这样”。如在学习“热力环流”之前，先创设情境，给出当地市区与郊区白天同一时间的气温数据，以及酷暑市民去郊区度假的照片，然后提问学生“为什么市区气温比郊区高”，从而引发学生的思考。这就是利用生活现象创设情境，然后针对情境提出问题，引导学生思考这一现象产生的原因，从而得出其背后的地理原理。

总之，情境与问题应该是相互对应的，即问题提出一定要针对之前创设的地理情境。否则情境创设毫无意义，提出的问题成了无源之水，学生无法思考，原理概括无法进行。

2）原理概括

一方面，在讲解自然地理过程原理的时候应注意：第一，重点概括地理过程中的关键节点，明确这一过程能否划分为几个明确的阶段，各个阶段划分的依据是什么。第二，明确这一过程的起点与终点，尤其是作为一个完整阶段的起点与终点。第三，地理事物的演变过程都是连续性的，可通过想象完成其他的过程。如昼夜长短的年变化规律，一般只选取春分、秋分、夏至、冬至四个典型的时间。其他时间段需要学生发现其中变化的规律进行想象与判断。另一方面，在讲解自然地理原理因果关系的时候应重点概括地理过程所需的条件及其后果。并且要在若干不同的情境中展示这一过程，以便学生能在新的问题情境下分析欠缺的条件及预测相应的结果。如热力环流这一原理的学习，首先要让学生明确受热不均是热力环流的根本条件，以及受热不均导致的后续结果。同时还要分析各种新情境下受热不均如何形成热力环流。

此外，因果原理往往反映了地理要素之间的相互关系，过程原理则反映了地理时空的综合。地理因果原理与地理过程原理的叠加更是体现了地方的综合。自然地理原理都存在于一定的时间与空间内。落实到地球表层就是具体的区域。因此，自然地理原理的教学必须结合区域。

（1）结合区域

区域既是地理学的基本视角，也赋予了地理原理以情境，让地理原理更加鲜活、更为具体，而不是虚无缥缈的虚拟空间。结合区域不仅给学生提供了一个真实的、复杂的情境，而且能进一步强化学生对具体区域特征的认识。

结合区域是过程原理教学的内在要求。因为地理过程体现了地理要素、地理现象在“时间断面”的变化过程，但这种变化的内涵实质上是空间的转换，即随着时间的推移，空间发生转换、变化。如水循环过程看似是时间的变化，实则是水的三种形态在不同空间上的变化。因此在进行水循环过程原理教学时，教师可以结合当地的河流，如钱塘江流域图，提出问题“水的来源是什么?用简单示意图说明来源”，由此引出水循环的主要环节。

将因果原理置于具体区域中分析，可以将抽象的原理与具体的生活世界相联系，让地理原理产生意义，激发学生的学习动机，加深学习者对自然地理原理的理解与体验，加强区域认知，形成综合性思维。又如“气压带风带对气候的影响”属于地理因果原理，倘若教师空谈气压带风带对气候的影响，而不落实到区域，学生将无法形成完整的“地理位置—太阳辐射—气压带与风带—气候（特征与分布）”气候形成因果链，不能完整地认识地理要素之间的相互关系，更无法建构起世界气候类型分布图。

结合区域包括两个层面：一是描述地理原理发生的地理位置与空间分布范围，帮助学生建构地理原理发生的宏观空间格局。如在“气压带风带对气候的影响”一节中，教师应首先让学生找到热带雨林分布的大致位置与空间范围，然后再分析赤道低气压带如何影响热带雨林气候的形成。因为这是地理认知建构与地理思维形成的第一步，也是后面原理学习的基础。二是落实到地理原理发生的具体区域，帮助学生加深对区域特征的认识，为之后区域联系、区域发展的学习奠定基础。如在讲解热带雨林气候的形成时，可以结合亚马孙河流域进行具体分析，为后面人教版必修 3“森林的开发和保护——以亚马孙热带雨林为例”的学习做好知铺垫（刘学梅，2019）。

（2）关注特例

概括地理原理的时候，尤其要注意地理一般法则与特例（特殊性描述）的辩证关系。地理学追求类似数学和物理学中普遍适用的一般法则，但地理学中的一般法则很少。对地理学家而言，发现一般法则是千载难逢的事（单之蔷，2012）。地理原理是“一般法则”，具有普适性和可迁移性。而“特殊性描述”是“一般法则”下更具体、更细化的描画，更具个性的事物或特征。它要具有独特性、典型性、条理性和启发性的特点，可以是针对某一特定时空范围内地理规律、原理、方法、知识点等（王向东和袁孝亭，2014）。一般法则可以帮助学生形成清晰的知识脉络和地理视角，而特殊性描述则更能体现区域的差异性及地理的综合性，有利于提高学生的区域认知与综合思维。因为地理学科的特殊性描述就是对一般法则更个性、更具体的介绍，是在一个具体区域内，对无数个组成因子在相互关联性下的复杂变异性的研究（R.哈特向，1959）。换言之，特例（特殊性描述）实则不“特”，它是在“一般法则”下发生的复杂变异，其产生的根本原因不是单一地理要素影响的结果，而是多个地理要素在不同的具体区域形成了不同的组合，以及地理要素自身随着时间进行动态变化。

地理特例主要包括两类：与地理原理相冲突；与地理原理不一致。二者都是地理理想模型走向现实世界或者是地理事物、地理现象综合发展变异的结果。如“气压带风带的形成对气候的影响”，按照教材的表述，“热带雨林气候”主要分布在“赤道及其南北两侧”。但事实上，有些地区如东非高原的大部分地区虽然位于“赤道及其南北两侧”，但由于地势高等原因，却不属于热带雨林气候——这与地理原理相冲突；而有些地区如位于南回归线附近的马达加斯加岛东部虽然没有位于“赤道及其南北两侧”，但由于受地形、洋流等因素的影响，属于热带雨林气候——这与地理原理不一致。因此，在讲解地理原理时应结合地理特例，可以进一步帮助学生深刻理解地理原理，分析主导因素与次要因素，从而进一步帮助学生形成地理综合思维。

（3）利用图表

地图是区域的符号表征。利用地理图表进行地理原理的概括既是地理学科的特色，又是地理探究思维形成的基本过程，更是综合思维形成的基本途径。人们对地理事物、地理原理的理解，基本是以图像为表征的。地理图表在地理探究中具有举足轻重的作用。地理图表主要包括地图、地理示意图、地理统计图表等。在地理教学中，地理图表可将复杂的地理原理“可视化”，言简意赅，直观形象，能突出中心内容，尤其适合表现与概括那些抽象复杂的地理原理。一方面，地理图表也适宜反映地理因果原理，能有效地表现地理事物之间的关系（图 7-6）；另一方面，地理图表可以反映地理过程原理，表现地理事物的演变规律（图 7-9）和分布规律（图 7-10）。

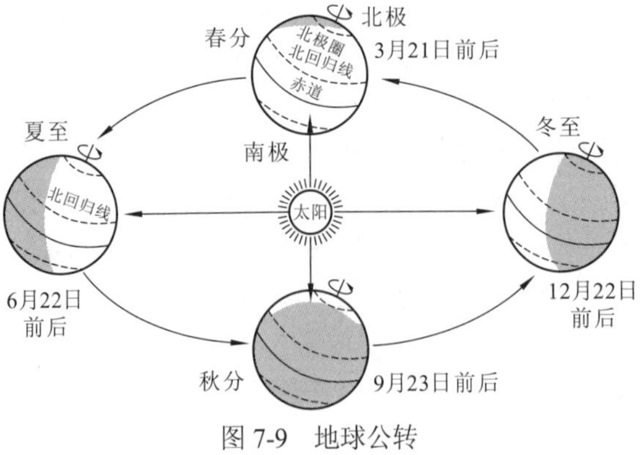

图 7-9　地球公转

2. 自然地理原理的应用

地理原理的陈述不等于地理原理的应用。能够陈述原理本身并不代表学习者已经学会了原理。只有能够应用原理才表明学习者学会了原理。同时，地理原理学习不等同于地理程序学习。程序往往是一系列步骤、原理的简化。例如，在讲解“热力环流”的原理时，教师面临两种选择：是作为一种程序来学习，还是作为一条原理来学习呢？显然，作为程序

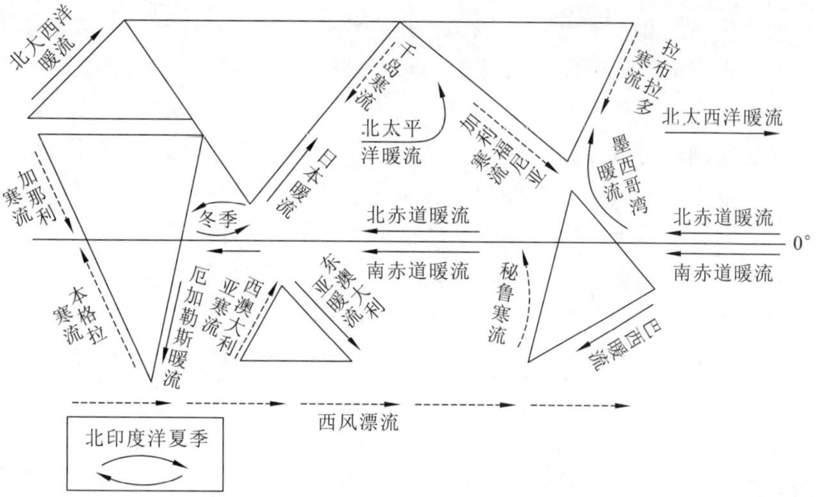

图 7-10　世界洋流的分布

学习的“热力环流”简化了其形成过程，它强调的是简单的步骤，而作为原理来学习时，侧重的是原理的广度与意义性。因此，在教学时应将两者相结合，学生只有通过学习与相关概念相联系的原理，才会真正理解程序的意义。应用原理即学习迁移的过程。“应用”是将内化了的知识外显化、操作化的过程，也是将间接经验直接化、将符号转为实体、从抽象到具体的过程，是知识活化的标志，也是学生学习成果的体现（郭华，2016）。地理原理的获得是陈述性知识的形成过程，地理原理的应用是从知识向能力转化的过程。地理原理的应用能够检验学生是否真正掌握地理原理，且只有能够应用原理才表明学生学会了原理。变式是地理原理应用阶段的核心教学策略，具体方式包括举例、解释、预测。

1）举例

教师通过讲解和示范告诉学生其他地理原理应用的例子。如学完热力环流的形成原理后，教师进一步讲解海陆风、山谷风、城市热岛效应等热力环流的变式，帮助学生进一步理解海陆风的形成原理。热力环流实质是一种剥离了具体时间与空间的理想模型，而海陆风、山谷风、城市热岛效应等均是热力环流原理在地理环境中的真实面目。

2）解释

通过教师问询让学生在新情境中使用已有的原理对新的现象进行说明和阐释。与举例不同的是，虽然教师也举例，但解释的主体是学生而不是教师。对于过程原理，可以让学生解释整个地理过程的发展过程；对于因果原理，可以给出一个具体的结果，要求学生解释其具体原因。

3）预测

预测是指人们利用目前已经掌握的知识和技术手段，对事物未来的发展状况进行预先推知和判断的活动（萧浩辉，1995），即回答“将来会如何”。《普通高中地理课程标准》（2017年版）对地理学的作用进行了重新定位——除了服务现在，还要解释过去和预测未来。高中自然地理原理的学习，不仅要学习者能够了解一些地理概念之间的关系，能够对一些地理现象进行解释与描述，还需要能推测一个变量会发生什么变化、将会出现什么样的情况，即运用已经掌握的地理原理来推测可能出现的变化趋势与发展规律。

过程原理的预测，主要是依据地理空间动态过程规律作趋势预测、周期预测、变异预测等（黄妍和袁孝亭，2015）。教师可以给出地理过程的某一个环节，让学生预测下一个环节。如让学生分析城市地面硬化会直接影响水循环的哪些环节，产生哪些影响。或者从总体上让学生推理或判断地理事物、地理现象未来的发展趋势、运动周期等。

因果原理的预测，可以改变一个条件，让学生预测可能导致的结果。一般说来，自然地理因果原理应重点概括所需的条件及其后果。且要在若干不同的情境中展示这一过程，以便学生能在新问题情境下分析欠缺或者改变的条件并预测相应的结果。如让学生推测黄赤交角变大正午太阳高度会如何变化，从而进一步帮助学生理解黄赤交角与正午太阳高度之间的关系。总之，预测的目的不在于预测结果的准确性，而在于让学生体验预测过程，能够应用地理原理进行大胆推测与想象、判断，形成自己的观点并有理有据地阐述自己的见解，提高地理语言表达的能力与科学论证的素养。

总之，高中自然地理原理的学习目标不是掌握地理原理本身，而是通过原理帮助学生养成地理核心素养。核心素养背景下高中自然地理原理教学的一般过程是：先创设生活情境；然后针对情境提出地理问题；学生通过思考、分析来解决地理问题，教师则结合区域、关注特例、利用图表来概括地理原理；最后，教师还要通过举例、解释、预测等方式来帮助学生应用地理原理。此外，影响学生学习自然地理原理的因素有很多，如原理本身的复杂度，内含地理概念的多少与难易程度，已学地理概念的掌握程度，学生的生理年龄及其思维水平，教师的教学策略等。从教的角度，应该根据学生的心理发展水平，调整教学策略。

（四）自然地理原理的主要教学策略

按照不同的教学阶段，如图 7-11 所示，其采用的教学策略也有所不同。例如：在感知地理事实阶段，可采取以直观为主的教学策略，如地理野外观测、地理实验、地理模型演示等；在概括地理原理阶段，可采取以图表为主的地理教学策略，通过图表来概括地理原理，也可采用问题解决与发现的教学策略，让学生自主去发现和概括地理原理；在应用地理原理阶段，可采取举例与练习的教学策略。

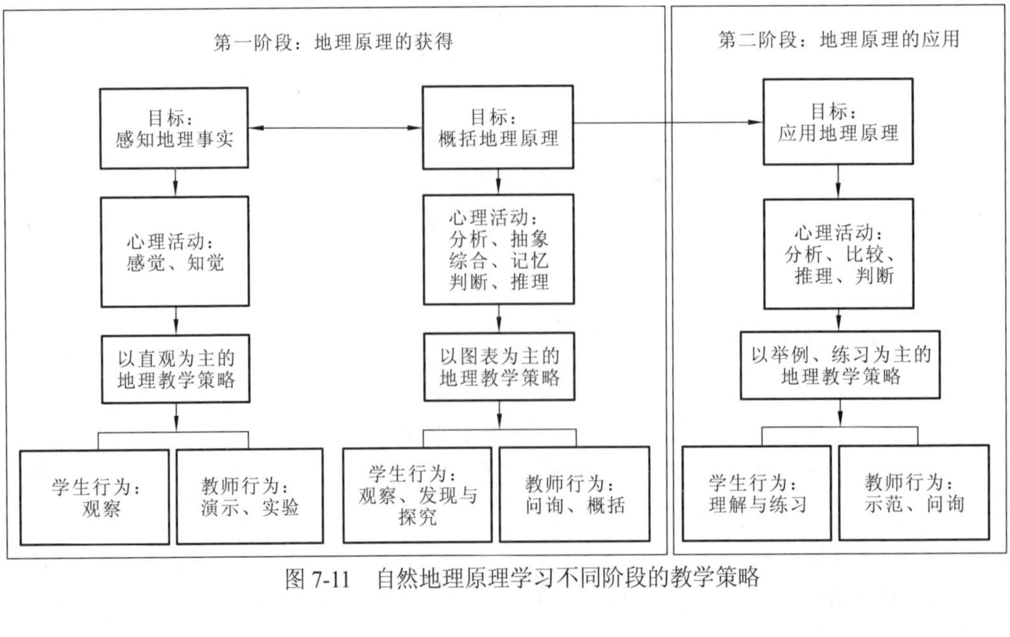

图 7-11　自然地理原理学习不同阶段的教学策略

“重视对地理问题的探究”是高中地理的课程基本理念。但地理学科的探究不同于其他学科的探究，不太注重探究环节的完整，而更加注重学生主体性的发挥。地理探究一般指“学生在教师指导下，从学习生活和社会生活中选择和确定研究专题，主动获得知识、应用知识、解决问题的学习活动”(地理课程标准研制组，2004)。它更加强调学生“积极主动地参与”和“解决问题”。地理探究一般分为进入问题情境、实践体验、表达与交流三个阶段，地理探究的操作活动形式可以包括观察、讨论、实验、比较、判断、推理、表达等，其中最为常见的活动包括提问和讨论。自然地理原理的主要教学策略见表 7-2。并且，在真正的地理课堂教学中，并不是单独使用某一种具体的教学策略，而往往是综合使用多种教学策略。下文将主要以地理野外观测与地理实验、地理问题解决结合信息技术为例说明。

表 7-2　自然地理原理的主要教学策略

核心教学目标	核心教学策略	主要教学策略
自然地理原理	探究	地理野外观测、地理实验、地理模型演示、地理问题解决、地理发现学习、结合信息技术

1. 地理野外观测

观察是科学研究最重要的方法，野外观测是自然地理学研究最重要的方法。地理野外观测一般是指学生在教师的指导下，到野外观察和测量地理要素和地理现象的活动方式。一方面，地理野外观测既是地理学习的特色，也是学生最感兴趣的地理活动之一。另一方面，与生物、化学离不开实验一样，地理也离不开野外实习。它可以让学生掌握地理观察和测量的技能，培养学生获取地理信息和处理地理信息的能力，并能培养学生坚忍不拔的毅力与求真求实的科学精神。而这些技能和情感态度的培养是在地理课堂中很难完成的。自然地理中野外观测的内容包括气象观测，如气温、湿度、气压、降水等；天文观测，如星空、月相、日食、月食等；河流水文观测如流量、流速等。野外观测的重点是用心观察。

案例 7-1 针对的地理教学目标是“解释太阳高度角的概念，归纳太阳高度角的变化规律，分析其成因”。显然，该教学目标包括概念的理解与原理分析（规律的归纳与成因分析）两类教学目标。案例中该教师采取了地理野外观测和问题解决的教学策略。首先，教师让学生通过分组去室外观测不同日期的看台边缘影子的长度及其变化，这有利于学生：一是体会地理学野外观测的过程，掌握野外观测的方法。二是形成太阳高度角及其变化的地理表象，为解释其原理奠定基础。值得一提的是，地理教材中关于太阳高度角的定义（太阳光线与地平面的夹角）很简单，但这是人为定义的一个角，需要靠学生想象才能理解。而“影子”这个具象让学生的想象有了基点。当学生要用图表示太阳高度角并要反映其变化时，需要学生理解概念后用形象思维表现。三是将地理知识与生活相联系，用地理的视角解释身边的生活现象，增强学生的生活兴趣。通过问题解决法让学生自主探究太阳高度角变化的原因。当学生通过野外观测，发现太阳高度角的变化规律后，教师随即让学生解决自己发现的问题——“正午影长何时最长？何时为 0？何时不断加长？”，这需要学生进一步探究发现这种现象背后的本质。总之，如果说地理野外观测的目的是形成地理表象，学会野外观测地理现象的话，那么课堂内的问题解决才是揭示地理教学原理的开始。

案例 7-1 “生活中的太阳高度角”的教学片断

师：有两组同学从开学初就测量了校园里的影长。我们请他们来介绍一下。

生：我们是第一组，我们测的是操场边看台边缘的影子，每天中午 12∶16 分测量，这是我们的测量结果（展示数据表格）。影长的变化趋势是什么？逐步变长。

为什么影子会越来越长？

太阳光线与地面的夹角逐渐变小，所以影长不断变长。太阳光线与地面的夹角叫作太阳高度角。一天中，最大的太阳高度角就是正午太阳高度角。我们每天正午测得的太阳高度角就是正午太阳高度角。

生：我们是第二组，我们每天中午 12∶15 分测量这个木板的影长，这个木板的实长是 165 cm。（展示观测表格）这是我们的观测日期，这是我们测得的影长，的确一天比一天长，这是我们的正午太阳高度角变化，也是越来越小。

大家看，这是我们在操场边上测量时的照片，影子朝向哪个方向？朝北。

我们的问题是：正午影长何时最长？何时为 0？何时不断加长？

师：刚才两组同学为大家提供了现象。太阳高度角是太阳光线与地面的夹角。一天从日出到日落有多少个太阳高度角？

生：无数个。

师：每天的正午时分，太阳高度角最大，这就是这一天的正午太阳高度角。你能回答刚才第二组的问题吗？请大家讨论，不仅要回答，还要说明原因。

（案例来源：北京 161 中学的澳林老师）

2. 地理实验

本次地理课程改革提出，地理实验将有望和物理、化学、生物、通用技术等课程的实验一样成为常态的课程实验（陈澄 等，2012）。达·芬奇曾经说过“实验是科学知识的来源，智慧是实验的女儿。”地理实验是自然地理学的重要研究方法，也是一种探究学习的重要方式。地理实验一般指运用一定的设备和器材，人为地把所要学习的地理事物和现象及其变化过程表现出来，以获得和验证地理知识的实践活动，一般指室内的自然地理实验，不包括室外地理观测、地理考察（徐宝芳和张卫青，2010）。高中自然地理中的许多原理可以通过地理实验来演示和探究，如“海陆热力性质差异”“水循环”“水土流失和植被覆盖率的关系”等。通过地理实验，中学生可以发现地理原理，体验地理研究的技能与方法，养成科学精神。但地理学科的实验与其他学科的科学实验不同的是，一方面，地理实验很难对自然地理环境进行真实再现，因此如何控制好实验条件对于地理实验而言尤为重要。另一方面，中学地理实验往往是演示性的，真正探究性的地理实验较少。

案例 7-2 中的核心地理教学目标是“能绘制热力环流图，分析热力环流形成原理”。首先，热力环流是大气运动的一个基本原理，也是理解许多大气运动类型的理论基础。因此热力环流在大气运动的知识中具有基础性的地位。另外，本节教学目标的重点不是学生记住热力环流的方向，而是能够分析热力环流形成的原理，这对学生而言不是特别简单。其一，热力环流是一种与生活联系较广的地理现象，如季风环流、山谷风、城市热岛效应等，但是不少学生没有亲身感受过，缺乏这种地理表象，这对于“热力环流”概念的理解、原理的分析造成了一定困难；其二，热力环流的原理是过程原理与因果原理的叠加，学生既要掌握热力环流形成的过程，也要会分析其中的原因；其三，该部分内容涉及初中物理中的比热容、大气压、密度、气温等知识，结合地理的时空变换，学生理解起来具有一定的深度和难度，需要教师在教学中突破。从课堂中的学生行为与表情来看，学生回答问题基本正确，积极参与地理实验，表现出浓厚的学习兴趣。可谓是顺利地达成了地理教学目标。

案例 7-2 “热力环流”一课中的实验

实 验 一

实验目的：探讨空气受热后空气的运动方向

材料：系线的孔明灯一盏、一个打火机

实验步骤：

1. 用手拿住孔明灯的线；
2. 用打火机点燃孔明灯；
3. 手松开线。

解释与结论：

1. 观察孔明灯的运动方向。
2. 分析孔明灯运动的原因。

实 验 二

实验目的：观察空气冷却后空气的运动方向

材料：长方形的玻璃箱（在玻璃箱的左右两侧及箱底两端分别钻有 4 个圆孔）、酒精灯、一盒冰块、一把檀香、一个打火机等。

实验步骤：

（1）将一盒冰块放置在桌子一端；

（2）将长方形的玻璃箱反扣在盒上；

（3）将一束香点燃，放进靠近冰块的圆孔内。

解释与结论：

1. 观察玻璃箱内冰块上方烟的运动方向。
2. 讨论冷空气运动的原因。

实 验 三

实验目的：观察受热不均后空气的运动方向

材料：长方形的玻璃箱（在玻璃箱的左右两侧及箱底两端分别钻有 4 个圆孔）、酒精灯、一盒冰、两束檀香、一个打火机、一张桌子等。

实验步骤：

（1）将一盒冰块放置在桌子一端；

（2）将酒精灯点燃放置在桌子另一端；

（3）将玻璃箱反扣在盒子和酒精灯上；

（4）将两束香点燃，分别放入 4 个圆孔内。

解释与结论：

1. 观察酒精灯和冰块上方之间的空气如何运动。

2. 仔细阅读课本，讨论空气水平运动的原因（画图解释）。

（来源：安徽合肥一中周鲍老师的教学录像）

具体的教学过程：第一，该教师通过实验模拟，设计了三个层层递进（先受热，后冷却，再同时受热和冷却）的地理实验，演示了热力环流的现象，重点让学生观察了空气运动的方向。当然，案例中这三个实验的作用有三：通过实验让学生对热力环流的概念形成一个感性认识，对于热力环流中的大气运动也能形成一个基本的地理表象。只有在这个表象的基础上，学生才可能正确地理解"热力环流"的概念及其背后的形成原理；演示"热力环流"的形成过程，让学生观察热力环流的过程原理；通过实验激发学生的地理学习兴趣。兴趣是最好的老师，科学兴趣是推动学生学习的最直接的动力。该教师的三个实验，都让学生动手操作，学生在动脑和动手的过程中体验了地理原理的形成过程，激发了探究的学习兴趣。第二，案例中，教师不是单纯地使用地理实验法，而是综合使用讨论法，并结合板图演示讲解概括过程原理与因果原理。首先，教师用实验法演示了热力环流的形成，让学生观察并形成了热力环流的表象，然后通过小组合作讨论热力环流形成的过程及其原因，培养学生的分析思维与解决问题的思维，尔后让学生上台解释这一过程，培养学生的地理语言表达技能，最后地理教师通过板图来总结热力环流的形成过程，让学生的逻辑思维与形象思维达到完美融合。

另外，近年来数字化地理实验发展迅速。地理数字化实验在数字化的环境下进行，可以多次重复实验。数字化技术对地理事物宏大时空的演示是其他手段不可比拟的。首先，数字化地理实验可以完成其他常规实验无法完成的任务，并且可以无限次重复实验，让学生无法感知的地理事物和地理过程"可视化"。如带领学生进入一个前所未有的空间去仔细观察地球内部结构，又如时间和空间跨度非常大的水循环过程，还如天气的实时变化等。目前数字化地理实验的主要装备是数字星球系统、虚拟天文台、虚拟博物馆、多媒体教学系统、网络设备、常规模型、教师用具和教学资料等。其次，较强的探究性与交互性。传统的地理实验探究性较差，而在数字化的地理实验中，学生可以自己控制和调整实验中的一些参数和变量，还可以自己设计实验过程，系统还会对实验做出反馈，引导学生反思。

3. 地理问题解决

地理中的探究，未必一定是"做中学"，探究的行为可以是思考、讨论等方式，重点是学生在探究的过程中去思考。地理问题解决正是着眼于学生的"思考"，通过提出问题，启发学生思维和培养学生问题解决能力的教学策略。如案例 7-3 所示。

案例 7-3 "自然界的水循环"教学片断

我走上讲台就卖傻：各位同学，不好意思，我来自武汉，来的时候太慌，忘记带教材了。呃……呃……（装出很紧张，很抱歉的样子，甚至有一点点结巴）真的不好意思，所以…非常抱歉，呃…呃…这样吧，今天我们就聊聊天吧，大家也把书收起来。

"好!"同学们异口同声，看来只要不上课，大家都是很高兴的，大家都把书收了起来。（其实这是我设的一个陷阱，因为书本上啥玩意都写得太清楚，图画得太好，看了

书我都没法提问了）

我：“自我介绍一下，我来自武汉，我叫××（同学们都笑起来），是真名哦。大家听说过武汉吗？”

“听说过！”同学们齐声答道。

“知道武汉有啥出名的吗？”我接着问。

“黄鹤楼”“热干面”……“美女”（有人开始趁乱捣乱了，嘿嘿）

“哈哈，甘肃美女也很多呀，嗯，大家说得都不错，但是还有一个很重要的没有说哦，武汉地处中国最大的河流长江与其最大的支流汉水交汇之处哦，知道吗？”我补充道。

“知道，知道！”

我仰望天空，哦，不是，是仰望天花板，若有所思地说道：“甘肃好像就没有什么大河哦。”

“谁说的？黄河呀！黄河就经过咱白银附近。”学生们不服气（我要的就是这句话，哈哈，不出意料地掉入陷阱了，别着急，后面还有很多陷阱，步步惊心呀！。）

“黄河在白银附近？”我继续装傻（在黑板上写下“黄河”二字）。“哦，那它最终流到哪去了？”

“最后流到海洋去了呀！渤海。”学生继续说。我同时在黑板上写下“海洋”二字。

“我一直有一个疑问：黄河一直这么流，怎么水总是流不干呢？”我继续装傻。

“天上会下雨呀！”学生可能也觉得我这些问题太幼稚，笑声一片的回答。

“那按你的说法，如果哪天不下雨，黄河水就干了？这几天没有下雨吧？黄河干了？”我继续问道。

咦，这下学生晕了，课堂更加吵闹了。喧哗之中有一个学生说话了：“还有山顶上冰雪融化的水呀！”

“山顶的冰雪哪来的？”我问。学生张嘴就答：“天上的降水呀”。

“哦，是来自大气中的水汽。”（我得把大家的回答规范一下，我同时在黑板上写下“大气水”三字）继续刨根问底：“那大气中的水汽来自哪里呢？”

“地面蒸发的水呀！”

“不对呀！你们不是说降下的雨水进入黄河，通过黄河流到海洋去了吗？哪来的水蒸发的？这不符合质量守恒呀！”同学们一下被我看似幼稚的问题逗乐了。

“海洋蒸发的水进入大气，然后再形成降雨。”有一个学生说道。

“大气降水都进入了河流吗？”我问道。“不是，还有的渗入地下成为地下水。”学生答道。（我在黑板上写下“地下水”三字）

我：“各位同学，我有些闹晕了，这样吧，大家用箭头把黑板上的这些词连起来，或者用图画的方式表达黄河、海洋、大气水、地下水之间的关系”。

同学们马上都拿出草稿纸，有连线的，有画图的。我一边在教室里转，一边看大家画。最后挑了三位有代表性的同学到黑板上画。这个部分真的出乎我们老师的意料，同学们用各种不同的方式表达了水循环的过程。原来大家那么有创造力，虽然画得和书上的图不同，但是大多正确地表达了这些水体之间的关系。接下来，我让大家给每一个箭头命名，大家在讨论中得出了水循环的各个环节的名称。

我又抛出一个问题："大家对这些水体进行分类，随便大家怎么分都可以。"有的说可以分为"海洋水、陆地水、大气水"，有的说可以分为"气态水、固态水、液态水"（我说道"你太狡猾了！"全班同学狂笑），有一位同学更来劲了，说道："可以分为淡水和咸水"（同学们笑得不行了，觉得这个划分更狡猾，我心中窃喜，这个正是我要的答案哦，正好借此转入下一环节。）

我又开始装傻，继续仰望天花板，说道："有一个问题困扰我很多年，河水都是淡水，为什么海洋水却是咸水呢？"同学们看着我傻傻的样子笑开了，同时也被我这个看似简单，却又难以解释的问题调动了兴趣。同学们讨论更加热烈了。

这时候，有一个同学举手了："河水并不是纯净水，虽然是淡水，但是还是含有一些矿物质。当这些含有矿物质的水流入海洋后，通过蒸发不断浓缩，蒸发的是水汽，而矿物质留在了海洋，不断往复，海洋里的矿物质就会越来越多。"同学们用掌声肯定了他的分析。

"那就是说水循环促进了地表物质的迁移。"我对该同学的回答进行了进一步规范。

"水循环还有哪些作用和影响呢？"我继续抛出问题，让大家思考。

通过讨论，同学们发现水循环还可以促进地表水体的更新、维持全球水的动态平衡、促进能量的交换和物质的迁移等等。

（来源：龙泉老师）

本节内容对应的地理课程标准要求是"运用示意图，说出水循环的过程和主要环节，说明水循环的地理意义"。水循环的过程可视为地理过程原理，水循环的意义可视为地理因果原理。案例中该教师采用了问题解决式的教学策略，通过创设一条问题链，组织学生去探究，从而推动地理课堂的发展。该案例中的教学有两个鲜明的特点。

首先，问题巧妙。探究是以问题为中心展开的。案例中教师的提问巧妙之处有：其一，问题浑然天成。案例中教师首先是不动声色地自我介绍，引出武汉，目的是引出长江，接着峰回路转，"甘肃好像就没有什么大河哦。"当学生道出了"黄河"却不知不觉"掉入陷阱"，之后除了第一个问题是教师"问"出来的，其他的问题都是被学生"挤"出来的。其二，问题生活化，让探究变得有意义和有意思。水循环本是一个很宏观的话题，教师处理不好的话学生容易感觉枯燥无味。但教师从学生身边的"黄河"说起，说的都是"黄河的事"，也是"身边的事"，因此学生兴趣盎然。其三，引发认知冲突，根据学生的回答，抓住关键冲突，引导学生思考。如"黄河一直这么流，怎么水总是流不干呢"，"哪来的水蒸发的？这不符合质量守恒呀!"正是抓住了学生的回答与常识的矛盾，激发认知冲突，引领学生思考。其四，环环相扣。教师提出的问题看似漫不经心，实则步步为营。如从海陆大循环到陆陆循环，再到水循环的环节命名，最后到水循环的意义，层层递进，环环相扣，正是通过问题学生一步一步自己得出了水循环过程的答案。

其次，探究开放。案例中探究开放性极强，水循环过程原理的获得可以说是学生在教师问题的引导下自己"发现"出来的，而不是看图总结出来的。教师通过巧妙的问题设计，让学生不知不觉地"发现"了黄河"流不尽"的奥秘。另外，对于水循环的环节，教师不是直接给出了答案，而是让学生自己命名，这种"大胆"的行为，给予了学生发挥创造的空间。随后，教师又让学生像科学家一样学会分类。到了最后，教师又抓住学生的答案，进行了“装疯卖傻”的“提问”，学生又开始了一轮关于“水循环的意义”的思考。

总之，巧妙的问题与开放的探究相遇，学生在教师一轮一轮的“问题”中主动思考，积极“发现”地理原理。从地理教学目标的达成来看，案例中教师的教学有三点成功之处：首先，寓教于乐。思考是探寻答案，是获取意义（文森特·赖安拉吉罗，2013）。即思考其实包含了两个过程：找到问题的答案；理解问题与答案的意义，能够判断其应用情境或者能够与自己相关联。案例中，正是因为是身边的地理，所以学生趣味盎然地找到了答案，也发现了身边的黄河“水流不尽”的奥秘，学生饶有兴趣地“发现”了地理原理。其次，逻辑思维与形象思维结合。在“图画的方式表达黄河、海洋、大气水、地下水之间的关系”这一环节，不仅要求学生用逻辑思维厘清四者之间的关系，还要用形象思维将之表征于图，这是地理逻辑思维与形象思维的结合，充分体现了自然地理学习的特点。再次，培养学生的创新能力。水循环的环节教师不是让学生根据教材中的“水循环示意图”总结出来的，而是学生自己“创造”出来的，尤其是让学生对各环节命名，洋溢着“创新”的活力。因此，水循环的原理既是学生通过一个个的问题解决来获得，也可以说是学生自己“发现”的。

4. 结合信息技术

地理科学是数据、技术和思维方法嫁接到地理学基石上一个成功繁殖的结果（美国国家科学院研究理事会，2011）。信息技术的发展，不仅影响了人类的思维方式和生活方式，也影响了人类的教学活动。新一轮地理课程改革中，“强调注重信息技术在地理学习中的应用”是高中地理课程标准的基本理念之一，要求“充分考虑信息技术对地理教学的影响，营造有利于学生形成地理信息意识和能力的教学环境”（陈澄和樊杰，2003）。利用信息技术，既可以帮助学生形成地理表象，还可以改变教学方式，充分发挥学生的主体性，对地理原理开展探究性教学。

在案例 7-4 中，从课标要求来说，学生既要掌握地貌的变化，也要掌握地貌的变化成因，因此本节课属于地理成因原理与地理过程原理的叠加。这节课的核心教学目标是学生能够分析外力作用对地表形态的影响，并认识地表事物都是处在不断变化之中的。这节课的难点在于地貌的变化时空范围大，学生难以感知。而 Google Earth 软件的运用充分地解决了这一难题。

案例 7-4　第四章第三节“河流地貌的发育”教学设计

【课标要求】

结合实例，分析造成地表形态变化的（内）外力因素。

【课标分析】

本条“标准”关注的对象是自然环境的组成要素之一——地貌（地表形态）。而影响地表形态发生变化的原因主要有内力和外力作用，本节课仅关注外力作用对地表形态的影响。从本条“标准”的要求来看，重在地表形态变化的原因分析，而不必对各种地质作用形成的地貌或各种类型地貌做全面系统的介绍。本条“标准”要求“结合实例”，也就是说要结合具体例子来分析，而不能过度理论化。

【教材分析】

本节课使用人教版必修 1 教材，本节标题是“河流地貌的发育”，这种教材编写思路契合了本条“标准”要求的“结合实例”。同时必须认识到本节课的教学目标不是认识河流侵蚀地貌和河流堆积地貌，而是以河流地貌为例，分析外力作用对地表形态的影响。因此可以认为本节的课题是“外力作用对地表形态的影响——以河流地貌为例”。外力作用对地表形态的影响虽然普遍存在，但是河流地貌与学生生活更贴近，更利于学生理解。

【教学目标】

1. 以河流地貌为例，说明外力作用对地表形态的影响；
2. 能够判断侵蚀地貌与堆积地貌；
3. 通过外力作用对地表形态的影响认识地表事物都是处在不断变化之中的。

【教学方式】

1. 利用 Google earth 软件观察地貌形态；
2. 分组讨论。

【教学过程】

环节	教师活动	学生活动	设计目的
引入课题	通过 Google Earth 软件从空中看地球，展示湖北省所在区域	以学校所在地为中心，不断扩大观察视野，感受千湖之省——湖北省	激发学生学习兴趣
观察现象	展示特殊形态的湖泊——半环状湖泊（牛轭湖）	观察湖泊形态差异，提出疑问	创设矛盾，激发好奇
小组讨论	半环状湖泊是如何形成的？	开展小组讨论。通过讨论需要达到以下共同认识： 1.半环状湖泊（牛轭湖）原本是河道； 2.该湖泊的形成是河流侵蚀和堆积共同作用的结果	结合自身经验，进行大胆假设
观察现象	如果以上讨论结果是正确的，那么应该可以找到相关证据。利用 Google Earth 软件展示相关地貌	观察地貌，验证以上猜想	验证假设
小组讨论	提问：堆积物来自哪里？ 什么情况下以侵蚀作用为主，什么情况下以堆积作用为主？	小组讨论：将侵蚀作用和堆积作用与流水速度联系起来，进而与河流落差联系起来	深入认识侵蚀作用和堆积作用发生的条件

续表

环节	教师活动	学生活动	设计目的
验证假设	利用 Google Earth 软件展示峡谷地貌、河口三角洲等地貌	观察地貌差异	验证假设
知识拓展	除了流水这种外力可以通过侵蚀和堆积作用改变地表形态，其他外力也能对地表形态产生类似影响吗?	思考与交流	将河流地貌的学习结果推广到其他外力作用地貌
观察现象	利用 Google Earth 软件展示冰川地貌	观察地貌，认识 U 形谷、终碛垄、侧碛垄等冰川地貌	
归纳总结	讲授：地表形态是不断变化中的，外力作用如刻刀一样不断雕琢着地表，外力作用主要通过侵蚀作用和堆积作用影响地表形态	听讲与归纳	归纳本节要点
课后思考	阅读教材，V 形谷、山麓冲积扇、河漫滩、冲积平原等属于何种地貌类型?	记录	巩固和应用本节学习内容

注意问题：

1. 讲解过程中不要求学生掌握牛轭湖、终碛垄、侧碛垄等专业词汇，尽力用通俗语言表述；

2. 本节为了不使问题复杂化，尽力不涉及风化、固结成岩等外力作用过程。

（来源：龙泉老师）

总体上，这是一节比较“规范”的地理探究课，严格地按照探究教学的程序，其地理探究的模式如图 7-12 所示。通过提出问题—假设条件—验证假设条件—得出相关结论等环节，让学生以一名地理科学家的思维去探究地理问题。另外，本教学设计的巧妙之处在于教师没有使用 PPT 课件，而是 Google Earth 软件的运用贯穿课堂始终。首先从地理现象的问题入手，呈现一些河流地貌，让学生提出假设，然后讨论分析验证，最后得出结论。在探究的过程中，Google Earth 软件充当了非常重要的角色。在导入环节，运用 Google Earth 展示千湖之省，既为后面的问题引入埋下伏笔，同时又用一种另类的科技方式展示自己的家乡，能够激发学生的学习兴趣。之后，用 Google Earth 形象直观地展示牛轭湖，让学生对这一地貌形态有了感性认识，并对“牛轭湖”这一概念形成表象，以展开“牛轭湖是如何形成的？”，学生通过小组讨论，大胆假设，对这一原理的过程和原因展开探究。当学生形成一定想法后，再次利用 Google Earth 展示证据，来验证其猜想。显然，此时的地理信息技术不仅只是形成地理表象，还是地理探究中地理信息的重要来源，是地理探究的一个重要环节。之后的两次探究过程也大致如此。在地理原理的应用环节，教师利用 Google Earth 举例展示了一些典型的冰川地貌和风蚀风积地貌，有利于学生感受不同类型的地貌的特点与差异，“亲历”地理现象，对一些地貌形态形成地理表象，并寻找证据，探究形成的原因，从而深刻地理解地理原理。之后教师还布置了练习，让学生学会运用这一地理原理。

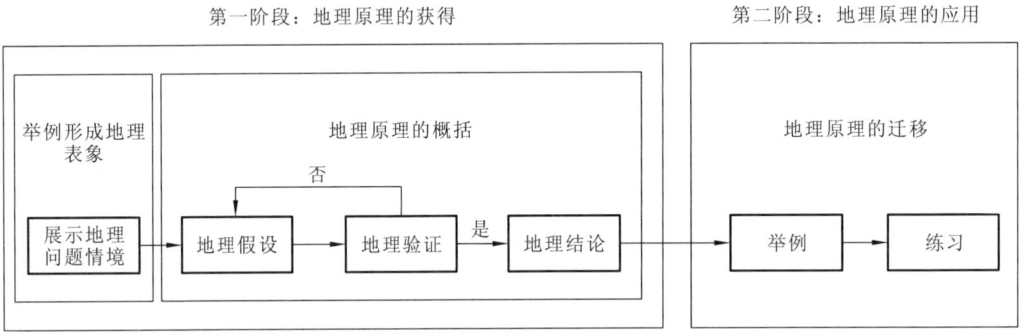

图 7-12　“河流地貌的发育”的教学过程

五、以“能”为核心目标的自然地理教学策略

知识与技能是一对孪生兄弟，它们相互依存，不可或缺（陈澄 等，2012）。地理技能是顺利完成地理活动（包括认识活动和实践活动）的动作或智力活动方式。这种活动方式是经过练习而获得的，并且是自动化的、符合客观法则的（即合理的、完善的）活动方式（刁传芳，1991）。中学地理课程中，有一些自然地理内容以培养学生的地理技能为核心目标，如初中地理中的“地图”部分，高中地理中的“观察某种天文现象，并查阅有关资料，说出自己的观察结果及体会”等。

（一）地理技能的特点与学习过程

地理基本技能主要包括图表技能、信息技能及操作技能。图表技能主要是对地图等图表的阅读、分析、绘制等，信息技能主要是指能够分析、运用、表达地理信息的技能，操作技能主要是指地理观测、地理实验、地理调查等实践技能。

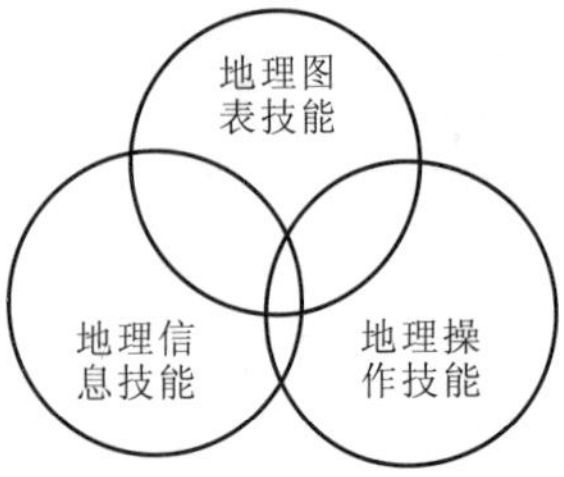

图 7-13　三大地理技能关系

中学地理技能的特点是三大技能相互交织，相互叠加，是智慧技能与动作技能的“合力”。学生要想完成某项地理学习任务，要做到学思结合、知行合一，或者说是用心想（minds on）和动手做（hands on）的合一。如图 7-13 所示，地理图表技能、地理信息技能、地理操作技能不是彼此分割、孤立存在的，而是相互交织、相互叠加的。地理图表技能中蕴含

着对地理信息的提取与应用，也可能蕴含着地理观测与地理实验、地理调查等过程。地理图表和地理操作可以丰富地理信息的获取，地理图表与地理信息技能有助于地理操作技能的发展。总之，自然地理基本技能往往是指地理图表技能、地理信息技能与地理操作技能，自然地理学习中这三大技能往往是相互包含和相互促进的。

地理技能的学习方式有三种（图 7-14）：第一种，接受学习方式又称为规例法。即学生先学习观察教师提供的样例和示范，然后学生不断地练习，最后直至学生达到自动化水平。第二种是发现学习方式，或称为例规法。学生自己去发现和建构出规则和程序，即自己生成技能，然后教师总结，学生进一步练习，学生熟练掌握技能。此种方式费时较多，比较适合高级规则和问题解决的学习。第三种方式属于自主学习。教师将该技能分解成不同的步骤，然后列出书面清单，让学生按照步骤清单来练习。但是心理学的研究表明示范的样例比一大堆的语言描述更有利于学习程序（皮连生，2011）。比较而言，地理技能的学习往往采取第一种方式。

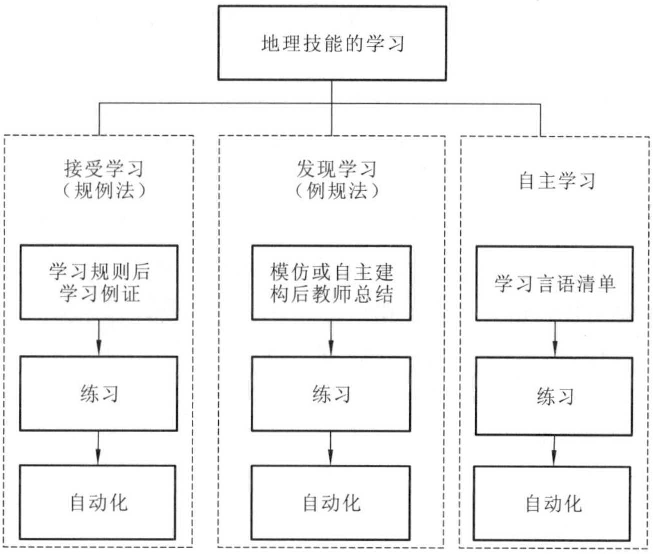

图 7-14　地理技能的学习方式

（二）地理技能的学习过程

如图 7-15 所示，学生地理技能的习得一般要经过如下三个阶段。

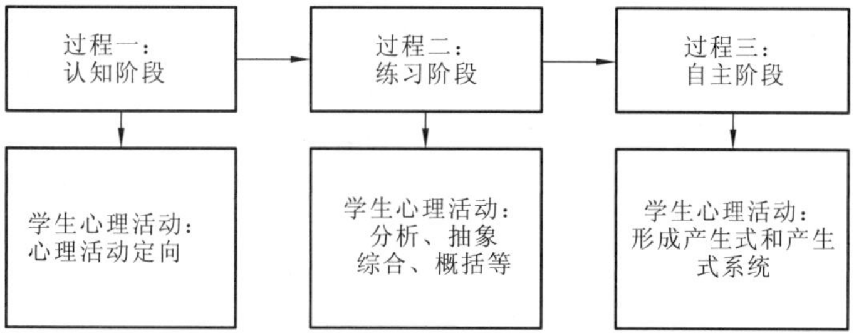

图 7-15　地理技能的学习过程

1. 认知阶段

这一阶段包含两个关键因素，一是示范，二是解释。提供示范是自然地理技能形成的起点，老师会选择一定的例证，进行示范。同时，教师要用言语进行讲解地理技能的目的、方法、步骤及其相关要求，并演示和示范。其目的是让学生在大脑中进行心理定向或者形成活动映象。这一阶段最为关键的是学生已经掌握相关的规则，否则下一阶段的自我练习将无法进行。总之，在这一阶段，主要是学生对技能进行陈述性编码，记住一些与技能相关的事实，知识还处于一种陈述性知识的状态。

2. 练习阶段

支配学习的一个最简单的原理是：练习促进学习（皮连生，2011）。练习还可以改变大脑。技能的习得是通过反复的练习来完成的。学生只有在练习中经过自我体验才能真正地掌握动作或心理活动方式。在这一阶段中，有两件关键事项：一是学生的错误理解会不断地被发现和纠正；二是该技能中各种要素之间的联系被不断强化。这一阶段学生最终得到的结果是一个成功执行技能的程序。但是这一阶段，知识的程序性表征并不能完全取代陈述性表征，这两种形态是并存的。

地理智力技能与地理动作技能的心理过程有所区别，因此练习的内容与形式也有所区别。对于地理智力技能而言，这种练习的关键即是要求学生掌握正确的思维方式和方法。例如，学生在学习分析气候特征的技能（地理信息的处理与运用技能）时，教师应该帮助学生总结概括这一技能形成的思维过程：从信息中获取气候的因素（气温与降水）—分析气候因素的特征（分析概括地理信息）—分析气候因素间的关系—综合各要素的特征与联系—与气候类型标准对比，确定气候类型。只有掌握这些地理思维方式，学生在练习中才能按照这样的程序调控自己的认知活动，建立正确的心理活动方式，形成地理技能。而对于地理操作技能而言，是自身的动作映像与教师示范的动作表现不断对比模仿并协调的过程。如在进行绘制地形剖面图练习时，学生往往是按照教师的讲解，逐步模仿地理教师绘制地形剖面图的步骤和动作，并不断地改进不符合要求的动作，一方面形成画地形剖面图的心理图式，另一方面做到动作规范。在这种练习中，学生的动作是可以被教师观察到的。因此，教师要在学生练习的过程中及时纠偏。

3. 自主阶段

自动化是一个程度问题（约翰·安德森，2012）。自主阶段与练习阶段很难有明确的界限。因为自动化的程度是在学生的反复练习中逐渐形成的。在这一阶段，整个过程变得越来越迅速和自动化，对中枢认知的需求越来越少，中枢认知开始逐渐退出执行任务，一旦形成，就产生一定的“产生式”和“产生式系统”，达到自动化水平。产生式是地理技能的最小单位。产生式是所谓的条件-行动（condition-action）规则（简作 C-A 规则）（皮连生 等，2004）。一般而言，一个简单的产生式对应一个简单的活动。而一些复杂的地理任务则需要一系列的多个活动，因此需要多个产生式。经过练习后，一些产生式可以相互组合形成复杂的产生式系统，这是复杂地理技能的心理机制。

（三）自然地理技能的主要教学策略

自然地理技能的获得也包含认知阶段、练习阶段、自主阶段三个阶段，其学习方式往往采取第一种即接受学习方式。地理技能获得往往是地理教师告知和示范做事的规则，然后学生在多次的重复练习中学会运用这些规则来支配自己的行为。当学生能够成功地运用这种规则支配自己的行为时，标志着学生掌握了地理技能。可见，练习是自然地理技能形成的基本条件。地理练习可以是课堂教学中进行集中式的练习，也可以是课后分散式的练习，可根据需要互相配合、灵活运用。

第一，注意教师的指导与纠偏。无论采取何种方式训练学生的地理技能，地理教师必须从旁加以指导。在练习之初，要明确告诉学生练习的目的、要求与注意事项。在练习的过程中，要进行个别指导，尤其要注意纠偏。练习结束之后，教师要及时总结，肯定成绩，指出错误，以便学生能及时纠正错误进行以后的练习。

第二，提供足够数量的练习。正如加涅指出："许多人以其自身的经验认识到，思维策略很少在短时内获得，而是需要数年的实践方能达到精炼水平，从而可迁移至新的问题解决情境。""熟能生巧"说明一个很重要的道理：要掌握某种技能，一定数量的重复练习是必要的。教师只有提供足够数量的练习，学生有可能掌握一定的技能。如地理读图技能需要学生经过反复练习才能掌握。

第三，提供变式练习。变式练习不是简单的重复练习，而是通过改变情境，让学生来适应规则。并且只有在这种不断变化的情境中习得规则，学生才会深刻地理解地理规则。

第四，提供间隔练习。集中的练习虽然有利于技能的形成，但不利于技能的长久保持，因此，同样数量的练习，可以以间隔练习的方式进行，分散在不同的时间，易于保持技能。

第二节　人文地理教学目标达成的主要教学策略

地理学的研究领域包括三个方面：环境-社会动态、环境动态、人类社会动态（美国国家研究院地学、环境资源委员会地球科学与资源局重新发现地理学委员会，2002）。其中，环境动态是自然地理的研究对象，人类社会动态是人文地理的研究对象，环境-社会动态是人地关系的综合，属于区域地理的研究对象。人文地理学是以人地关系的理论为基础，探讨各种人文现象的地理分布、扩散和变化，以及人类社会活动的地域结构的形成和发展规律的一门学科（中国大百科全书总编辑委员会《地理学》编辑委员会，1990）。地理学是自然系统与人类系统的综合，但自然地理学与人文地理学在哲学和方法论上存在明显的差异。人文地理是地理学中的社会科学，其研究对象广泛，包括经济、政治、文化等各种人类活动，社会性是其最大的特点，充分体现地理学"见物见人"的特点。

高中地理课程中的人文地理包括必修模块中的地理 2，另外选修 I 模块中的"资源、环境与国家安全"、选修 II 模块中"旅游地理""城乡规划""环境保护""政治地理"也属于人文地理。人文地理是中学地理学习的重要内容，并且随着中学地理课程的不断发展，愈发受到重视。

一、人文地理的地位

首先，人文地理具有独到的价值。自然地理与人文地理被列为地理科学的两大支柱，其重要性主要体现在：一是人地关系的教育必须要通过分析人类活动和社会现象进行；二是人文地理研究的对象和内容与学生生活实际有直接的关系，便于开展生动活泼的地理教学活动（地理课程标准研制组，2004）。中学人文地理课程内容经历了一个逐步发展、调整和完善的过程，人文地理对于学生树立正确的世界观与价值观是必不可少的。

其次，中学人文地理日益受重视。人们非常注重自然地理环境对人的影响，但是后来人们发现由自然因素引发的环境变化正在转变为由人类因素引发的环境变化（Messerli et al.，2000）。地理学家逐渐认识到“人地关系是否协调抑或矛盾，不决定于地而决定于人”（吴传钧，1991）。随着统一地理学思想的确认，人文地理被现代地理学日益所重视。映射到中学地理课程上，中学人文地理也日益受到重视，人文地理的内容日渐丰富和发展。

二、人文地理学习的特点

人文地理对中学生而言是看似易学，实则学好不易。表面看来，地理在中学属于文科，陈述性知识较多，似乎没有太多不容易理解的“难点”，学生只要记住教师勾出的“条条框框”或者“模式”，学生不至于什么都不会，所以不少学生比较喜欢人文地理。另外，人文地理学与生活关系密切，容易引起学生的学习兴趣。而“学好不易”是指人文地理是人地理要素在自然地理系统上的叠加，所牵涉的地理要素数量更多，从理论上讲它比自然地理更加复杂。对地理老师而言，可谓“不易教”。相比自然地理，人文地理涉及的内容广泛，且灵活多变，又跟某些学科有交叉，地理教师需要有广博的知识。人文地理的教学倘若停留在地理现象的解释与说明阶段，则容易产生肤浅化、政策化、口号化的问题。中学地理教师要想把人文地理教的“有滋有味”且“引人入胜”，底蕴深厚，而不是照本宣科、就事论事、枯燥乏味；学生要想学得生动深刻，而不是死记硬背，确实需要地理教师有丰富的知识面与人生阅历。因为自然科学是严格推理的学科，而人文科学，则必须有一定的历史与社会经历才可能较深入地理解其内容（王恩涌，2002）。对于文科性质的人文地理，尤其需要地理教师学习的积累与人生的沉淀。具体而言，人文地理的学习还具有以下特点。

（一）概然性

知识具有确定性与概然性之分，且知识的概然性具有不同的程度（陈嘉映，2008）。人文地理中充斥着概然性的知识。其一，人文地理知识的更新速度要快于自然地理知识。自然地理过程的相对稳定性决定着对自然地理成果应用具有长效性，而人类社会过程的快速，地球表层人文景观的变化将大大快于自然地理系统（陈国阶，2003）。其二，边界模糊。人文地理现象不像自然地理现象具有那么明显的地带性特征和规律，如秦岭—淮河一线是我国水田农业与旱作农业的分界线，但这是一条模糊的分界线，如这条线以北的三江平原也有大片的水田农业，而这条线以南也有旱作农业。其三，人文知识的理解存在普遍的歧义性与多元性。地理概念、地理规律的解释是多元的并存在争议，如表 7-3 所示，人文地理理论也具有不完备性，如环境承载力与人口合理容量理论、农业区位论、中心地理论等，总是存在一定的不足和缺陷，因此需要教师在教学时批判地使用。

表 7-3 “人口增长模式”的不同划分

版本	人口增长模式
人教版	原始型、传统型、现代型
湘教版	高高低模式、高低高模式、低低低模式
中图版	高高低模式、三低模式、过渡模式
鲁教版	原始低增长阶段、加速增长阶段、增长减缓阶段、低速增长阶段

（二）生活性

从终生的、维持生存的、改善生活的各种意义来看，地理学是面向生活的（Association of American Geographers，National Council of Geography Teachers，1994）。人文地理自身的研究领域非常广泛，中学地理课程提炼了一些与生活密切相关的主题，不仅从空间上具有“近域性”，而且从心理上产生“亲近感”和“亲切感”。

（三）理论性

人文地理的理论性与生活性并行不悖。高中人文地理课程中包含着众多的地理基础理论。人类活动在地理环境上产生的人文现象几乎都隐含在这些理论之中。虽然有些理论或多或少存在这样或那样的问题，需要进一步修正与完善，但是一方面可以为锻炼学生的理性思维提供良好的条件，另一方面是理论的思想深度也会吸引学生，进一步体现地理科学的特色。对教师而言，也可以避免人文地理教学容易产生的肤浅化、政策化和口号化的问题。

（四）关系性

人文地理学是一门为研究空间和地方社会关系的学科。人文地理研究试图更好地解释人、空间、位置和环境之间的关系。人文地理研究者，通过详细的数据产生和分析证据反映和评价各种发现的重要性，揭示人们与世界之间相互作用关系的解释和理解（R.基钦和N.J.秦特，2006）。总之，人文地理对于培养学生关于人类与环境相互关系的洞察力具有无与伦比的地位。

（五）人文性

人文地理所蕴含的人地关系是人文知识与人文精神的起源。或者说，人文地理中的核心情感态度与价值观目标就是人文精神，尤其是人地协调观。与自然地理明显区别的是，人文地理具有显性化的人文情怀，人文地理的情感态度与价值观目标比较显性。

三、人文地理的核心教学策略

人文地理的核心教学策略主要包括：开展体验教学、结合乡土地理、融入讨论环节。

（一）开展体验教学

自然地理的学习可以充分体现理性主义的自然科学方法，需要科学的客观立场，人文地理的学习则更需要触及人的心灵深处，更加需要“人文与社会”方法—体验—研究充满活力的生命和社会现象。基础教育课程改革非常强调学生的体验，这既要求教师转换教学思维方式，更要求教师不再去“物化”教学，而要“人化”教学，关注学生的情感世界和个体体验。体验是一种产生情感且生成意义的活动（陈佑清，2002）。体验的结果是产生情感（有内心反应，内心有感动）且生成意义（产生联想、领悟），两者缺一不可。

首先，人文地理蕴含丰富的人文精神即情意目标，需要通过体验来达成。体验是一种综合性心理活动，包括“以身体之、以心验之、以脑思之”，体验教学既重视知识技能的传授，也强调情境创设与亲历过程，还“照料人的心魄”，有利于地理三维目标的整体达成。其次，人文地理的生活性为体验教学的开展提供了前提条件。体验与生活的意义密切相关，指向价值世界。人文地理中包含着许多与生产、生活密切相关的知识点，有利于结合生活实际开展体验教学，让地理知识与学生的生活世界产生际遇，相通相融，内化为学生的素质，使学生的生命得以拓展与提升。总之，人文地理与体验教学可谓是高度契合，人文地理中有很多内容都适合学生去体验，体验的方式是多样的，包括动手画、动手算、社会调查、社会决策等。如人文地理教学中常用的教学策略——决策教学与图层教学是一种决策式的体验，而社会调查也是一种调查式的体验，乡土地理教学则更是生活体验式教学，色彩鲜明。

感知、活动、生活是形成体验的三种直接途径。当以人文地理原理为核心目标时，可采取决策教学与图层教学，通过让学生经历与反思来促进体验的生成；当以人文地理技能为核心目标时，可采取乡土地理调查、资料分析等策略促使体验的生成；当以地理情感目标为核心目标时，可采取结合案例和设置“情境”，通过“触景生情”的体验培养学生的情感目标（表 7-4）。

表 7-4　与人文地理教学目标适配的教学策略

核心教学目标	核心教学策略	具体教学策略
人文地理原理	开展体验教学	决策教学、图层教学、案例教学、问题解决等
人文地理技能	结合乡土地理	乡土地理调查、资料收集与分析等
人文精神	融入讨论环节	情境教学、案例教学等

（二）结合乡土地理

乡土地理即本土本乡的地理，实质是身边的地理。乡土地理是天然的地理博物馆。初中地理课程标准规定乡土地理的范围为“一般是指县一级行政区域。根据各地的实际情况，乡土地理的教学也可以讲授本地区（直辖市）地理，或者本省（直辖市、自治区）地理”，提倡积极开发小尺度区域的如乡镇以下的乡土地理校本课程。

地理是从教室、从学校的庭院、从乡村的街区开始的，乡土地理是地理的基础（库拉佐夫，1953）。所以地理课程应该从乡土志开始，这是现在普遍承认的一个基本原则（阿尔夫雷德·赫特纳，1983）。应该引导学生“通过研究乡土进入地理观念和理解基本概念”。因此，欧美中学人文地理有结合乡土地理的传统。在我国，也非常重视乡土地理教学。竺可桢先生曾在《地理教学法》一文中论到：“凡教学地理，必须自已知至未知，自儿童日常所惯于见闻之物，而推至未睹未闻，自个人所受环境之影响，而推广及于社会全体，是故教学地理开始必自本土地理着手。”当今我国高中人文地理中的四大主题——人口问题，城市问题，生产活动与地域联系，人地关系与可持续发展，都具有浓厚的乡土情结，为乡土化人文地理教学提供了广阔的平台，因此有学者明确提出“乡土化高中人文地理课程”的建议。

乡土地理不仅能够体现地理学科的特色，也蕴含着多重教育意义。首先，乡土地理教学具有很强的实践性，有利于培养学生的地理实践力。其次，有利于提高学生的地理学习兴趣。乡土对学生而言，是某种意义上的“家”的概念，使人莫名产生一种亲近感，提供了一种情感上的安慰（家是最令人安慰的词语）。另外，乡土地理的研究活动可以使概念、原理、规律具体化、形象化，使地理教学的空间延伸到课堂之外，教学内容也从枯燥的科学世界激活为生动的生活世界，既体现了地理的学科价值，增强了地理课程的吸引力，又培养了学生地理学习的兴趣。再次，有利于增强学生热爱家乡、热爱祖国的情感。乡土是学生观察、了解祖国的“窗口”（杨慎德，1992）。通过乡土地理的学习，可以让学生对祖国有更深切的感受，从而有助于学生萌发热爱家乡、热爱祖国的情感（陈澄 等，2012）。最后，乡土化人文地理教学有助于培养学生的可持续发展观，这本身就是人文地理的核心教学目标之一。

（三）融入讨论环节

人文地理知识具有明显的概然性与开放性，对于某一问题的答案往往是多元的，因此极具讨论的价值与意义。在人文地理教学实践的过程中，讨论活动也较为常见。首先，讨论活动有利于提高学生的参与性，有利于学生主体性的发挥，让学生真正地参与地理教学。其次，集思广益的讨论有利于培养学生的思维能力和表达能力。讨论始于问题，学生只有深入地思考，保持探索的态度，才能展开讨论。在讨论的过程中，学生需要倾听、理解和评价别人的意见，就需要进行辨别、判断、分析、推理等思维活动，同时，还需要表达自己的观点，用论据支撑自己的观点。最后，讨论有利于培养学生合作交流的技巧与精神。学生在讨论的过程中既要学会如何倾听别人的意见，还要学会如何正确地表达自己的观点，如何理性地对待不同的观点，学会批判地看待自己和他人的观点及如何在小组内进行分工合作。总之，讨论的目的往往不在于知识本身，而是启发思维，发展交流合作的能力，升华情感体验。人文地理讨论的形式可以多样，如辩论、座谈、研讨、小组讨论、专题讨论、头脑风暴等。

四、以“理”为核心目标的人文地理教学策略

人文地理过程包括人口空间过程（人口迁移）、经济空间过程（经济活动的集聚与扩散）、基础设施过程（基础设施网络的空间拓展）和社会文化空间过程（宗教、文化等的传播和扩散）（刘慧 等，2010）。这些过程都可以用环境承载力与人口合理容量理论、人口迁移动力理论、中心地理论、工农业区位理论等来概括。因此，人文地理教学的核心教学目标之一就是人文地理原理。

（一）人文地理原理的特点

比较而言，自然地理比较注重地理原理的习得过程，帮助学生形成地理思维，而人文地理更加关注地理原理的迁移，强调学生能应用地理原理去解决实际问题。因此，对于人

文地理的基本原理，高中地理课标没有要求学生死记硬背，而是要求学生联系身边的一些地理事物和现象，能够应用所学的原理加以分析和理解，体现地理学“学以致用”的功能与价值。

（二）人文地理原理的学习过程

与自然地理原理学习类似，人文地理原理的学习也包括地理原理的获得与地理原理的应用两个阶段。如图 7-16 所示，人文地理原理与自然地理原理学习过程的差异主要表现在：第一，在地理原理的获得阶段，自然地理原理是从现象到本质即揭示本质的过程，而人文地理原理主要是揭示因果关系的过程，自然地理原理的获得从自然地理现象开始，目的是获得地理表象，而人文地理原理的获得既可以从例子到规则，也可以从规则到例子，分别遵从归纳和演绎的途径。第二，自然地理原理的学习侧重于地理原理的获得过程，主要采用探究的策略；而人文地理原理的学习侧重于地理原理的应用过程，主要采用决策的策略。因为人文地理学习的根本目的是学生应用所学原理去解决生产生活中的地理问题，即“学以致用”。

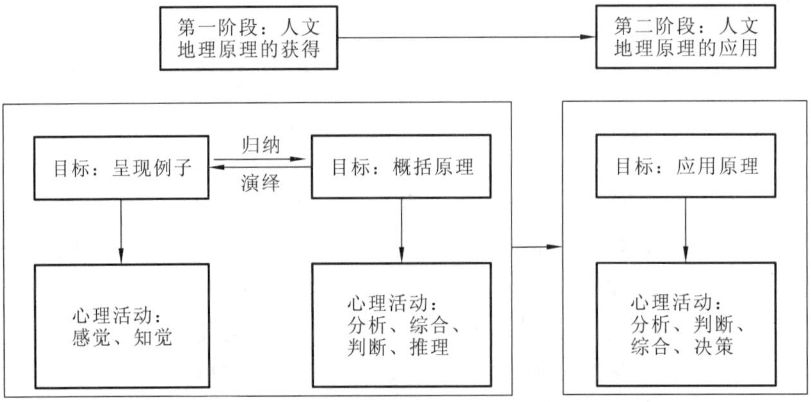

图 7-16　人文地理原理的学习过程

（三）人文地理原理的主要教学策略

人文地理原理的主要教学策略有决策教学、图层教学、案例教学、问题解决等教学策略。决策教学是人文地理原理极为重要的教学策略，而图层教学则是地理教学思想特色的体现。

1. 决策教学

普通高中学生面对的最根本的问题是人生道路的选择和抉择问题（郭元祥，2003）。能够针对生活中的各种问题做出正确的决策对于高中生的终身发展至关重要。人文地理教学本质上就是一个决策问题，教师要教会学生利用人文地理知识在日后的生活和工作中做出合理决策。所谓决策，一是做出决定，二是决定对策。或者说是为达成某一目标，经过缜密的分析，做出选择与判断。如表 7-5 所示，英国学者 Cowlard（1998）认为地理决策的系统方法包括 4 个焦点、7 个问题和 10 个步骤。但当前的地理决策教学往往聚焦于“决定对策”的能力而忽略学生在众多解决方案中“做出选择”的能力。

表 7-5 地理决策的系统方法

焦点	问题	步骤	行动
问题	问题是什么？	1	确定问题
	要达到的目标是什么？	2	确定目标
证据	有什么证据？ 这些证据说明了什么？	3	关注证据
		4	组织信息
		5	检测资料
选择	有哪些选择？ 哪个选择最好？	6	提出选择
		7	评价选择
		8	找出最佳
决定	应该做怎样的决定？	9	做出决定
		10	解释结果

地理决策教学契合人文地理知识的特点。人类活动的现状及未来发展都是地理决策的结果，由此形成了各种区位理论。区位理论作为人文地理的核心知识，其主要的价值在于增强人们决策的科学性（李宗录，2013）。影响地理决策的因素，实际上就是各种区位理论。另外，地理决策教学契合人文地理的社会性特点与综合性特点，实现了教学目标与教学内容、教学策略的“无缝对接”。社会性是人文地理学的重要特点，人文地理所包含的内容较丰富，涉及人口、城市、工农业、交通、人地关系等各个方面，而这些问题又与人们的生活密切相关，并且随着社会生活的不断发展变化，存在的问题是源源不断的。而社会问题往往具有极强的价值取向，需要教师将现实的社会问题转为一种地理教学情境，让学生学会决策。人文地理的综合性为地理决策教学的开展提供了方法论基础。一方面，人文地理研究的人文现象包含人口、城市、文化、经济、政治、政策等多个方面，复杂多样；另一方面，人文现象分布与发展，不仅受到自然地理要素的影响，还受制于社会、经济、文化、政治等人文因素，复杂且多变，因此在分析人文地理问题时，应注意综合考虑、全面分析，做出决定。

地理决策教学与地理原理、综合思维、地理技能、地理情感等教学目标相适配。首先，决策教学本质上是一种体验教学，有利于地理学习从“结论型”转变为“体验型”。它通过让学生模拟、体验决策的过程，“生成”对人文地理现象的正确理解。其次，传统的人文地理教学往往是“知识取向”的，教师往往让学生记忆一些“模式”或者“模板”，而没有让学生感受到背后丰富的人文精神意蕴。而地理决策教学不仅是一个学习地理原理的过程，可以培养学生的决策能力，而且在决策的过程中，可以让学生“从情感、精神、文化的层面理解和处理事物的人文精神”（地理课程标准研制组，2004），帮助学生树立正确的人口观、资源观及可持续发展的观念，并且将这些人文精神内化为自己的人格、气质与修养。再次，由于地理决策教学将人文地理中学科世界的原理转化为现实生活中的情境，让这种学习更具有生活意义，也更容易激发学生的学习动机。最后，地理决策的过程中往往包含着大量地理信息的收集与处理，因此益于学生地理信息技能的提高。

高中人文地理中具有许多决策教学的内容，既包括生产的决策，也包括生活的决策。具体如工厂选址、农业种植选择、交通方式选择、土地规划、旅游线路的设计等都可以进行决策教学。见表 7-6，人教版必修 2 中的问题探究几乎都具有决策的性质。

表 7-6　人教版必修 2 中的决策问题

章节	问题探究主题
第一章	怎样解决农民工所面临的问题
第二章	从市中心到郊区，你选择住在哪里
第三章	家乡的农业园区会是什么样
第四章	煤城焦作出路何在
第五章	你愿意选择骑自行车还是坐公交车上学

另外，随着信息技术的发展，市场上已经出现了一些模拟决策的软件和游戏，如“模拟农场”“模拟城市”“工业区位”等游戏。

案例 7-5 中该教师结合乡土地理采用了决策教学的策略。其具体步骤是：第一步，创设问题情境。该案例中教师并没有拘泥于教材中的区域，而是创设情境，选择了一个乡土问题——“武汉”的交通拥堵问题。这个问题是学生亲身感受过的问题，充满了生活意义，也容易激发学生的学习动机。第二步，收集处理地理信息。问题提出后，学生需要解决问题，为此展开了分组收集处理材料的过程，这既有利于学生信息技能的培养，还能培养学生团队的精神。第三步，制定备选方案。各小组通过讨论交流，制定了多种备选方案。这既是信息的处理与利用过程，更是地理思维的过程。第四步，选择最佳方案。这是地理决策教学的关键步骤。一方面，学生要去熟悉和理解其他同学设计的方案；另一方面，学生要利用已经掌握的地理原理，综合分析各方面的信息，在备选方案中通过比较和判断最终选择最佳方案。第五步，反思总结。案例中教师就决策过程的各个环节如收集资料、处理资料、讨论交流、选择最佳方案的方法与问题进行进一步反思、归纳和升华。

案例 7-5　“如何解决武汉交通拥堵问题”的教学步骤

第一步　教师提出问题：你每天花费在上学路上的时间有多长?每当你因为堵车上学迟到而被老师批评的时候，你的心情又会怎样?每当因为堵车，你乘坐的公交车花费足足半个小时却只在路上“挪动”了十几米的时候，你又做何感想呢?你有没有想过武汉为什么这么堵？你有没有想到通过某种方案解决这一难题?

第二步　学生收集资料：学生自发分成若干小组，或通过网络图书馆查阅书籍，或通过采访、咨询交通警察和专家等方式，收集到关于武汉堵车问题相关的资料后再把信息进行分类整理。

第三步　学生制定备选方案：在老师的鼓励下，学生通过激烈的讨论提出了解决武汉拥堵的多种方案，并详细阐明了自己提出该方案的原因。最后，由总负责人将各小组的决策方案汇总，并绘制成表格，形成备选方案。

第四步　学生选择决策方案：学生广泛听取意见，通过综合分析、左右权衡各小组备选方案，最后选择一种较为合理的决策方案。

第五步　教师总结：通过同学们的通力协作，我们终于攻克难题，提出了武汉交通拥堵的解决方案。那么我们在这一过程中收获了什么？我们体验了通过各种方式的搜索信息；学会了进行团队协作；知道了如何甄选信息；明白了如何综合分析已有信息，做出科学合理的决策。相信经过同学们的不懈努力，你们能够很快成长为一名优秀的决策者。

（案例来源：根据《地理教育》2012 年第 5 期精简）

2. 图层教学

图层教学是一种非常具有地理特色的教学方法。“图层”，即层状信息，广泛地见于图像处理软件，如 Photoshop 等。在地理信息系统中，地理数据就是由图层组成的，地理图层是地理信息系统数据存储和表现的形式。一个图层就是一个共同地理要素的数据集，如地形、交通、城镇等，而这个数据集的表现方式即专题地图，在“图层教学”中，专指地理要素分布图。“图层”指用于同一主题学习的若干张透明要素分布图，这些图的比例尺相同，呈现的地理要素不同（林培英，2014）。所谓的图层教学是利用地理信息系统中图层的概念、思想和技术来开展地理教学的一种方式，它具有形象直观的特点。

1）地理学中的“图层”思想

地理学具有“图层”的性质，如图 7-17（华一新 等，2012）所示，地理学所研究的对象——地球表层系统，它的底层就是地表，是由各种自然地理要素和人文地理要素形成层状叠加起来的。在系统地理学的任何一个部分，人们把单层表面上所有一切变化与其他诸要素表面上的变化可能有的关系联系起来研究。然而在区域地理学中，我们却垂直通过所有各层表面了解一个有限部分，以求理解一个地区中这些表面的特点的综合（理查德·哈特向，2012）。也就是说，*R*、*C*、*S*、*L*、SR 是系统地理研究的各个地理要素的平行面，而 *E* 则是 *R*～SR 叠加后在地表的综合，是区域地理研究的视角。显然，“图层”的思想充分体现了地理学的“综合性”及“区域性”。这种“图层叠加”和“空间集成”的思想，是数学、物理、化学等学科没有的，是地理学科独有的思维方式，也是学生学习地理应有的思维方式。

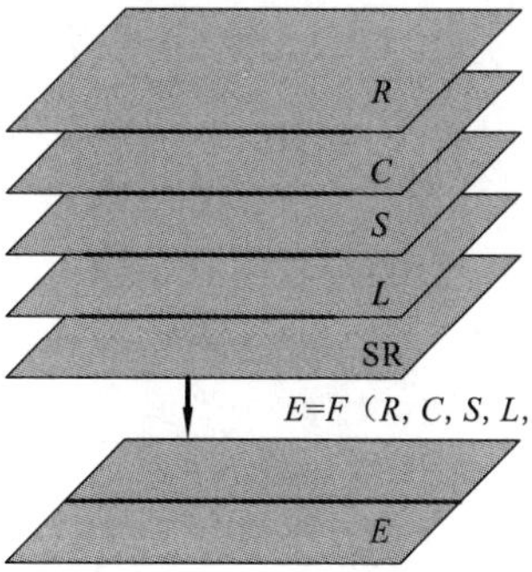

图 7-17　图层叠加

2）图层教学的优势

利用图层来进行教学，则充分体现了地理学习由单一到综合的基本方法。虽然任何地理学习对象都是综合的，但是为了学生理解的方便，教师在教学的过程中往往要将其分解开来。如农业区位的选择，显然要受到气候、地形、土壤、交通、技术、政策等多种因素的综合影响，地理教学的目的不是让学生理解单一的地理要素如“土壤”到底对某种农作物有什么影响，而是希望学生综合地思考为什么这一地区的人们种植这种农作物。但是，在教学过程中，教师往往会分别引导学生某一地理要素对农业的影响，最后再综合思考。

其实这种综合既是多种地理要素“整合”的结果，也是“叠加”的结果。“图层”的思想也是先分解后还原，与地理教学的这一逻辑不谋而合。此外，图层教学中的图层是通过图来表征的，具有形象直观的特点，并且还具有地理示意图无法比拟的深刻性，能够深刻形象地表现出地理要素之间的关系。还有，在地理数字的应用上，图层方法利用了地理数字的工具性，为学习附加了量化特征（林培英，2014）。一些图层往往涵盖一些量化信息，而在图层叠加的时候，也会用到这些数据。一方面，可以充分体现地理“自然科学”的性质，另一方面，图层的方法可以让学生进一步领悟地理学习的重点不是记住数据本身，而是数据背后的意义。

3）图层教学的使用范围

图层教学往往应用于地理原理与区域地理的教学。在地理原理的学习中，强调的是各图层的重合部分，如工农业区位因素的选择，而区域地理学习时，侧重于各图层的“合成”，如某区域的经纬度位置、海陆位置、地形、河流、城市等。如表 7-7 所示，目前应用图层进行地理教学主要有两种方式。

表 7-7　图层教学的两种方式

类型	使用方式	特点
低技术应用	手工绘图，如师生利用专题地图或透明胶片自己制作图层	体现了地理信息系统中的思想，又充分考虑到目前我国地理教学软硬件不足的现状
高技术应用	计算机使用	尽管方便快捷，但是有较高的软硬件条件，并且要求地理教师有地理信息系统开发和使用的能力

案例 7-6 中该教师一开始并没有直接向学生阐明哪些因素会影响农业生产，让学生记住农业区位选择的“模式”。而是采用一种利用图层来探究的方式。第一步，设置问题情境。教师并没有直接讲授影响农业的区位因素有哪些，而是告诉学生我国棉花的生产条件包括热量、降水、地形、光照等指标，然后让学生根据这些条件准确地找出“中国哪个地方适合种棉花”。第二步，建立图层，即分解学习对象的过程。图层的建立是“图层教学”的特色，也是关键。案例中使用的是学生绘图的方式。建立图层的标准尤其重要。案例中教师虽没有直接告诉学生，但已经预设按照地形、热量、光照、降水四个地理要素要建立图层。第三步，叠加图层，即综合学习对象的过程。这一步只是自然要素的叠加。第四步，讨论总结。教师先展示每个组的作品，然后对于叠加中出现的问题进一步总结。之后教师提出新的问题“是不是真的就只有这些地方在种棉花呢？”以此引导出社会经济因素的影响。当学生发现自己绘制的棉花种植区域与现实中的棉花种植区域有所区别时，学生能够深刻地体会人类活动对地理环境的影响，比泛泛而谈社会经济要素对农业区位的选择要深刻得多，也要生动得多。这是自然要素与社会经济要素的叠加。这是一种更加宏观的叠加。影响农业生产布局主要有自然要素与社会经济要素，其中，自然要素是充分条件，社会经济要素是必要条件，这种自然与社会要素的叠加，也是地理学综合性的充分体现。通过这种图层叠加，学生能更加深入和深刻地理解地理学综合性的特点与地理环境整体性的思想。

案例 7-6 “农业的区位选择”教学片断

一、棉花生产布局影响因素分析

师：上节课我们开始了解了一个关于农业的问题，如何去选择一种农作物的种植，它跟很多因素是有关系的，那今天我们来讨论种棉花的问题。棉花是一种很重要的纺织工业的原料，在国民经济生产过程当中有很重要的地位。那么，中国的哪些地方适合种棉花呢？（展示 PPT）首先，我们要知道这是什么。

生：棉花。

师：棉花是一个什么样的农作物？什么样的条件适合于种棉花？棉花适宜于比较旱一点而且需要光照比较强的环境。

（一）自然要素的影响

1. 光照要求

师：(展示 PPT——我国年日照时数分布图)，棉花的种植需要什么要求？光照全年要在 2000 小时以上。这是中国光照分布图，所有的线代表的就是光照的小时数。这根线是 2000，然后这是 2600，这是 3200，这代表这上面这一部分基本上都是在 2000 以上，这个圈里 1400。说明这底下更少，这边又到 2000 以下了。

2. 热量要求

教师展示我国七月平均气温分布图。

师：热量也是它要求的，它要求 7 月份的气温在 24℃以上。(指示 PPT——我国七月平均气温分布图）这根线是 24℃线，这边是 28℃。这边是 24℃以下。

（展示 PPT——我国全年大于 10℃积温分布图）

师：大家找出全年大于 10℃且积温在 3500℃以上的地方。这里是 5000，这里是 6500；而这里是 5000，这里是 3500。这里是 1000 多，显然不够。

3. 降水量要求

展示我国年降水量分布图

师：它要求什么样的降水呢？年降水量 450 到 650 mm，一般不宜超过 1600 mm。(师指 PPT）这根线是 400 的，这根线是 1600，大致在这个范围。

4. 地形要求

教师展示中国地形分布图。

师：最好是平原和盆地中较为平坦的地区，这个地方（师指 PPT）比较平坦。

总结：并展示 PPT 我国棉花生长的条件。

师：所以，哪些地方适合棉花的生长呢？（师放 PPT，发资料）

【学生探究】

1. 任务布置：每个小组有 5 份资料（5 个图），还有一沓投影片、一支水彩笔。能不能利用这些资料非常准确地把中国哪个地方适合种棉花在投影片上画出来。并思考：能用什么办法把这些所有条件结合在一起考虑？

2. 学生讨论并画图，教师从旁指导。

3. 教师展示学生作品。

师：第一组画了两片，一片是在这个地方（师指图片），一片（师指图片）在这。其他组对他这个画法有意见吗？觉得哪一块他们有点问题？

生：新疆那块。

师：很多组没有画这一块，都不知道新疆有棉花对不对，但是为什么这块没有，应该是降水量，你们那涂的降水量这一块应该是不够的，实际上这块地方降水量是不够的。我们再看这个（老师换图，学生笑），这幅图的问题大家应该都看出来了吧？为什么这块不可能有棉花生产？什么不够？热量不够，温度和热量都应该不够，所以这一块不应该画。其他几个组基本上差不多。（老师换图）我觉得这块是还可以画。就是华北地区占了一大块然后新疆占了一小块是吧（师指图）。（老师换图）这有点太靠南了，实际上南方的主要问题是什么不够？光照。如果你去看光照的话，这么靠南的地方光照是不足2000小时。

（二）社会经济因素的影响

师：这些条件把它摞合到一起，我们就能够找到某一种农作物适合种植的这个地方，但是不是真的就只有这些地方在种棉花呢？我给大家看个实际点的图（师 PPT），这是真正的中国的实际产棉区，很明显和刚才大家去做的那个区域相比较，它有什么不同？

生：大了。

师：其实也不都是大了，它也有那个小一点的地方。下面大家思考一个问题，为什么会出现这种差异？你挑一个地，比如说这地我那图上原来没有，现在它有了，你能不能解释下这个原因是什么。每个小组可以稍微讨论一下这个问题，待会咱们一块来分析一下哪多了，哪少了。

学生讨论。

师：好，哪个小组愿意说一下你们自个的想法？来，第九组你们找个人说（师给生递麦克风）

生：我说，就是……

师：你觉得哪一块？

生：就是在西面。

师：这一块（指图）对吧？

生：对，差不多。

师：新疆，包括甘肃西部，嗯。

生：这一块应该是，原来就是，我没有画的时候就是降水量不够。

师：对。

生：但它可以通过人工灌溉之类的方法使它的水量达到应该有的水量。

师：好，请坐，知道是用什么灌溉吗？（学生思考）你看这两个地方（师指图）在我们图上没有棉花分布对不对，但是现在它确实有了，咱们当时说什么条件不够啊？降水，但是现在你看它有，它是灌溉是没错的，用什么灌溉知道吗？（师指图）看见这条河了吗，这叫塔里木河，有河水的灌溉，这边有个山叫昆仑山，这是天山（师指图），都是5000 m以上的高大的山峰，上面有什么呀？冰川，冰川融水来灌溉，冰川那个雪化了之后的融水来灌溉，这个地方知道吗？（师指图）这个很著名的地方叫做河西走廊。这儿有一列山叫什么山呢（师指图）祁连山，是用祁连山的冰雪融水来灌溉的。好了，再看看从这一块，这是我国的辽宁省吧，对吧，大家不会把它包括进去了，主要的问题是什么不够？应该说是，温度和热量对不对，那为什么这儿有了呢？

生：用塑料大棚来种。

师：用塑料大棚来种。见过大棚里面种棉花的吗？一个是由于面积不够，再有它需要一定的光照，你那个塑料大棚会把光线挡住一部分，所以不是大棚的问题。要说蔬菜什么的还可以用大棚来种植，棉花没有种植在大棚里面的。那靠什么？不要想拿灯泡照着它给它照热了啥，光照也够了，热量也够了，从另一个角度去想问题，当我们的这个自然条件不够的，一方面我们可以改造自然条件，还有一方面可以改造什么呢？

生：改造品种。

师：哎，改造品种，知道袁隆平吗？做的什么事呀？

生：杂交水稻。

师：杂交水稻，是不是能让它种植的更广泛，棉花同样也是这样的道理，通过科学技术，我们使得棉花对栽种的要求有所降低，这样种植的范围可以更广，有没有讨论到另一种情况的，能种的没种的有没有？（学生答）其实最简单的一个地方大家可以看到，以北京为例吧，北京能不能种棉花啊，能啊，从自然条件来讲是不是完全可以种植棉花啊，长安街为什么不种点棉花啊？（师生笑）当然也有很多地方是可以种植棉花的，可是同时能种棉花还能种什么吗？能种小麦，能种水稻，能种其他东西，还能盖房子，还能变成城市，是不是，所以说自然条件只是它的一部分，它会受到一些其他条件的影响。

（来源：根据北京四中安迎老师教学录像）

五、以“能”为核心目标的人文地理教学策略

与自然地理相比，人文地理有一个较大的特点，就是资料和数据比较多。因此学生一是要运用调查法掌握各种相关信息，二是要学会处理和分析这些信息。或者说，地理信息技能与地理调查技能是人文地理学习的重要目标。

（一）人文地理技能的特点

人文地理技能主要包括地理调查技能和地理信息技能、地理图表技能。人文地理主要研究人类地域活动与地理环境之间的关系。一方面，这种关系具有具体性，人文地理现象的可复制性与可再现性有限。另一方面，人文地理侧重于研究社会环境，并且日益面向区域社会经济发展的实际问题，所以往往需要对区域的社会环境进行实地调查，才能深刻理解人文地理现象的基本特征与规律。在中学人文地理教学过程中，掌握地理调查的基本方法与基本技能，也是中学人文地理教学的基本任务。此外，在人文地理教学过程中，经常会运用各种地理资料和数据分析人文地理现象。地理调查过程中本身包含着地理信息处理。地理调查的目的就是获得准确的地理信息，并对信息进行分析研究，得出相关结论。而地理信息的处理过程也包含着对地理图表的处理。显然，三大人文地理技能也是相互交叉和重叠的。

（二）人文地理技能的学习过程

显然，人文地理技能也是地理智力与地理操作技能的组合。与自然地理技能的学习过程有所区别的是，自然地理技能的学习侧重于接受学习方式，而人文地理技能的学习方式是在接受学习与发现学习并存，兼顾自主学习。

（三）以“人文地理技能”为核心目标的教学策略

人文地理技能中的调查技能、信息技能、图表技能都包含了很多实践操作的成分。因此，人文地理技能的培养离不开实践活动，需要通过活动实现。但与自然地理技能培养不同的是，人文地理技能培养的活动类型主要包括乡土地理调查与资料分析。乡土地理调查侧重于地理调查技能的培养，资料分析侧重于信息技能的培养，图表技能贯穿于二者之中。

1. 乡土地理调查

乡土地理调查是指地理教师指导学生结合乡土地理运用调查的方法，完成特定任务。它体现了地理学科的特色与优势：第一，激活了课本知识，将学科的世界与生活的世界相联系，既能激发学生的学习兴趣，又能让学生学会对生活有用的地理知识，体会地理课程的价值。第二，在调查的过程中，有利于培养学生多方面的技能与能力，如信息技能、调查技能、图表技能、表达能力、实践能力。第三，对乡土地理的调查，有利于学生深入地了解自己的家乡，培养热爱家乡的感情。第四，调查过程中信息的收集与处理，既是培养学生科学精神的契机，也是培养学生合作精神的良时。

乡土地理调查是培养人文地理技能的基本教学策略。通过调查收集资料的方法是地理研究方法中重要的组成部分（过宝兴，2001）。地理调查是人文地理的一种重要研究方法，但这里更强调作为一种身体力行的地理体验教学策略。作为一种教学策略，它与一般的作为研究方法的地理调查存在几点不同之处：首先，作为研究方法的地理调查，其目的是通过调查得出相关的研究结论，而作为教学策略的地理调查，其目的不在于调查的结果，而在于调查的过程，即学生学会地理调查的技能；其次，作为研究方法的地理调查，其调查的空间范围广阔，几乎没有限制，而作为教学策略的地理调查，往往是乡土地理调查，空间范围有限；再次，作为研究方法的地理调查，其调查的程序往往包括准备—调查—整理三个阶段，而作为教学策略的地理调查，包括准备—调查—整理—交流—总结五个阶段。

第一，准备阶段。这是调查活动的起点与基础。在这一阶段，一是教师要根据教学内容及学生的知识基础确定调查主题；二是要组建调查队伍，进行合理分工；三是设计调查方案，包括调查的目的、主要方式、准备工作及日程安排等，调查步骤，组织实施。一般而言，人文地理乡土地理调查的内容相当丰富，往往以当地的社会问题为切入口，在空间上体现近域性，在内容上体现时代性。

第二，调查阶段。这是乡土地理调查的执行阶段。本阶段包括资料的收集、资料的整理分析等过程。这一过程中，教师要在调查方法上给予学生指导，具体的调查工作可以由学生独立完成。

第三，整理阶段。地理调查过程是在课外进行，但调查结果的展示与交流往往是在课堂中进行的。对收集到的资料、图片、照片等进行归类和分析整理，形成调查结论。

第四，交流阶段。通过创设情境或者角色表演等形式让学生将自己调查的结果进行展示，培养学生表达与交流的能力。

第五，总结阶段。教师对调查的过程与调查的结果进行总结。一方面，总结学生调查的方法与技巧，让学生学会调查的技能。另一方面，就学生调查结果的展示与交流做出评价和交流，并帮助学生总结调查结果，得出相关结论。如前所述，人文地理的知识具有概然性，因此地理教师在总结结论时要特别强调具体问题具体分析。

2. 资料收集与分析

让学生通过资料分析得出相关知识和相关结论，是人文地理教学常见的方法之一。人文地理教学中，资料的收集与处理包括三大类。第一类是为了让学生掌握某种知识，让学生自己去收集资料，如通过收集资料来了解不同地方建筑的状况。第二类是与地理调查结合在一起，为了培养学生收集获取信息的技能。例如，让学生使用网络或进行社会调查等。第三类是为了培养学生信息处理的技能，教师给出众多的直观容易理解的图片资料、众多的数据资料、抽象的地图资料等，让学生引用这些资料来解决实际问题。当然在实际人文地理教学中，很可能这三种类型是综合在一起的。在这一过程中，有利于培养学生的图表技能、调查技能和信息技能。

1）设计有深度的问题

首先，资料的收集与主题密切相关，收集资料的关键在于与主题的相关性，而不是资料的多少。其次，资料的收集与问题的设计密切相关，尽量设计有一定思考深度的问题。例如，要学生学会收集资料来说明武汉当地的环境问题，一种问题设计是“武汉有哪些环境问题”，一种问题设计是“武汉的哪个环境问题对我们的生活影响最大”。显然，第二种问题设计要比第一种问题设计有深度。在第一种问题设计条件下，学生可能简单地把收集到的武汉的环境问题的资料展示出来即可。而在第二种问题设计条件下，学生要将收集到的武汉环境问题的资料进行比较和分析，经过深度的加工才能得出相关的结论。因此，第二种问题的设计不仅考查的是学生的资料收集能力，还考查学生资料整理与分析能力。

2）分析资料要物尽其用

首先，巧妙地设计资料的使用方式，引起学生的学习兴趣。如某教师在讲解环境问题产生的原因时，教师收集了很多关于我国国情的资料，如人均 GDP、人均耕地面积、土地沙化的面积、水污染与大气污染等数据，并把它转换成主体状图和扇形图，却发现学生的学习兴趣一般。后来，教师干脆把文字都删掉，只留下了一组数字，让学生猜猜数字背后的含义。这需要学生进行整合和精加工的活动，立马引起学生的兴趣和思考。显然，如何展示资料和资料的表现形式都需要教师进行精心设计。其次，注重信息的充分挖掘。地图和图表往往包含了丰富的地理信息，需要教师深入地挖掘地图、照片及一些图表背后的信息。另外，教师既可以充分挖掘图表的信息，也可以利用收集到的材料，设置小步骤的问题引导学生充分分析资料背后的地理信息，做到物尽其用。

其次，重视图文的相互转换。地图是地理的第二语言，利用图表教学是地理教学独特的优势和特色。“图文转换”技能是地理信息获取、分析技能的核心内容，也是影响学生地理学业水平的重要因素。“图文转换”中的“图”是地理图像与地理图表的总称，具体包括地图、景观图、地理示意图、地理统计图表、地理漫画、地理照片等。“文”则是指文字材料。“图文转换”包括“图”转“文”、“图”转“图”、“文”转“图”三种形式。“图”转“文”即读图分析，重点要求学生通过归纳、分析、想象等思维理解图像背后的信息。“文”转“图”要求学生在理解地理知识的过程中，学会用可视化的图像语言进行表达。“图”转“图”包括图表及图图之间的转换，目的是去繁为简，去难为易，找到关键的地理信息，加强学生地理思维尤其是创新能力的培养。

再次，合理地分析与归纳。在此过程中，教师可以充分发挥学生的主体性，培养学生信息分析与归纳的能力。如在讲“环境问题”时，可以先展示一些图片或者播放一段视频，然后提问学生“你能从图片（视频）中看出哪些环境问题？”之后，教师按照学生的回答在黑板中列出学生给出的答案。随后，教师有两种处理方式：一是直接告诉学生环境问题分为“生态破坏与环境污染”两大类，然后让学生对黑板上的环境问题进行分类和归纳。二是进一步提问“这些环境问题可以分为几类”，如果学生分类不是“生态破坏与环境污染”，可以让学生比较和体会两者的不同，以及为何不同。显然，后一种方式更为开放，也更能激发学生的学习兴趣，培养学生的归纳能力和创新能力。

最后，注意培养学生的合作意识。人文地理教学过程中资料处理的过程往往需要学生的分工合作。如某教师在讲授“城市化”的内涵时，给了三组不同的数据，让学生三人一组，将数据转化为统计曲线，通过看图来归纳出城市化的三个标志——城市人口的增加、人口比重的增加、城市规模的扩大。教师原本想在小组内进行分工合作让每人画一个，最后结果是每个学生画了三幅统计曲线图，失去了分组合作的意义。因此，对于从小就习惯独立作业的学生，教师可以告诉学生分工合作的方法。

3）通过科学论证获得结论

人文地理知识的概然性决定了人文地理教学过程中需要师生对资源配置做出决策。而决策的过程要基于科学论证。人文地理的许多问题属于社会性科学议题，由于人们对该问题的立场不同而导致价值上的冲突（Solomon，1990），因此，其影响具有争议性，问题具有开放性，以及具有两难和结构不佳的特征，这也意味着人文地理问题没有唯一的正确答案，对于问题的解决，不同的人拥有不同的主张与缘由，这为学生的科学论证提供了充分的空间。如人文地理中不同尺度的环境问题、区域规划问题、人口增长问题等，都是受到社会广泛关切的共同议题，同时，不同的角色对此具有不同的价值观和感受。

Billig（1987）认为，“论证”的个人性意义是指经过严密思考的合乎逻辑的论述；论证的社会性意义是指对某一问题持相反观点的人之间的争辩与讨论。论证既可以是个人的推理活动，也可以是说服别人的活动。科学教育中论证学习活动的实质有三个方面，它是一种推理的过程，是一种关于科学的对话，是一种批判性思考的过程（潘瑶珍，2013）。或者说，科学论证是一种利用证据建立科学观点，以及在个体之间辩论、争论的过程中说服他人、巩固自己观点的活动。在人文地理的教学中，应注重以下两个过程。

首先，让学生学会利用证据来推理并建立自己的观点，培养学生科学推理的能力，以及“用证据说话”的意识，提高学生的科学素养。这一过程包含两个环节：在资料的分析过程中，学生通过深刻地领悟资料蕴含的人文地理概念与原理，并对不同的理由和解释进行权衡、评估、选择等推理活动，建立和表达自己的科学主张，以及用心地收集数据和证据来解释和支持自己的主张。此过程中有两点值得注意：一是在人文地理知识的学习中，教师应做出科学论证的示范。教师给出结论的时候，应注意收集资料并逐步利用资料进行分析推理，以此来证明自己的观点，而不是简单粗暴地给出一些“条条框框”，将所有的认知过程修剪为记忆的过程。如案例 7-7，教师过于简化了地理现象，在学生头脑中，“茶叶”、“杭州”、“日本”与“土壤”之间画上了等号，建立了知识连接，如果再遇到以此为背景的选择题，学生凭借记忆可以快速而正确地做出回答。但是，真的是仅仅因为“土壤因素”吗？显然，缺乏科学的论证。茶叶的质量与哪些因素相关？到底是因为种茶、制茶的技术问题还是种茶的环境问题。如果是技术问题，应该如何处理？如果是环境的问题，那么到底是气候的原因，还是地形的原因，还是土壤的原因？日本有适合种植“明前龙井”的地方吗？如果有，应该是在哪？没有的话又是为何？日本有茶叶种植业吗？如果有的话在空间上如何分布？日本对茶叶的种植做过什么样的努力？哪些因素后来有了变化？为了回答这些问题，师生要收集各种资料，寻找论据来说明自己的观点。显然，该教师的教学简单粗暴，省略掉了这些科学论证的过程，偏离了人文地理教学的本质和魅力。人文地理学研究的第一原则是人文地理学中的因果关系是非常复杂的（阿·德芒戎，1993）。因此，在人文地理知识的学习过程中，教师应该教会学生运用不同的理论，结合不同的时间阶段和不同的具体区域，从不同的角度综合思考各种自然地理与人文地理要素，对具体问题进行具体分析和论证，从而得出自己的观点。这种综合的、发展的思维方式正是地理学科特有的思维方式，同时也是地理学科的魅力所在。二是指导并引导学生学会科学论证的方法和意识。如在学生展示结论或者汇报结论的过程中，务必提示学生你的观点的依据是什么，证据何在，你是怎么得出这个结论的。

案例 7-7 《农业的区位选择》教学片断

教师用 PPT 呈现案例：

1. 橘生淮南则为橘，生于淮北则为枳。

2. 我国杭州的“明前龙井”茶世界驰名，日本茶道研究者曾经把茶种带到日本栽培，但效果始终不好。

教师提问：影响案例中农业区位选择的因素是什么？

学生回答：气候。

教师解释：不对，是因为土壤因素。茶树种植需要我国南方地区的酸性土壤，而日本与杭州的土壤不同，因此茶的质量有差异。

（来源：课堂观察）

其次，让学生学会通过在辨证争论的过程中进一步巩固自己的观点。个人的（小组）观点必须要经过别人的质疑与评价。这也是科学知识产生的必经之路。在群体的争论与辩论的过程中，学生要学会倾听、权衡、批判别人的观点，同时进一步理清思维，修正自己的不足，寻求科学证据对自己的观点展开辩护。这一过程也有利于促进学生的批判反思，形成批判思维。因为学生在争论的过程中，认知过程显性，需要通过澄清、说明、解释、举例等方式表达自己的主张，还要比较、权衡、诠释相关证据来辨别不同的主张，从而判断是非，提出反驳、质疑和辩护。这种过程往往是通过有争议性的问题来完成的，比如“在大城市，到底应不应该限制私家车的发展？”“如果你要买房子，是选择市中心还是郊区”等。

六、以“情”为核心目标的人文地理教学策略

情感在教学过程中，往往具有两种作用和地位：第一种是作为手段，通过调动学生的积极情感来促进认知等方面的发展；第二种是作为目标，通过一系列的教学策略来激发学生的积极情感体验，从而形成态度与价值观。后者往往针对具有情感因素的教学内容。过去，地理情感主要以第一种方式存在，但是本次基础教育地理课程改革提出的情感态度与价值观目标不再是认知因素的附庸和手段，而是作为一种独立而重要的目标而存在。例如《普通高中地理课程标准（2017 年版）》选择性必修 III 的教学提示中明确提出：提倡采用图表判读、综合分析等方法，帮助学生理解资源、环境问题的基本内涵，并能站在国家安全、国际合作的高度，认识资源与环境的现状、问题及对策措施，了解资源、环境问题对于国家安全的重要性。组织学生开展社会调查和专题探究。创设多种教学情境，诸如资源短缺、环境恶化的模拟情境，调查家乡的资源、环境问题，讨论建设“资源节约型、环境友好型”社会的意义，个人应具备的态度、责任和行为准则等。而这些目标显然是情意领域的目标。

情感教育由情动-感受、体验-理解、价值体系化-人格化三个相互联系并相互过渡的过程构成，三者之间是后者包容前者的递升关系（朱小蔓，2007）。地理情感目标的达成往往是建立在认知的基础上的，是在认知过程中进行诱发和挖掘的，或者说理性的认知是地理情感产生的基础，因此不存在独立的地理情感教育。如学生正确人口观的培养，是建立在对人口问题正确认识的基础上的，否则空洞的说教是无法真正地直达人心及帮助学生真正地梳理正确的人口观。从情感的生成来看，可以概括为两类，一类称为“以境生情”，另一类称为“以情生情”（卢家楣，2000）。情境教学是创设含有真实性事件或真实问题的情境，学生在探究事件或解决问题的过程中自主地理解知识，建构意义。这里的情境是基于现实世界的，是与现实世界一致或者类似的（钟启泉，1999）。“情境”是教师精心设计的能够激发学生积极情感并且促进学生学习的环境与氛围，其目的是创设各种生动具体的环境，将教学内容形象化、情感化。此外，态度与价值观，都是一种主观选择，是学生对人生、他人或社会的一种主观认识和反应。它所关注的不应是获得有关事实性知识、程序性知识本身，而是对知识意义的感悟、内化并自觉践行。为此，它的基本学习方式是在特定情境下的体验、感悟，并通过认同、内化而达成（毛晋平和邹军，2017）。观察与体悟是学生生成情感态度与价值观的重要方式，而情境教学、案例教学、体验教学是地理情感目标达成的重要教学策略。

案例 7-8 中，学生在“举例说明协调人地关系的主要途径”中，领悟可持续发展是必然之路，并树立正确的环境价值取向。对于情感目标而言，后者是教学的终极目标，前者是教学的过程目标。为此，教师设置了一个案例情境——门头沟区的生态修复。这一具体的情境关联了学生的生活，因此让学生在感受的过程中产生“情动”，教学焕发了生机。接着，教师布置了一系列的调查活动，调查的过程既是体验和理解的过程，也是建构和学习的过程，调查结果的展示是一次同伴的共享与交流，也是一次学习结果的表达与总结。最后，教师进一步提升，让学生的环境价值观体系化，最终人格化。

案例 7-8 《通向可持续发展——门头沟区的生态修复》教学过程简录

【课前准备】

1. 一位学生准备门头沟区的简要介绍。

2. 教师带领学生走访区环保局、水务局、园林局、规划办、科委、科协等相关部门，还带领学生去永定大沙坑生态修复工程、妙峰山镇采石场生态修复工程进行实地考察和调查。

3. 全班分成 8 个组分别对当地的门头沟区进行调查，其中 4 个组是“生态破坏调查组”，分别调查“门头沟区的采煤业”“门头沟区的石灰业”“门头沟区的采石业”“门头沟区的采砂业”；4 个组是“生态修复组”，分别调查“废弃石灰矿的修复”“采砂废弃地的修复”“废弃采石场的修复”“废弃煤矿的修复”。

【教学过程】

1. 学生用 PPT 简要介绍门头沟区：山清水秀，地灵人杰，作为北京西部的生态屏障，门头沟区优美的自然风光吸引着每一个学生……

2. 教师承转“经过大家的介绍，大家都会觉得门头沟太美了！但是，在这美丽的背后，我却听到了这样的故事。”接着教师在屏幕上用三张图片展示了一个村子发展的故事：一张环境优美的小山村的图片、一张小山村通过炸山取石赚到第一桶金的图片和一张生态破坏导致“蛇进屋”的图片。教师问：“为什么会发生‘金飞来、蛇进屋’的现象呢?怎样解决‘蛇进屋’的现象呢?”

3. 学生开始热烈的讨论……最后大家一致认为，“炸山取石”破坏了当地的生态环境，要想解决“蛇进屋”的现象，必须恢复当地的生态环境，也就是要搞“生态修复”。

4. 教师承转：门头沟区作为北京西部的生态屏障，不光是这个村子需要生态修复，全区还有许多需要进行生态修复的地方。环境优美、人文荟萃的门头沟区怎么会跟“生态修复”联系在一起呢?

5. 四个“生态破坏调查组”分别汇报自己的调查结果。

6. 教师承转：“通过上述几位同学的发言，大家看到了门头沟区面临的环境问题，主要就是采矿业等造成的生态破坏，这与建设生态涵养区很不相符。所以区政府围绕北京市总体规划，确立了‘修山补山’的生态修复战略，力争通过较短的时间，恢复门头沟区秀美的山川景观。那么怎么进行生态修复呢?”

7. 四个“生态修复组”分别汇报了“废弃石灰矿修复的典型——潭柘寺灰窑遗址公园”、“采砂废弃地修复的典型——永定大砂坑生态修复工程”、“废弃采石场修复的典型——妙峰山镇采石场生态修复工程”和“废弃煤矿修复的典型——改造废弃矿洞进行蘑菇养殖”。

8. 教师承转“生态修复之后怎么办？”

9. 学生自由讨论并发言。最后大家一致认为，门头沟区发展旅游业、观光农业是符合今后可持续发展方向的。

10. 教师总结并介绍全区的发展规划。

11. 教师讲解生态修复与经济、社会可持续发展的关系，进行理论提升、拓展延伸。

（来源：北京市门头沟大峪中学李宗录老师）

第三节　区域地理教学目标达成的主要教学策略

一切皆始于好奇心（杰弗里·马丁，2008），不论从交通阻塞的近处还是从远方归来的旅客，都被要求告诉留在家里的人：所拜访过地方的事物和居民是怎样的。人类对视野以外世界的普遍好奇心是一切地理学的基础（理查德·哈特向，2012）。长以此往，人们慢慢建立了专门向别人描述外面世界的样子的学问——地理学。从此种意义上讲，地理学始于区域地理学，区域研究是地理学的传统，人类正是源于对不同地区差异的好奇心才形成了地理学。为区别于赫特纳-哈特向的传统区域地理学，当代区域地理学又被称为新区域地理学（殷洁 等，2010）。美国地理学家哈特向甚至认为“地理学是地区差异的研究”，虽然有些偏激，但也指出了一个事实，区域地理在地理学中占据着极为重要的地位。我国很多地理学者认为区域研究是地理学研究的核心（中国大百科全书总编辑委员会《地理学》编辑委员会，1990），区域地理学是地理学中最精华的部分（张军涛和刘锋，2000）。地理学区别于其他学科的独特性体现在地理学认识世界的基本视角是“把世界组织为区域”。区域性是地理学科最突出的特色，也是地理学的立身之本。区域地理学最能表现地理学地域性与综合性的特点，是地理学的灵魂。

区域地理学是研究某一特定地区地理环境的特征、结构、发展变化，以及区域分异和区际联系的学科，尤其强调对人地关系的研究（顾朝林 等，2012）。区域地理学是地理学古老而传统的内容。区域地理学体现了自然地理与人文地理的空间综合。区域地理是中学地理课程不可或缺的组成部分，初高中地理课程中都有专门的区域地理模块。

一、区域地理学习的特点

初中地理课程中除了“地球与地图”之外，另外三个部分都属于区域地理内容，所以区域地理在初中地理课程占到3/4。高中地理选修I中的“区域发展”也属于区域地理，占到高中地理必修课程的 1/3。初中区域地理主要分为区域地理总论和区域分区地理两个方面。其中区域地理总论又分为自然环境与自然资源、社会经济与文化两部分。区域分区地理又包括世界分区地理和中国分区地理。乡土地理则是初中区域地理学习的综合性载体。高中区域地理包括三部分内容，三者之间也存在密切的联系。第一部分“区域的概念和类型”侧重于区域发展基本理论的阐述，包括区域的概念、区域发展的异同等；第二部分“区域发展”是高中区域地理的核心内容，它以区域为背景，选择四种不同区域分析其发展状况；第三部分“区域协调”从区域联系的角度分析区域之间的关系类型。

（一）区域地理的地位

美国、英国、德国、日本等众多国家一致将区域地理作为地理教学的核心内容。在我国，区域地理依然是我国地理新课程的核心内容。区域地理既是自然地理和人文地理的“出发点”，也是最终的“归宿”。自然地理和人文地理的事物与现象都离不开具体的区域，而区域的分布、特征、成因、变化等，都是自然地理和人文地理的“注解”；另外，系统地理中自然地理与人文地理的原理又要在区域地理中落实和验证。因此，有人戏称“区域地理教学”是地理教师的“童子功”。

并且随着我国经济社会的发展，区域发展问题不断涌现，区域地理的地位日益突出，它对于制定区域发展规划、合理开发和利用自然资源、解决区域人口和环境问题，都有着极为重要的意义和价值，同时它也是未来公民必须掌握的基础知识。

（二）初高中区域地理学习的异同特点

中学区域地理是以区域为单位研究该区域的人地关系，兼有自然科学与人文科学的双重属性。因此，与自然地理和人文地理相比，区域地理学习具有自身的特色。

1. 初高中区域地理学习的共性

典型的区域性与综合性。区域性是地理学的基本特点。而区域地理学利用“区域”的视角研究地域分异规律，更是集中地体现了这一特点。区域地理既要研究地理事物的空间分布与空间结构，又要阐明地理事物的空间差异和空间联系，揭示地理事物的空间演变规律，以及人与地理环境在空间的相互关系、内在机制及其发展变化。区域地理特别注重各地理要素之间的联系及因果关系。例如，在“西北地区”的学习中，其地理位置与地形造成了“干旱”的自然景观（河流与植被），由此引发了一系列的人文地理现象（以牧业为主，农业为灌溉农业）。

典型的现实性与实践性。初中区域地理选择“与日常生活密切相关”的地理知识，让学生学会理解和解释生活现象，增强学生的生活兴趣，帮助学生学会欣赏其生活环境，提升生活品位。高中区域地理则指向应用人地关系的原理实现区域的可持续发展。换言之，高中区域地理是高中自然地理与人文地理的综合应用过程，是一个理论应用于实践的过程。因此，高中区域地理应用性强，与生活联系密切。

典型的形散神聚。如初中区域地理的学习，表面上看《义务教育地理课程标准（2011年版）》规定世界地理必学的区域数量为10个，相对之前使用的《地理教学大纲》中规定的26个减少了很多。知识体系不太明显，且区域的选择较为零散，尤其是中国地理部分，教学内容非常简略。另外，从地理要素的角度看，世界地理的自然部分只列出“海陆分布”与“气候”两大自然要素，中国地理也只是列出“气候”“地形”“河流与水资源”“土地资源”等要素，各地理要素也不齐全，看起来似乎不太注重知识的系统性。另外，各个不同版本的地理教材所选择的区域表面看起来也不统一，比较零散。但事实上，初中区域地理学习的神就是“区域特征”和“区域学习方法”，抓住“区域特征”来学习区域，就能把貌似凌乱的区域串起来，教会学生“区域学习方法”，更是学生区域学习的“以不变应万变”的法宝。高中地理选修I“区域发展”模块的内容也看似关系凌乱，“区域发展”与“区域协调”貌似交叉重叠，实则是区域发展的基本理论、区域发展理论的应用融为一体。同时，“区域可持续发展问题解决”与“区域综合分析法”则是高中区域地理的“神”。以“区域可持续发展问题解决”为核心，就能组织好貌似凌乱的学习内容，以“区域综合分析法”为抓手，就能抓住高中区域地理学习的根本。

2. 初高中区域地理学习的个性

高中区域地理与初中区域地理的侧重点不同。初中区域地理“原则上不涉及较深层次的成因问题”，侧重于让学生了解区域差异与区域特征，从而掌握区域学习的基本方法和技能，而高中区域地理学习则要求较高，要引导学生综合认识区域发展的基本问题及区域可持续发展的策略。此外，如果说初中区域地理主要是让学生认识区域——掌握区域特征，那么高中区域地理则侧重于让学生研究区域——解决区域地理问题。俗话说“初中地理搭台，高中地理唱戏”。初中区域地理主要讲地理事物的分布和特点，大多属陈述性知识。高中区域地理主要解决区域的可持续发展问题，理论性更强，大多数属于程序性知识。初中区域地理是高中区域地理的基础，高中区域地理是初中区域地理的应用与提升。

1）初中区域地理学习的特点

初中地理课程内容以区域地理为主。“大洲”“地区”“国家”是认识区域地理的三种基本尺度，“位置与分布”“联系与差异”“环境与发展”是认识区域地理的三个基本视点（张彦顺，2015）。初中区域地理是高中自然地理、人文地理及区域地理学习的基础，因此，初中区域地理的学习更具有基础性。

事实性。初中区域地理“原则上不涉及较深层次的成因问题”，所以内容多以地理事实为主，其目的是让学生了解区域。也因此，初中区域地理记忆量较大，包括位置、地形、河流、气候、城市、资源等，地理要素涉及面较广。另外，初中地理还包括地理名称、地理数据、地理分布、地理景观、地理演变等知识类型。但是，初中地理新课程应尽量避免过去“地理八股”的区域地理模式，尽可能体现区域地理的丰富多彩和千姿百态。

尺度性。初中地理区域有大有小，世界地理包括大洲、地区、国家三个不同的尺度，中国地理包括国家、国家分区、特定地理分区（单元）、省（市）、县（乡土地理）等五个不同等级的尺度。尺度越大的区域，教学上越注重宏观把握，偏重区域内自然、人文地理要素的类型、分布、特征的规律性概括和总结；尺度越小的区域，教学上越偏重区域突出特征的成因分析、区域经济发展方向、区域存在问题及解决途径等的探究（李慧群，2010）。

开放性。第一，区域的选择具有较大的弹性。《义务教育地理课程标准（2011 年版）》确定“1-4-5-5”设计思路，课程标准只规定了极少数区域（南极、北极地区）为必选区域，其他至少选择一个大洲、四个地区和五个国家进行教学，中国地理除了北京、台湾、香港、澳门为必须区域，教师至少还要选择 5 个不同空间尺度的区域进行教学。显然，初中区域地理的统一分区教学走向多元化的分区教学。第二，区域的组织也更开放。如乡土地理的学习既可以作为独立的学习内容也可以作为综合性学习的载体，渗透在前面内容的学习中。

2）高中区域地理学习的特点

在高中阶段，区域地理的学习，一是在初中区域地理的基础上的提高；二是对典型区域进行案例分析；三是要求熟悉学生生活的区域，善于提出问题和解决问题。

问题性。高中地理选修 I 是在学习完自然地理与人文地理原理之后，着重运用这些原理来解决区域可持续发展中的问题，实现区域的可持续发展。《普通高中地理课程标准（2017 年版）》列出了研究人类所面临的诸多全球性的重大问题，如“环境与发展问题”“能源与矿产资源开发问题”“流域开发问题”“区域农业发展问题”“区域工业化和城市化推进过程问题”等。因此，高中区域地理的教学重点就是围绕区域可持续发展的问题，让学生掌握区域问题探究的一般方法。

案例性。《普通高中地理课程标准（2017 年版）》关于区域地理有 9 条“内容标准”，其中有 6 条标准要求“以……为例”，凸显了案例教学。这些都表明案例在区域地理学习中非常重要。

综合性。高中区域地理从“人地关系”“人人关系”等多个角度，进行了全面的综合，这种综合是最高层次的综合，是在人地关系基础上的再一次提升与飞跃。另外，高中地理选修I的三个部分内容，体现了区域发展的基本理论、区域发展的理论应用，覆盖了人口、资源、环境、经济、社会等方面。

（三）中学区域地理的认知路线

如图7-18所示，中学区域地理知识包括区域自然地理、区域人文地理，以及两者的关系。中学区域地理教学主要目标是通过学习区域自然环境和区域人文环境，最终形成区域自然环境和人文环境协调发展的可持续发展观。

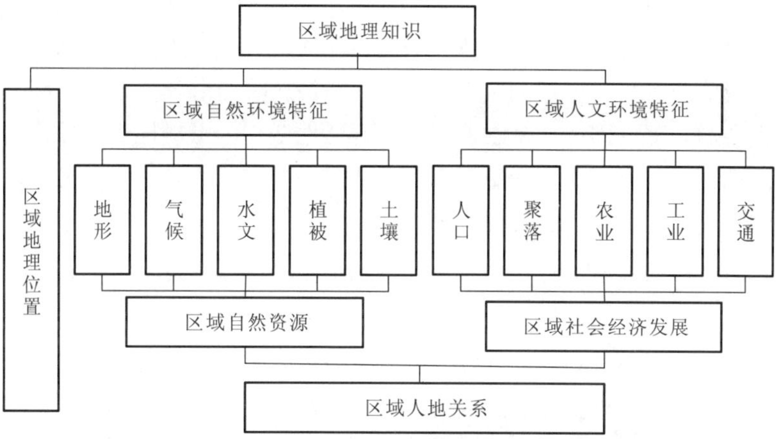

图7-18 中学区域地理知识的结构

与自然地理及人文地理学习不同的是，区域地理的学习有清晰的认知线路或者认知轨迹可循。区域地理的学习过程一般围绕以下五个问题（5w）进行：

第一阶段：“在哪里”（where）阶段，主要学习区域的地理位置（绝对位置与相对位置）与范围，并能判断“位置的特点”和评价“位置的优劣”，这是区域地理学习的第一步。

第二阶段：“它是什么样子的？”（what），主要学习区域的自然地理特征与人文地理特征。自然地理特征主要包括地形、气候、河流、土壤、植被、自然资源等要素，重点是地形和气候；人文地理特征包括农业、工业、交通、旅游、商业、人口、城市等要素，重点是人口、农业、工业、交通、聚落。抓住区域的地理特征是区域地理学习的重点。

第三阶段：“为什么？”（why），学习该区域为什么会有这些地理特征，以及各区域特征之间有何样的因果联系，这是区域地理学习中较难的内容。

第四阶段：“它产生了什么作用？”（what），主要从区域差异与区际联系的角度突出地理要素对人类生产、生活的影响，以及人类活动对区域地理环境产生了何种影响。

第五阶段：“怎么办”（how）阶段，学生掌握一个区域的地理特征后，从人地协调的角度探究该区域的可持续发展问题，并提出区域发展对策，这是区域地理学习的最终目的。

二、初中“区域特征”的主要教学策略

《义务教育地理课程标准（2011年版）》规定，义务教育地理课程的总目标有“掌握基

础的地理知识”。所谓基础的地理知识，是指奠基的、主干的、具有生长点的地理知识，也是对生活有用、对学生终身发展有用的地理知识（陈澄 等，2012）。它是未来公民必备的科学素养，也是学生高中地理学习的基础。对于初中区域地理而言，主要是一些区域位置与分布、区域事物的特征等陈述性知识。另外，初中区域地理的学习尤其要重视地理表象与地理概念的形成。

因为初中区域地理与高中地理的内容有所区别，所以二者的学习重点及教学策略都有所区别。初中区域地理教学总体上以地图运用为核心，凸显直观教学，高中地理则以问题与案例为核心，凸显问题解决教学及区域的综合分析。

（一）初中区域地理学习的主要过程

初中区域地理的学习侧重于区域特征的知识和认识区域的方法。与高中区域地理学习相比，初中区域地理的学习更加侧重于第一阶段与第二阶段的学习。初中区域地理学习包括三个最为重要的心理过程：一是学习区域地理感性知识，形成地理表象；二是归纳区域特征，认识区域地理学习方法；三是把握“人地关系”主线，培养“人地协调”的观点。

1. 学习感性知识，积累丰富的地理表象

首先，学习区域地理感性知识是学习地理知识的基础。区域地理被普遍认为是记忆量最大的教学内容（刘雄兵和陈鑫，2015）。初中区域地理事实材料丰富，包括地名、地理数据、地理景观、地理事物分布与演变等，这是学习地理知识的基础。地理概念、地理原理的学习都是从地理感性知识开始的。因为任何思维，不论它是多么抽象的和多么理论的，都是从观察分析经验材料开始，而不可能从任何其他东西开始（刁传芳和高如珊，1988）。如要求初中地理学生掌握我国地势特征，可以让学生观察我国地形分布图，让学生观察东中西部地区不同的颜色及其所代表的海拔，然后观察其分界，让学生自己归纳得出“我国地势西高东低，呈三级阶梯”的结论。

其次，学习地理感性知识其心理学实质就是建立地理表象的过程。所谓地理表象是客观的地理事物与现象在人脑中留下的印象，是对地理事实与现象外部特征的反映，是形成地理概念、知识化地理事物与现象本质属性的基础（冯克诚和刘以林，1996）。表象是真实物体的类似物，但是它是带有抽象性的类似物（乐国安，2001）。按照形成过程，地理表象一般分为记忆表象与想象表象。前者主要指已经感知过的地理事物和地理现象在大脑中的重现。如亲眼见过“黄土高原”的学生对“高原”这一地形的印象。后者是指知觉形象经过改造而形成的新形象，它往往是学生从未感知过的地理事物，因此地理想象表象拓展了学生学习地理事物的范围与领域。但是，地理记忆表象往往是地理想象表象的形成基础。如通过观察地球仪形成对地球的印象。按照地理表象的形式，又可以分为地理事物表象和地图表象。地理事物表象是反映地理事物表面特征形象的表象，如各类地形的形象。地图表象即心理地图，是进行地理认识活动最重要的材料（刁传芳和高如珊，1988）。

再次，学生地理表象的形成是“领会的开端环节”，相对于其他学科更具特殊意义。因为地理知识本身“具有一定程度的复杂性和间接性”（陈澄，2007）。如前所述，地理环境宏观，地理事物时空广大，学生难以感知，这是学生地理学习困难的源泉。因此，形成地理表象，是学生学习地理知识的一种必不可少的心理过程。其一，表象是一切思维活动的基础。地理表象对于地理思维的形成有着极为重要的意义，它为地理思维提供丰富的素材，尤其是对于无法直接感知的地理课堂教学，地理表象具有可再加工性的特点，在地理教学中意义深远。其二，地理表象可以进一步加工为其他地理表象。地理表象具有一定的概括性特征，如学生看过多种高原的图片后，学生形成的不仅仅是“黄土高原”的形象，而会形成对高原的一般形象，具有概括性的特点。在教师的启发下，学生还可以根据高原的形象，进一步加工平原、山地等地理表象。其三，地理表象可以帮助学生建构地理环境的空间结构。即包括空间成分与视觉成分（M.W.艾森克和M.T.基恩，2004）。地理表象的空间成分包括地理位置等，视觉成分包括空间形状等，因此它可以帮助学生记住和认出地理环境的空间结构。其四，地理表象帮助学生预测一个地理事物在不同角度呈现的样子。其五，扫描地理表象可以寻找关键信息。如通过地球仪的学习，可以形成地球的表象，可以想象从北极和南极看地球是什么样子的，也可以想象北京等某一区域在地球中的大致位置，还可以想象地球上的海陆分布等。这对于地理的学习尤其重要。虽然地理表象的层次较低，但这绝不意味着地理表象就不重要，相反，在地理学习的过程中，帮助学生形成地理表象极为重要。尽管表象的产生是一个复杂的系统过程，当前的心理科学和神经科学对于其中的细节并不清楚，但可以肯定的是，它与知觉并不是同一个过程。

最后，在地理教学中，“观察”是获得地理表象最重要的途径，具体而言包括：一是实地感知与日常生活积累，如地理野外观测活动等。地理野外观测是地理学习的特色，也是建立地理表象最有效的手段。一方面，地理事物表象是建立地理地图表象的基础，另一方面野外观测中学生通过实地考察，所形成的地理表象最为真切，也最容易引起学生的兴趣。但是，在中学地理教学实践中，地理野外观测受到经济、时间、安全等各方面的限制，仍是困扰中学地理教学的难题。二是利用工具形成直观形象。这是当前学生形成地理表象的最主要途径。既可以利用直观教具，如地理模型、地理图片、地理视频的演示，也可以通过地理实验等形成直观形象，还可以通过地图、挂图、示意图、地理板图等来让学生获得抽象表象。相比于实地感知，地理直观教具既不受时空限制，没有经济、安全等因素的制约，还可以根据需要删除地理事物的次要特点，突出关键特点，帮助学生记忆关键信息。三是用生动的语言描述，帮助学生形成想象表象。可以通过生动形象的语言描述，发挥学生的想象力，帮助学生将言语描述转换成地理表象。

2. 归纳区域特征，掌握区域认知的学习方法

区域地理学习的方式和方法很多，其中“抓住主要特征学习区域地理”是核心思想和核心方法。

首先，学会归纳区域地理特征，是初中区域地理学习的核心目标之一。地理特征是指对地理事物概貌的整体概括，它可以反映各种地理事物的异同点，为认识地理现象的本质属性，形成地理概念提供了可能（陈澄 等，2012）。它包括三个过程：一是明确地理特征的内涵。即学生要明确“地理特征是指什么”，它是归纳地理特征的前提。地理特征往往包括两大类：一类是地理要素的特征，一类是区域综合性特征。二是学会发现和归纳地理特征。在这一过程中，利用图像和比较是两种基本的策略。一般利用图像来总结地理要素的特征，用比较法来总结区域地理特征。如讲授我国降水的空间特征时，可以提供给学生中国年降水量分布图，让学生通过观察地图来总结归纳出“自东南沿海向西北内陆递减”的特征。又如学习我国的南方地区可以与北方地区比较，学习英国可以与日本的地理特征相比较。三是学会用自己的语言表达地理特征。为此，教师要提供指导和技巧训练。

区域地理学习的方法一般包括：第一，运用地图和资料，认识某一区域的自然地理和人文地理的概况（陈澄 等，2012）。自然地理概况主要指该区域的地理位置、地形、河流、气候、植被等的分布与基本事实。人文地理概况主要是指该区域的人口分布与发展、经济部门的地域分布、环境与发展问题、文化地域特征等。值得一提的是，在地理区域的学习中，并不是要学习所选区域的全部自然与人文地理概况。认识区域自然地理概况与人文地理概况的基本策略是运用地图与资料。第二，学会归纳的方法，来认识某一区域地理特征（陈澄 等，2012）。一个地区的区域地理特征，可能是该地区自然地理事物的表现，也可能是该地区人文地理事物的表现，或者是二者的综合。区域地理特征往往是多个地理要素特征的综合体现，比较适合用归纳的方法进行学习。第三，运用综合分析的方法，认识地理特征的成因（陈澄 等，2012）。初中阶段对这一要求不是很多。第四，运用比较的方法，认识某一区域与其他区域地理环境的异同（陈澄 等，2012）。每个区域都是其自然地理要素与人地理要素的独特组合，因此每个区域都有其独特性，通过比较，学生能更加深刻地认识区域地理特征，认识区域的差异性与独特性，理解“因地制宜”的观点。总之，就初中区域地理学习而言，运用地图和资料是学生学习感性知识，积累地理表象的基本方法。而归纳法与比较法又是学生掌握地理特征的基本方法。

3. 把握“人地关系”主线，培养“人地协调”观点

如前所述，初中区域地理教学的核心内容是区域特征，而区域人地关系则是区域地理教学的“灵魂”。因此，区域地理教学目标不仅仅是掌握区域特征，而是上升到如何辩证地看待人类生产、生活等活动。例如，我国南方与北方地区的差异比较，其比较的实质就是南北方的人地关系。例如，新疆“干旱”是新疆的核心地理特征，其地理位置与地形的原因造成了“干旱”气候，气候进而影响河流、土壤、植被、农业、工业等其他地理要素，因此气候既是“因”，又是“果”，并且在特定的时空条件下，因果可以相互转化。

（二）初中区域地理的主要教学策略

初中地理是学生学习高中地理课程的基础，因此，初中区域地理的核心目标更加基础。初中区域地理学习主要有两大目标：一是掌握一定的区域地理知识，主要是认识区域自然地理和人文地理的主要特征，二是初步掌握区域地理学习的一般方法。目标一指向“知识”目标，即学习内容的要求，显然离不开地图等直观手段的使用，也离不开具体情境的创设。目标二则指向“过程与方法”目标，即学习方法上的要求，其目标的达成，是在比较、归纳、运用地图等基本教学方法的过程中实现的（表 7-8）。

表 7-8　与初中区域地理核心教学目标适配的教学策略

核心教学目标	核心教学策略	具体的教学策略
地理事实知识	境中教	直观演示、地图教学
地理方法	做中教	归纳、比较、运用地图、运用资料、综合分析

1. 以“事实”为核心目标的教学策略

初中区域地理中蕴含着丰富的地理知识，且多为地理事实性知识，一般对这类知识的

目标要求是记忆，因此学生的基本学习方式是“记中学”。但是单纯的记忆会让学生觉得枯燥且易遗忘，因此初中区域地理“知识”目标达成的核心策略是“境中教”，教师设置多种情境，既激发学生“记中学”的乐趣，又帮助学生形成地理表象，建立心理地图。

情境之于知识，犹如汤之于盐。知识要融入情境之中，才能显示出活力和美感（余文森，2006）。虽然知识本身蕴含着丰富的、生动的意象，但是表征知识的文字符号却往往是简约的、抽象的，因此，学生在学习地理知识的时候，需要透过干巴巴的符号表征透析其背后的意象，即“活化知识”，才是有意义的学习。而创设教学情境，可以以直观的方式再现知识所表征的实物或背景，解决学生在认知过程中遇到的形象与抽象、理论与实践、感性与理性、旧知与新知的冲突。

创设情境非常适宜于初中区域地理教学，其原因有三：其一，与初中生的认知水平相适应。依据皮亚杰的认知发展阶段理论，初一、初二的学生主要处于“具体运算阶段”向“形式运算阶段”过渡，以形象思维为主，不能完全摆脱具体的事物和过程进行思维，更不用说完全借助概念、假设进行演绎和推理。因此，创设具体的情境，可以让学生逐渐从“形象思维”向“抽象思维”过渡。其二，与初中区域地理内容特点相匹配。初中区域地理以事实性知识为主，相对高中原理性的知识，更适宜于运用一定的形象与场景、氛围来吸引学生学习。其三，与初中区域地理教学目标相契合。区域地理三维目标高度融合，需要学生在学习的过程中将认知与情感高度结合，通过情景交融来达成综合立体的三维目标。教学情境不仅包括场景，还内含情感，能使学生入情入境，能使抽象的知识变得形象生动，学生易于也乐于接受。此外，在初中阶段，培养学生的地理学习兴趣尤为重要。而情境之“境”，即创设学生进行有意义学习的认知背景，情境之“情”，即激发学生的学习心向。显而易见，情境对于激发学生的学习兴趣，有着特别重要的意义。

初中区域地理教学中，地理教学情境是丰富多彩的，常见创设地理情境的策略有：一是创设地理模拟情境。其形式多样化，主要是利用现代信息技术，包括实物投影仪、电子地图、地理信息系统及全球定位系统等。尤其是计算机多媒体，可以设置图片情境、动画情境与视频情境、模拟演示情境（如地震、火山喷发等）。二是创设地理活动情境。主要包括四大类：演示与实验类、角色扮演类、野外观察与调查类、游戏类。总体上既有人文学科的表演，也有自然科学的操作。总之，这类情境是一种动态的形象，将抽象的知识变得更加形象直观，有助于理解抽象知识的实质。尤其是角色扮演类的情境，属于高层次的形象，因为它不仅要展示表层教学内容的形象，而且还要揣摩和表露人物的内心世界。三是创设地理语言情境。它包括描述与朗读、故事与案例、古诗词、音乐等。形象的语言能使学生的脑海中呈现鲜活的画面，而不是一些抽象的语言符号。四是创设地理问题情境。问题是科学研究的出发点，也是开启科学之门的钥匙。现代教学论研究指出，从本质上讲，感知不是学习产生的根本原因(尽管学生学习是需要感知的)，产生学习的根本原因是问题。问题是思想方法、知识积累和发展的逻辑力量，是生长新思想、新方法、新知识的种子（余文森，2006）。在地理学习中，问题既是地理学习的起点与动力，解决地理问题是地理学习的主线；问题又是地理学习的结果，通过学习来生成问题，通过发现问题、提出问题、分析问题、解决问题来完成学习。有价值的问题情境往往是根据教学目标来提出的，教学目标是问题的价值所在，另外问题是新颖且难易适中，能够保证多数学生处于思考状态。并且经过艰苦而又趣味盎然的问题探索，学生才能真正地理解知识背后的深刻意义，并获得丰富的情感体验。

具体而言，初中区域地理知识核心目标的教学有直观演示、地图教学等教学策略。

1）直观演示

直观性原则一直被认为是教学论的重要原理。早在 17 世纪，夸美纽斯就提出“一切知识都是从感官开始的”（王天一，2006）。夸美纽斯认为这是教学的“金科玉律”。直观性原则揭示了学生学习的基本规律：人的感官是知识的入口处，教学要充分利用学生的多种感官与已有经验，通过多种渠道的感知，丰富学生的直接经验与感性知识，实现抽象知识的具体化。换言之，直观性原则符合学生思维发展的规律，以具体感知为起点，为抽象思维奠定基础。由于学生不易感知地域的广阔性及地理事物的综合性，在地理教学中经常运用各种直观的教学方法，来丰富学生的感性认识，积累地理表象。

运用直观手段，主要包括三类：第一类是模像直观，即用符号来表征地理事物或地理现象的教具，如地图、地球仪、地理板图、地理示意图、地理电影、地理视频等；第二类是实物直观，包括各种标本、模型等；第三类是语言直观，即形象化的语言描述。

运用直观手段的目的是：首先，感知地理事物，积累地理表象。地理学习过程包括感觉、知觉、思维、想象等，而地理感知是地理学习的重要部分，也是后续学习过程的基础与前提。感知地理事物的途径有多种，如野外实习、地理实验等，其中一个很重要的方式就是利用地理直观。其次，培养学生形象思维，奠定抽象思维的基础。地理教学中尤其注重形象思维与抽象的结合。形象思维以观念形象为思维载体，通过对感官所获得的形象信息进行想象、联想、整合，借以图像、音调和动作等形象符号创造出富有代表性的新事物、新形象的一种信息加工方式。而抽象思维，就是以概念作为思想载体的思维，即人们在认识活动中运用概念、判断、推理等思维形式，对客观现实进行间接的、概括的反映的过程，属于理性认识阶段。形象思维的培养主要是结合直观学习的过程，在形成有关的地理表象的基础上，引导学生进行联想和想象（胡良民，2005）。再次，激发学生兴趣。地理事物的具有时空的广阔性，学生平时难以接触到，如果只从概念到概念，从抽象到抽象，学生难以理解，会妨碍学生的学习兴趣。而直观地理教具具有生动鲜明的特点，会对学生形成一种新的刺激，保持一种新鲜感。

但是值得注意的是，如苏霍姆林斯基所言，“直观是认识的途径，是照亮认识途径的光辉”，但不能只是为了简单的“猎奇”或者吸引学生的注意力而使用直观教具，要利用直观教具来拓展思维的深度，同时还要避免不恰当的刺激，不能使学生仅仅注意形象本身，而要引向最本质的特征与联系。另外，一些学生出现的地理学习困难，就是因为没有经过一番长期的地理“形象思维”的训练与培训，而过早地转向地理抽象思维，本质上是形象思维与抽象思维相脱节的结果。

2）地图教学

地图教学若只是单纯的演示，可以归结为直观演示。但地图在地理教学中的应用远不止演示，还包括分析、归纳、制作等。地图教学应该是区域地理教学中最基本、最常用、最重要的方法之一（何妮妮，2011）。所以，单独将地图教学从直观中抽离出来进行阐述。从地理图像入手，这是认识一个区域的起点，也是区域地理教学的传统特色。地图是地理科学的语言，是地理学家的“眼睛”，是最直观、最简明的教科书，是地理教学不可缺少的工具（胡良民，2005）。与文字语言相比较，地图的最大特点就是形象直观且一目了然。运用地图进行地理教学，是地理教学的重要特色。初中区域地理教学中常用的地图类型包括地图（地球仪）、剖面图、景观图和其他示意图等。其中最为重要的是区域位置图与地理要素分布图。认识一个地理区域往往是从区域的地理位置开始，区域地理某种程度上是关于“位置”的学问。如人教版七年级下册之所以选择“中东”地区，其地理位置的重要性便是首要原因。而地理要素的分布图则是地理要素特征的可视化表达，表征的是区域内部的空间结构及其区域个性。

地图在初中区域地理教学中具有的作用有三个方面。首先，地图能使地理事物与地理现象可视化，帮助学生形成空间概念，理解地理规律。地图既可以表示区域的位置与轮廓，也可以表示地理事物的分布、特征及其相互关系，还能表示地理事物在空间与时间上的动态变化。因此在初中区域地理中利用地图完成：第一，区域位置与轮廓的学习。而使用地图，是学习区域位置与轮廓的基本方法。地图能表现空间的完整性，使区域的位置与轮廓一目了然，远胜于语言的表达，因此，区域位置与范围的教学自始至终离不开地图，不应有任何单纯记忆结论的环节。第二，地理事物分布的学习。地理事物的分布是区域地理学习的基础。学习空间分布，学生才能建立一定的空间概念，在此基础上探究空间分布的特点与规律。第三，认识地理事物之间的差异与联系。地图本身既能直观地反映地理要素之间的相互关系与区域的相互关系，又可以借助心理地图来描绘区域地理事物间的关系，从而认识区域内或区际差异。第四，区域环境与区域发展关系的学习。区域环境本质上是区域各地理要素的综合反映，而区域发展则是可持续发展战略在某一特定区域的空间体现。因此区域的发展与区域环境之间的关系也离不开地图的运用。如分析日本的区域发展，就离不开对日本的区域位置、区域特征的分析，而这些只有结合地图，才能让学生更加清晰地认识到该区域的环境特色。总之，运用地图是学习区域位置与区域地理特征的重要手段。其次，通过地图观察，还可以发展学生的想象力与思维能力。在地理教学中，教师如果不结合地图只是用语言来抽象描述地理事物的位置、形状、特征，学生只能是记忆知识，不能获得技能。而利用地图进行教学，有助于学生思维的发展。再次，地图能够激发学生的学习兴趣，同时也是进行思想教育的重要工具。总之，地图是地理学习的“第二语言”，在地理学习中具有无可替代的地位。初中地理课程标准区域地理的内容标准有 89 条，其中约有 40 处明确要求学生学会运用地图、地形剖面图等来学习地理知识，具体表述为“运用地图……”“在……图上……”“阅读……图”等，地图在初中区域地理学习中的地位可见一斑。

初中区域地理在运用地图进行教学的时候，主要包括的方式：第一，阅读地图，获取基本地理信息。所谓阅读地图就是会看地图，即能够懂得构成地图的基本要素，能够在地图上辨认方向，换算比例尺，懂得各种地图符号的含义。又能大致区别地图的种类，如政区图、地形图、地理要素分布图等，并能根据需要迅速找到自己需要的地图。此外，初中地理课程标准内容标准中“运用地图”的大部分“标准”要求学生能运用地图获取需要的区域地理信息，如区域的轮廓与位置、地理事物的位置与分布等。第二，分析地图，学会归纳与判断地理信息。即能够读懂地图中地理事物之间的空间关系与因果关系。或能够分析地图上某区域某地理要素或区域综合的地理特征，或能够归纳地理事物与地理现象空间分布与空间变化规律，或能根据地理事实进行地理判断，如“埃及是一个地跨两大洲的国家，你能在图上找到依据吗?”地理判断是对地理事物本质属性的认识，利用地图进行地理判断包括三类：一类是对地理事物特征的判断，如“亚马孙平原是热带雨林气候”；一类是对地理事物类属的判断，如“华盛顿是美国的首都”；还有一类是地理事物关系的判断，如

"东北大平原包括三江平原、松嫩平原与辽河平原"等。它主要是考查学生对地理概念之间关系的掌握。第三，绘制地图，学会运用地图来表达。为了贯彻"运用适当的方式方法，表达、交流地理学习的体会、想法和成果"的课程目标，初中地理课程标准多次要求学生学会运用地图来展示自己的学习成果，主要包括：一是能绘制简单的地图草图。所谓简单的地图草图是指简单的平面图，如学校、教室的平面图，或是路线图、方位图，如为别人指路画出的草图。此外，还包括能缩放地图（陈澄 等，2012）。二是学会运用地图来说明自己的观点与认识，养成主动使用地图描述或论述区域地理事物的习惯。

2. 以"方法"为核心目标的教学策略

方法目标一般要求学生"会做""会用"。它并不是外在于学生的客观知识，而是学习者经由阅读、思考、尝试、交流、讨论、问答、争辩、分析、综合、归纳、总结、提炼、概括、解释、推理、运用和拓展等一系列自主、合作学习的"做中学"过程而获得（吴刚平，2013）。简言之，对于方法性目标，其达成的核心策略是"做中教"。因此，初中区域地理学习的方法目标达成也要在运用地图、运用资料及归纳与比较"做"的过程中达成。前两者此处不再赘述。对于初中区域地理教学而言，"归纳与比较"既是一种过程与方法教学目标，又是一种教学策略。

1）归纳

初中地理标准多次提到要求学生学会归纳地理要素特征及区域特征。对于思维过程而言，地理归纳主要是指对地理现象的大量观察，从感性认识（形象思维）上升到理性认识，形成概念（抽象思维），对概念进行归纳总结，从局部到整体认识地理现象，从而认识某些地理规律（马蔼乃，2007）。简而言之是从形象思维到抽象思维的过程。归纳的过程是从具体到抽象，从已知到未知，内含一定的探究成分。

初中区域地理中的归纳主要有三种方式：一是归纳区域的地理位置，学会认识地理位置是初中地理学习的侧重点。首先，地理学家指出，在影响某个地区自然地理环境各要素中，一般把位置的因素放在首位（陈澄 等，2012）。地理位置是认识区域地理特征的前提。地理位置直接影响了区域的光、水、热的组合，造就了不同的区域差异。因此，要高度重视学生学会认识地理位置的方法。它包括从经纬度、海陆位置、半球位置等描述地理位置，描述区域的轮廓和大致范围；分析、比较不同地理位置的影响的方法；评价地理位置的方法；表达位置关系的方法等。二是归纳区域地理要素特征。帮助学生归纳并形成地理要素特征的认知结构是地理教师的重要任务。区域地理要素的特征往往可以由几个要素组成。如气候特征可以用气温与降水两个要素来总结，河流的水文特征可以从流量及其季节变化、结冰期、含沙量等要素进行描述，认识地形特征的基本方法是使用地形图和地形剖面图，可以通过多个要素进行描述（图 7-19）。三是归纳区域的综合性特征。区域地理教学的关键是要让学生认识和掌握区域地理特征（陈澄 等，2012）。对于初中区域地理而言，归纳地理特征则是重中之重。地理特征是地理事物概貌的整体概括，它可以反映各种地理事物的异同点，为认识地理现象的本质属性，形成地理概念提供了可能（陈澄 等，2012）。教师应该帮助学生既要全面地认识自然与人文两方面的综合特征，也要帮助学生认识区域的关键特征。区域综合特征往往包括自然地理特征和人文地理特征。自然地理特征往往从地形、气候、河流、土壤、植被等特征来认识，人文地理特征往往从人口、经济、城市、文化等方面来认识。也可以在综合的基础上认识区域的最突出特征，如青藏地区的地理特征可以用"高寒"来总结，我国的西北地区可以用"干旱"来勾画。

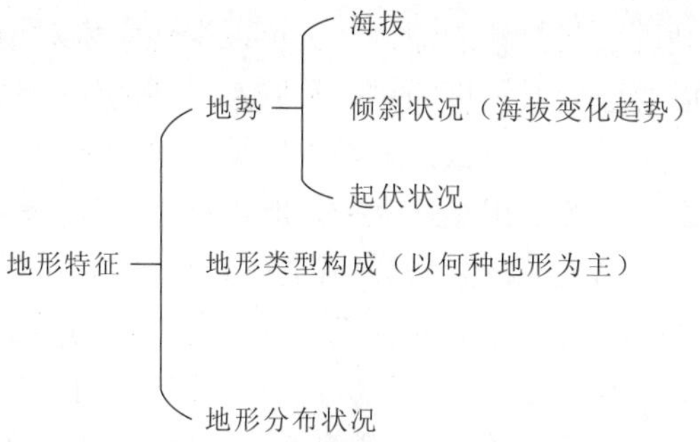

图 7-19　“地形特征”认知结构

而归纳的主要方法有：第一，归纳区域的核心地理特征。区域地理特征的归纳不需要从地形、河流、气候、人口、经济、文化等方面进行归纳。归纳区域地理特征，往往需要用简约的文字勾画出区域的主体特征，以显著区别于其他的区域。因此可以从影响区域地理特征的主导因素入手，在比较分析归纳的基础上，抓住关键性的因素。如图 7-20 所示，我国西北地区地理特征，从它“深居内陆与地形阻挡”的地理位置出发，围绕“干旱”这一核心特征，去认识和理解其河流、地形、农业等其他主要地理特征。第二，地图是归纳地理特征的重要工具。一些专题地图是地理特征的集合。如区域气候分布图能反映该区域的气候分布与特征，地形图能反映该地区的地形与河流特征，只要对地图所示的信息进行定性与定量的分析，就能从中综合概括出区域地理特征。第三，图层教学也是初中区域地理归纳的一种重要方法。如在“澳大利亚”一节内容的学习中，教师首先介绍养羊需要的相关条件，然后将全班学生分成了水源组、气候组、地形组，分别收集澳大利亚的相关资料，并且在自己小组的单一要素的前提下寻找最好的牧场地址。然后，各小组代表展示各自的牧场地址并说明理由。教师用 PPT 地图展示各小组的选择，并引导学生重点关注三个小组的重合区域，并根据澳大利亚牧羊业的实际情况进行总结，并补充学生没有关注的因素。

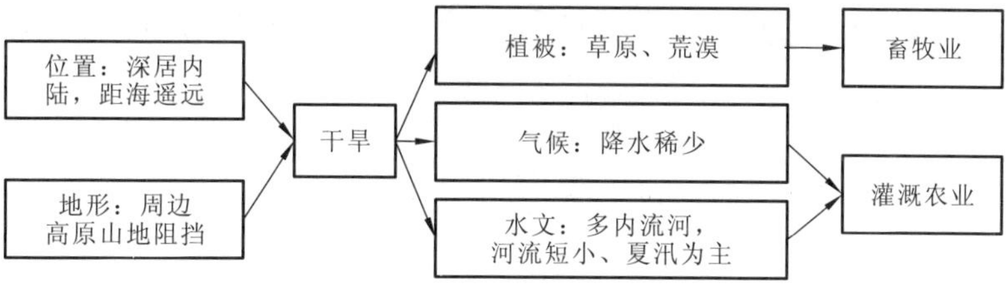

图 7-20　我国西北地区的地理特性

2）比较

与“归纳”相似，“比较”既是过程与方法目标，也是初中区域地理的一种基本教学策略，进而，比较既是一种地理教学方法，也是一种地理学习方法。比较是确定地理事物与地理区域间异同关系的思维过程与思维方法。区域比较法是地理学传统的、基本的研究方法。因为建筑在任何区域的地理特征大都是相对的、通过比较而存在的（过宝兴，2001）。地理比较法一直是地理教学重要的策略与方法。“在我们这个时代，比较法在地理中是最有权威……，而且在地理教学中，与我们一切科学的主要方法——辩证法同时并用。”（伊凡诺夫，1955）

总之，在初中区域地理教学中，比较的主要功能包括：其一，比较相同或类似的地方，以此加深学生对地理知识的理解。因为比较的对象是已知的地理知识，通过运用已知的地理知识去同化新知识，既可以获得新的知识，又可以深化学生对地理事物与地理现象之间相互联系的理解，还可以通过新旧知识的对比和联系，帮助学生系统化学习地理知识，形成一定的知识网络结构。相反，如果只是逐步讲解地理事物和地理现象，孤立地描述各区域的地理特征特点，那么学生的知识是孤立的，既不能形成知识网络体系，又不能活跃学生的思维，是很难形成确切的地理概念和鲜明的区域特征的。其二，比较法是一切理解和思维的基石（王树声，1995）。通过比较不同的区域，可以帮助学生认识不同地理区域的差异性与独特性，以更好地理解“因地制宜”的观点。比较是对地理事物深入思考的过程，有利于对地理事物和区域的深刻理解，帮助学生学会学习。其三，比较事实上也是一种“对比直观”，可以增强地理教学的直观性。如用比较法说明我国领土的辽阔广大，可以让一些抽象的地理数据和难以想象的地理事物具体化、形象化，有助于学生的理解。

比较一般包括四个基本步骤：第一，选择比较的对象。比较的对象应该具有可比性和能比性，即比较的对象属于同类，且具有典型的相同或不同的特征。另外，比较的对象往往是已知对象，否则比较无法进行。第二，确定比较的标准，即比较视角的确定。一般包括两种：一种是按地理要素进行比较，另一种是按照区域来进行比较，后者属于一种综合比较。第三，分析比较的内容。按照比较的视角，分别解释比较对象的异同。如印度与中国的比较，从相似性来说，两者都是地理位置都临海，海陆兼备，气候上都有季风气候，资源上水资源与矿产资源丰富；人口数量众多，劳动力资源充足；此外两国农业发展历史悠久，种植经验丰富；交通便利。总体上都是属于发展中国家。但差异性主要表现在：中国已是新兴的工业国家，而印度仍为比较落后的农业国家，可以从种族、人口、政策、国际关系等多方面进行分析。值得一提的是，比较的过程中会经常借用图表。区域之间地理特征的比较，因为比较的因素较多，多用列表的形式，如此才比较全面，如英国与日本的比较。而地理要素特征的比较，如巴西与澳大利亚气候的比较，往往借助地理要素分布图、景观图、统计图表等来展示其中的差异性，需要学生对图中的信息进行挖掘，并加以归纳与总结。第四，得出比较的结论，即通过比较得出区域的地理特征，或者总结相关的规律。如中国和印度的比较，可以得出值得印度学习的中国经验。

三、高中“区域发展”的主要教学策略

就地理知识类型而言，初中区域地理侧重区域地理事物的分布与区域特征，多为事实性知识，高中区域地理侧重区域地理问题及其原因，多为原理性知识。但是，当前的高中地理教学普遍存在一种典型的“时空矛盾”，表现为初高中地理教学衔接出现断层，学生初中区域地理知识量不足，导致高中区域地理学习困难，高中生的“空间感”难以建立，但若进行补习，高中区域地理教学“课时”又明显不够。所以，高中区域地理教学的基本策略是要帮助学生学会区域地理的基本结构。布鲁纳曾经指出“不论我们选教什么学科，务必使学生理解学科的基本结构。”此种策略既能帮助学生迅速地掌握知识的基本结构，又能实现知识与技能的迁移，在教与学时间有限的条件下，实现高中区域地理教学的最优化。区域地理的“基本结构”就是区域地理学习的基本概念与基本原理、基本方法。具体来说，就是利用案例，带动初中基本区域地理知识尤其是区域地理特征的学习；利用问题，带动区域综合分析方法的掌握。

（一）高中区域地理学习的主要过程

高中区域地理学习的过程既是初中地理知识的升华，又是高中自然与人文地理知识的综合应用，高中区域地理可谓是中学地理学习的高级阶段。高中区域地理学习的过程，是一个区域认知与综合分析的过程。如图 7-21 所示，它包括区域位置的确定、区域地理特征的归纳、区域成因的分析、区域差异与区际联系的理解、区域可持续发展的总结。虽然它也是从区域地理位置开始，要研究区域地理特征，但它更加注重区域地理学习的后三个阶段，即区域成因的分析、区域差异与区际联系的理解及区域可持续发展的总结，认识区域成因、区域差异与区际联系最终目的都是为了区域可持续发展。

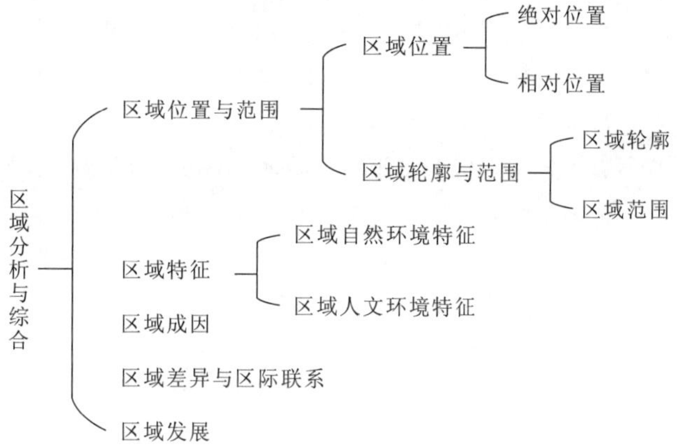

图 7-21　区域分析与综合

1. 分析区域成因

与初中区域地理不同，高中区域地理对区域成因有明确的要求。即分析地理事物特征与地理现象的形成原因，这种分析是一种“由果到因”的过程，其本质是区域地理要素之间的联系。一个区域的经济发展是多种要素综合形成的，主要包括自然区位要素与社会经济区位要素。另外，这些要素又是发展变化的。揭示知识之间的内在联系，理解和把握其间的本质规律。这样更有利于学生理解地理要素之间的关系，从更深的层次去理解区域的整体性。如讲黄土高原地区的水土流失问题，在寻找形成问题的原因时联系黄土高原地区的位置、地势地貌、气候、植被，以及人类的不合理活动所引出的工业、农业、矿产特点（图 7-22）。

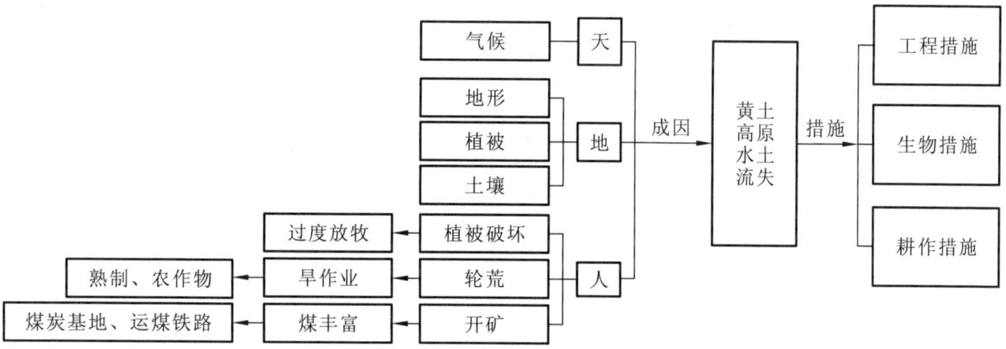

图 7-22　黄土高原水土流失

2. 理解区域差异与区际联系

区域差异与区际联系充分体现了高中区域地理在初中区域地理基础上的提升。首先，区域差异是理解区域特征的升华，又是理解区际联系的基础。区域是独特的。区域内部存在一定的共同性或相关性，而区域之间则存在差异性。高中地理课程标准明确规定“以两个不同区域为例，比较自然环境、人类活动的区域差异”，与初中区域地理学习相比明显有提升，既要学会有关区域差异比较的方法，又要学会认识形成区域差异的原因。区域差异不仅表现为自然环境的差异，包括地理位置、气候、地形、水文、土壤、植被等，还表现为人类活动的差异，如农业生产类型、生产方式及住房样式的差异等。值得注意的是，区域差异是渐变的，呈现规律性的更替序列，具体表征为地域分异规律。

区际联系，主要指区域之间的物质流、能量流和信息流。赫特纳（Hartshorne，1959）曾指出：地理学关注的现象间的联系，一是同一地方的，一是地方之间的。后者即区际之间的联系。区域是一个关于人地关系的开放系统，系统内的各部分相互依赖和相互作用，其连接关系是最重要的特征（钱学森，1991）。因此，区域地理不仅要研究区域的独特性和区域差异，更重要的是对区域之间横向联系的研究。首先，区域联系的存在是因为区域差异是渐进的，呈现连续性的变化，所以这种区域差异存在成因上的联系，或者说区际之间存在着必然的联系。其次，区域差异是区域联系的基础，区际联系是区域差异的目的和落脚点，区域差异与区际联系又共同为区域发展提供基础。区域的差异性内含着区域的互补性，为区域联系提供了可能性和必要性。区际差异只有在有助于显示或明确系统的连接关系或信息流时，才显示出其重要意义（钱学森，1991）。在区域开发中，优势互补、互相促进、共同发展，区际联系研究至关重要。再次，研究区际联系的目的在于形成区域系统，促进区际各类资源的优化与重组，以形成各种类型的功能区（王向东和袁孝亭，2008）。区域的发展需要在大系统内部扬长避短，因地制宜，进行合理的分工与开发，取得整体的效益。区域是在相互联系中发展的。高中地理对于这一部分的要求有“举例说明产业转移和资源跨区域调配对区域地理环境的影响”。区际联系的学习应从区际联系存在的基础、表征、原因及功能等角度展开。

3. 探究区域可持续发展

区域的可持续发展是区域地理学习的最终落脚点，也是区域的综合学习。选择“区域可持续发展”作为本模块的核心内容，旨在帮助学生了解区域特点及发展路径，树立因地制宜、人地和谐的区域发展观（中华人民共和国教育部，2017）。

首先，区域发展具有自身共同的发展规律。表现在：其一，区域发展阶段一般包括初期阶段、成长阶段和衰落阶段。其二，地理位置、资源环境、技术力量和产业结构等因素都会影响区域发展。在分析地理环境对人类生产与生活的影响时，重点是资源环境。资源与环境是区域发展的物质基础。区域环境对区域的发展具有制约作用（中华人民共和国教育部，2003）。其次，不同区域的可持续发展各有特性，也会面临不同的区域发展问题。高中地理课程标准只选择了区域可持续发展中的四种常见问题。课标采用案例的方式，目的是让学生通过案例教学，从个别到一般，掌握学习与研究的方法，有助于培养学生的学习能力。

（二）高中区域地理的主要教学策略

高中区域地理的学习，以探究区域发展的问题为核心，要求学生最终掌握区域问题探究的一般方法。因此，高中区域地理是高中自然地理与人文地理知识的应用，它侧重于地理“原理目标”与“方法目标”，与之适配的教学策略如表 7-9 所示。

表 7-9　与高中区域地理核心教学目标适配的教学策略

领域	核心教学目标	核心教学策略	具体的地理教学策略
高中区域地理	地理原理目标	用中教	问题解决、案例教学、图层教学
	地理方法目标	做中教	区域比较、区域综合分析

1. 以“原理”为核心目标的高中区域地理教学策略

高中区域地理是在自然地理、人文地理基础上进一步了解如何应用有关的地理原理实现区域的可持续发展。它“以区域为研究对象，提供了将地理基本原理应用于实践的基本方法”（中华人民共和国教育部，2003）。因此，“地理原理”的应用是高中区域地理的一个核心教学目标，所以学生学习的基本方式是“用中学”，教师采用的核心教学策略是“用中教”。高中区域地理基本上是以“区域发展问题”为核心，探究区域的可持续发展。中学地理不可能穷尽所有的区域发展问题，因此，高中地理课程标准只选择了典型的区域发展问题，并且以案例的形式展开讨论，案例教学与问题解决及图层教学都是其重要的教学策略。此处仅以案例教学为例展开探讨。

所谓地理案例教学，即根据教学目标和教学内容，教师指导学生对地理案例进行调查、阅读、分析、讨论和交流等，以此获得对地理基本原理与基本规律理解的特定教学方法。概而论之，地理案例教学对于促进学生能力发展，优化教学过程，增值学习意义，提高教学效益，推动地理教师的专业发展大有裨益。在高中地理教学过程中，一般区域地理更多采用案例教学。因此，“区域”本身是一个综合载体，能整合多种地理要素与地理规律，教师可以“区域”为单位设计案例。

地理案例教学主要包括四个阶段（图 7-23）。第一阶段，呈现案例。这是地理案例教学实施的关键一步，精彩的案例呈现可以迅速地将学生的注意力吸引到课堂中来，并且迅速地进入学习的情境之中。案例呈现的方式也可以是多样的，但是要尽量符合几个原则：典型性和导向性；启发性和实践性；趣味性和多样性。第二阶段，提出问题。一般而言，在案例教学的初始阶段，教师设计问题，但到后来，学生可以自发提出问题。第三阶段，案例讨论。这是核心教学环节。其目的是让学生都能积极参与，分享彼此的经验和智慧，提高分析问题、解决问题的能力还能够激发智慧的火花，即“真理越辩越明”。第四阶段，案例拓展。案例教学中的案例是独特的、具体的，容易出现过度概括化的倾向。因此案例拓展可以培养学生反思性学习和批判性思维，同时有利于学生知识的巩固与迁移。按照拓展案例与先行案例的关系，可以分为并列式、互补式、递进式。

在教学实践中，地理案例教学存在三重境界：第一重境界是教案例，对案例的教学事无巨细，但止步于案例。其根本原因在于没有树立课标本位和促进知例达理。第二重境界是教原理，即从案例上升到原理，但由于缺少学生讨论交流，学生主体性没有得到充分发挥。其根本原因在于学生缺乏主体性的参与。第三重境界即学技能，在教师的指导下，通过案例的“抛砖引玉”，学生通过讨论交流、迁移拓展等环节主动将案例与原理衔接，会应用原理并培养学生的语言表达技能、分析技能及解决问题的技能。

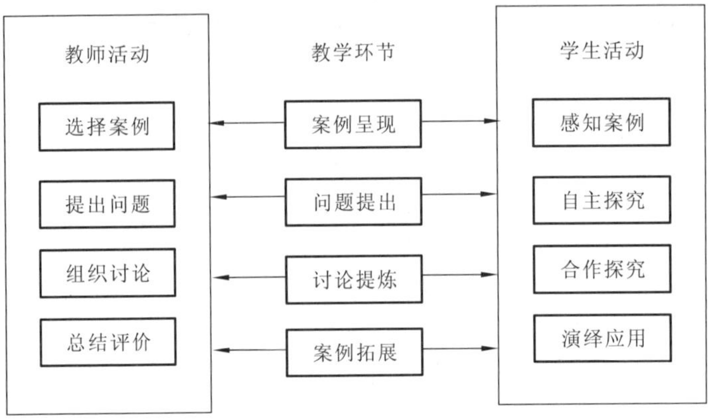

图 7-23　地理案例教学的步骤

2. 以“方法”为核心目标的高中区域地理的教学策略

高中区域地理是初中区域地理的拓展与提高。考虑到学生知识视野和探究能力的变化，对于区域的学习不应再局限于区域的描述，而要归纳总结区域的共性、个性和基本特征，加强区域地理的分析与综合（教育部基础教育司，2004）。如前所述，学生要在“做中学”“方法性”目标，教师在“做中教”“方法性”目标。因此，高中区域地理的教学策略侧重于区域比较法和区域综合分析法。与初中不同的是，高中区域比较法的类型与目的更为丰富，区域综合分析也是初中归纳法的进一步提升。

1）区域比较法

区域比较法可以分为类比法、借比法、纵比法、横比法、专题比较法、综合比较法等。初中区域地理的比较主要为横比，即通过地理要素与区域特征的比较，深化区域地理特征的理解。而高中区域地理比较的类型更为丰富，纵比法、横比法、综合比较法及类比法都常用，其目的不仅仅是加深区域地理特征的理解，还可以说明地理事物的变化及地理现象的原因等。

纵比法又被称为自比法、历史比较法、时间比较法，是将同一区域地理事物在时间上前后比较，比较不同历史阶段的不同状况，以此揭示地理事物发展的特点与规律，纵比法能显示这种差异的历史过程及原因。如案例 7-9 中，教师给出了包括利物浦在内的英国 10 个工业城市 1900～2000 年的人口统计数据，请学生通过时间比较来寻找人口变化的规律。总之，纵比能显示出地理事物和地理现象发展的趋势，其关键是划分阶段。

案例 7-9　一位英国老师的“利物浦和它的人口变化”教学设计思路

1. 导入

教师使用电子地图，让学生比较上海（学生所在地）与利物浦地理位置（同是港口工业城市）。

2. 通过图像观察，比较利物浦与上海的城市概况

接着，教师打开 4 张城市景观图，让学生观察（利物浦和上海确有许多相似之处。上海外滩等地的建筑物很多是英式风格的，浦东的开发也曾借鉴过利物浦的经验）。

3. 通过数据分析，比较利物浦与英国其他城市的人口变化

教师给出了包括利物浦在内的英国 10 个工业城市 1900～2000 年的人口统计数据，

请学生寻找规律。经过讨论，学生归纳呈现出由增加到不变，又逐渐减少的趋势。

为了分析其原因，教师又展示了曼彻斯特、莱斯特及伦敦等大城市和利物浦附近一些小城市 1966～2000 年的人口统计数据和城市分布图。学生通过小组分析和讨论得出原因是人口流动(①迁向了英国南部的大城市②迁向了附近正处于逐渐发展的小城市)。

4. 通过类比讨论，比较利物浦与上海的人口变化趋势和原因

教师又提问："同样是大城市，利物浦的人口在逐年下降，而上海的人口却为什么在逐年上升？"引起了大家的热烈讨论。学生意识到两个城市的城市化水平处于不同的阶段：利物浦已过了高速发展的城市化阶段，经济开始衰退，大量失业人口到附近的新兴城市或更繁荣的南部大城市谋生，因此人口流失严重。而上海正处于蓬勃发展时期，且外来人口不断涌入，因此人口变化呈现增长的趋势。

5. 通过演绎推理，比较利物浦与上海的城市发展

教师解释利物浦的内城衰落和逆城市化现象。然后让学生进行讨论：该如何看待利物浦内城衰落的问题，如果你是该市的市长，你会采取什么样的解决措施？学生们非常积极地提出了各种建议(改善环境，建设更多的绿化带，发展支柱产业，开发旅游业等)。

随即，教师提问："利物浦的大量人口为什么会迁移到郊区呢？"教师解释原因。

然后，提问"上海是否也会出现逆城市化现象?有无办法避免同样的情况发生？"学生回答做好城市规划工作（如市中心大力建设休闲绿地和交通枢纽站），就不会出现内城衰落。

6. 通过质疑反问，比较利物浦与上海的旅游业发展

新课即将结束时，教师询问学生还有什么问题。一位学生问道："为什么利物浦不大力发展旅游业？"教师解释旅游业对于利物浦这个大工业城市来说缺乏一定的经济稳定性，因此不作为支柱产业。接着，教师又迅速地反问大家："该如何看待上海旅游业的发展？"并将这个问题作为课后作业继续讨论。

（来源：《中学地理教学参考》2003 年第 6 期）

横比法是将两个或几个同类地理事物的各方面进行并列比较，或者对同一时期不同地区某些地理事物的比较，以期掌握这些地理事物的共性与个性。如案例 7-9 中，将上海与利物浦的区域位置的比较，找出共性，即两者都位于河流的入海口处，具备优良的港口条件。

综合比较法是将两个或两个以上区域进行全面综合的比较，既要找到异同点，又要找到要素之间的联系。它能帮助学生更加深刻地认识区域的综合特征，帮助学生形成比较完整的区域印象。

案例 7-9（薛梅，2003）是一位来华访问的英国教师给上海学生上的一节课，在教学中，该教师精心设计并安排了多层次的区域比较。如图 7-24 所示，教师的教学几乎是通过比较来完成的。首先，因为是异地（上课地点）上异地（教学内容）的课，为了引起学生的学习兴趣和结合学生的生活经验，教师利用上海与利物浦的比较这条主线，切入点和设计思路巧妙贴切。其次，区域比较的层次和类型丰富多样。有相似比较，也有相异比较，还有综合比较；既有中观的比较，还有微观的比较；既有地理位置的比较，也有地理原因与地理变化的比较；既有图像的比较，也有数据的比较；既有横向的利物浦与上海的比较，也有纵向的利物浦不同年代的比较。

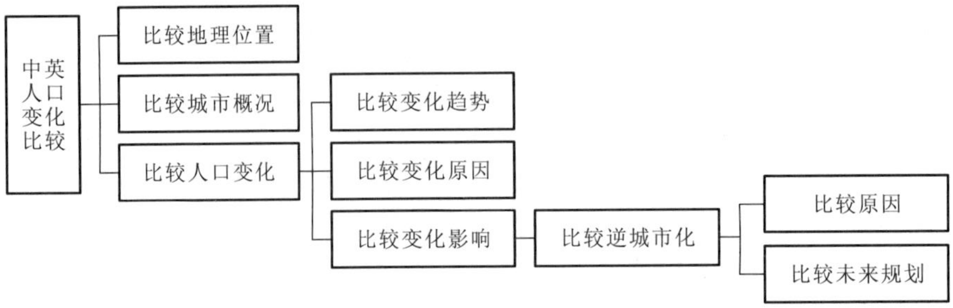

图 7-24 “利物浦和它的人口变化”教学中的“比较”

2）区域综合分析法

区域综合分析法是分析法与综合法的整合。分析与综合是两种基本的思维过程与方法。分析是把地理事物和地理现象进行分解的过程，而综合则是把地理事物和地理现象的各个属性和各个方面综合起来考虑的过程。分析有利于理解复杂的地理事物，综合有利于对复杂事物形成完整的认识。分析与综合是相互对立而又相互统一的思维方法。其中，分析是综合的基础，综合是分析的结果，二者可以循环往复，从而推动人类对地理事物认识的深化和发展。

区域地理环境的复杂性、综合性决定了综合分析是地理学科必须广泛采用的研究方法。在高中区域地理教学中，区域综合分析的方法是学生要掌握的区域研究的“看家本领”，也是区域地理教学中常见的教学方法（夏志芳和张建珍，2011）。区域地理特征的形成原因实际上是各种自然因素与人文因素间的相互联系、相互作用、相互影响的结果。因此，要了解区域的状况及其区域特征，就要对区域的各要素进行分解和剖析，即使用分析的方法，还要从整体的角度揭示各要素之间的相互联系，并找出主导因素。在分析的基础上进行综合，以此全面深刻地认识区域地理特征，理解区域地理特征的成因，并且准确地预测区域的可持续发展方向。简而言之，综合分析的过程实际上是探究影响某一地理特征形成的诸地理因素间的因果关系，并且从中找出主导因素的过程。

高中区域地理问题区域综合分析法的主要步骤（图 7-25）：首先，分析区域地理问题的内涵及其表征。其次，分析区域地理问题产生的原因。其中原因又要从自然与人为两方面进行分析，自然方面可以从位置出发，分析其气候、地形、河流、土壤、植被等地理特征，揭示各地理要素之间的关系，人为方面从人类活动等进行分析，综合得出主导因素。再次，根据区域地理问题的原因，归纳应采取相应的措施。在整个过程中，分析的过程就

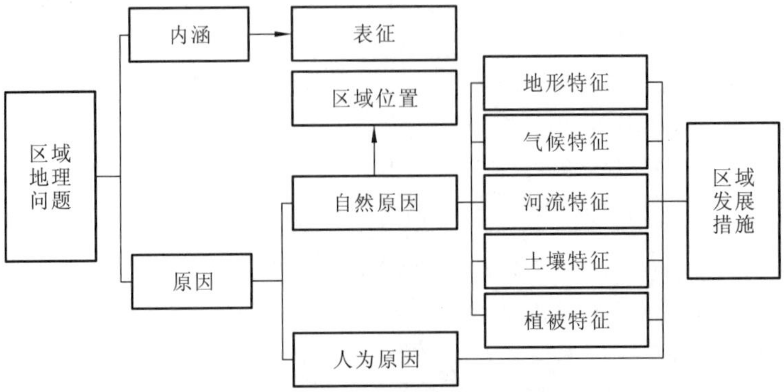

图 7-25 高中区域地理问题综合分析的主要步骤

是发现各个影响因素并确定它对地理特征形成的影响程度，综合的过程就是将不同因素的影响结果联系起来概括地理特征的全貌。

案例7-10中，教师通过图片直观引入荒漠化，首先，让学生形成了“荒漠化”的表象，然后引导学生分析什么是荒漠化和荒漠化的表现。其次，教师从地理位置出发，引导学生分析“荒漠化”的自然原因与人为原因，同时还引导学生进一步梳理自然原因各要素之间的关系，使学生深化对“荒漠化”概念的理解，并总结出“干旱”是主要原因。为了开拓学生的视野，更深入地分析地理环境的整体性，同时也为了避免学生将“西北地区”与“荒漠化”机械对应在一起，教师还从其他如农业可持续发展、工业促进城市化发展等角度对西北地区的各地理要素进行了整体分析，深化了地理要素关系的认识。首先从区域地理位置出发，接着分析区域的自然地理特征与人文地理特征，之后有两种路径：一种可以看作是“扬长”路径，根据区域的自然地理特征，归纳该区域的农业资源与矿产资源特征，以此发展优势产业；另一种可以看作是“避短”路径，向右归纳出该区主要自然特征，加之不恰当的人类活动方式导致这些自然地理现象加剧，发展成为自然灾害。为此人类要防治这一灾害，要提出各种治理方案和措施。总之，不论是哪一个区域的环境问题，应该从地理位置出发，从地形、气候、河流、土壤、植被等因素分析其自然地理特征，然后进一步分析其转化为自然灾害的人为原因，进而提出各种解决方案。

案例7-10　“荒漠化的防治——以我国的西北地区为例”一节教学片断

1. 教师展示一组荒漠化景观的图片，提问这是什么景观，一般分布在什么地区？学生回答，导入新课。

2. 教师介绍全球荒漠化的现状。

3. 教师带领学生分析荒漠化的内涵及其表征。

4. 教师展示西北地区位置和地形图，学生自主学习西北地区的位置及其范围，并分析荒漠化的自然原因。

5. 学生回答，教师总结位置和原因，基本原因是气候干旱，物质基础是地表物质松散，动力条件是大风日数多且集中，并引导学生探究分析自然原因各要素之间的关系（图7-26）。

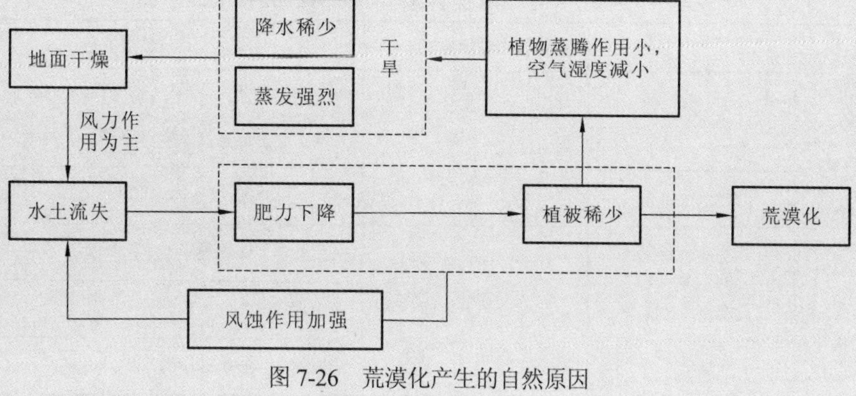

图7-26　荒漠化产生的自然原因

6. 学生自主探究荒漠化的人为原因。教师表格总结人为因素，包括过度农垦、过度放牧、过度樵采、不合理利用水资源等及其破坏的方式和主要危害。

7. 教师进一步拓展西北地区各地理要素的关系（图 7-27）。

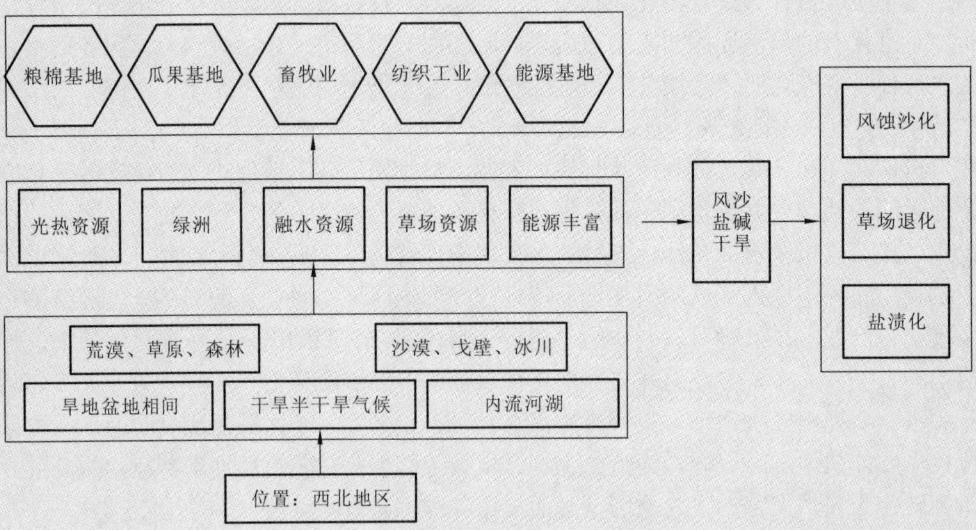

图 7-27　西北地区各地理要素的相互关系

（来源：《中学地理教学参考》杂志 2007 年第 3 期）

总之，地理教学目标的达成是在地理教学策略的实施过程中完成的，因此地理教学策略的选择与实施是地理教学目标达成的执行系统与关键环节。地理教学策略本身就意味着根据教学目标选择最佳的路径。虽然地理教学策略与地理教学目标之间不是一一对应的关系，达成一种地理教学目标有多样的地理教学策略，一种地理教学策略也可以达成多种地理教学目标，但是没有一种教学策略具有百分百的成功率。因此，“适配”才是本书的“视角”，另外笔者无力且无意于揭示地理教学目标与教学策略的所有适配关系。地理学是一门“两栖科学”，自然地理、人文地理与区域地理各有特色，在中学地理课程中也各有分工，因此，笔者分别探讨了自然地理、人文地理及区域地理各自主要的教学策略。另外，由于初高中的区域地理具有明显的区别，因此又进行了共性与个性的阐述，具体研究结果见表 7-10。

表 7-10　中学地理教学目标与教学策略的适配

领域	核心教学目标	核心教学策略	具体教学策略
自然地理	自然地理原理	探究	地理野外观测、地理实验、地理模型演示、问题解决、结合信息技术等
	自然地理技能		练习
人文地理	人文地理原理	开展体验教学 结合乡土地理 融入讨论环节	决策教学、图层教学、案例教学等
	人文地理技能		乡土地理调查、资料分析等
	人文精神		情境教学、案例教学等

续表

领域	核心教学目标	核心教学策略	具体教学策略
初中区域地理	地理事实	境中教	直观演示、地图教学等
	地理方法	做中教	归纳、比较、运用地图、运用资料、综合分析等
高中区域地理	地理原理	用中教	问题解决、案例教学、图层教学等
	地理方法	做中教	区域比较、区域综合分析等

首先，自然地理在中学地理课程占据了重要地位，自然地理的学习体现了“自然科学”的特点，不仅具有抽象性，对学生的思维要求较高。自然地理学习的核心教学策略是探究。针对“自然地理原理”核心教学目标，具体可采取地理野外观测、地理实验、地理模型演示、问题解决、结合信息技术等教学策略；针对“自然地理技能”核心教学目标，具体可采取练习等教学策略。其次，人文地理日益受重视，人文地理体现了“社会科学”的特点，具有概然性、生活性、理论性与关系性、社会性。人文地理的核心教学策略具有三种：开展体验教学、结合乡土地理、融入讨论环节。针对“人文地理原理”核心教学目标，具体可采取决策教学、图层教学、案例教学等的教学策略；针对“人文地理技能”核心教学目标，具体可采取乡土地理调查、资料分析等教学策略；针对“人文精神”核心教学目标，具体可采取情境教学、案例教学等教学策略。再次，区域地理是中学地理课程的“起点”与“归宿”，更是鲜明地体现了地理学综合性的特点。但初中区域地理以地理事实为主，核心是掌握区域的基本特征，高中区域地理具有问题性与案例性，核心是区域认知与解决区域发展问题。因此，初高中区域地理教学策略也有所不同。对于“初中区域地理事实”核心目标而言，可采取“境中教”的核心策略，具体有直观演示与地图教学等教学策略；对于“初中区域地理方法”核心目标而言，可采取“做中教”的核心策略，具体有归纳、比较、运用地图、运用资料、综合分析等教学策略；对于“高中区域地理原理”核心目标而言，可采取“用中教”的核心教学策略，具体可采取问题解决、案例教学、图层教学等教学策略；对于“高中区域地理方法”核心目标而言，可采取“做中教”的核心教学策略，具体有区域比较、区域综合分析等教学策略。

第八章　监测系统：地理教学目标参照评价的设计与实施

地理教学评价是监测系统，起着双重的作用：一是评价地理教学目标是否达成，即评估和鉴定的作用；二是作为一种地理教学策略，驱动着地理课堂教学目标的达成。没有目标作为参照，学生的学习是否获得进步就缺少判断的依据；没有与目标的比较，任何评价结果都缺乏意义。地理教学目标是地理教学评价的基本标准。离开了教学目标，对任何教学所进行的评价都不能说是科学的评价（马兰和张文杰，2012）。泰勒认为评价过程在本质上是确定课程和教学大纲实际实现教育目标程度的过程（刘本固，2000）。格兰朗德（1997）认为，评价是为了确定学生达到教学目标的程度，收集、分析和解释信息的系统过程；评价包括对学生的定量描述（测量）和定性描述（非测量）两方面。事实上，地理教学目标达成的评价可简称为地理教学目标参照评价。学生的学习效果是教学效果的最终体现，地理课堂教学的结果主要就反映在教学目标达成上，因而课堂教学结果的评价主要就是考查学生是否达到了教师的预期教学目标。总之，地理教学目标达成的效果集中体现了地理课堂教学效果。

本章将主要探讨三个问题：第一，为何要评价？即评价的理念问题。第二，如何评价？即评价的设计与评价的实施，其中一个前提和关键问题是“达成的标准是什么？”第三，没有达成怎么办？即地理补救教学。

第一节　作为学习的评价：地理教学目标参照评价的理念

地理教学目标参照评价是指教师运用一定的评价工具收集、分析、判断和解释学生地理教学目标完成情况，进而改善地理教学和促进地理学习的过程。它只针对个体在所规定的测量内容上的绝对水平，即考查学生是否达成了预期的地理教学目标，而不关心学生之间相对差异的比较。本节中的地理教学目标参照评价包括两种评价体系：一是利用持续的一系列的评价活动来帮助学生完成学习任务、达成教学目标的过程，二是课堂结束后利用评价来评估学生是否达成了预期地理教学目标的过程。美国学者 Stiggins 和 Arter 等认为学业评价包括两种：“对学习的评价”和“为了学习的评价”。后者是一种促进学生学习的评价。促进学习的评价是发现和解释证据的过程，这些证据被学习者和教师用来决定学习者在哪个阶段学习、需要达到什么目标及如何最有效地实现目标（Assessment Reform Group，2002）。而 Earl 和 Dann 等转向了在评价中如何学习的研究，“作为学习的评价”由此诞生。它的主要观点有：首先，评价即教育。学习评价结果会影响和改变学生的行为，甚至可能会决定学生的发展方向，这正是教育者应当充分利用的手段和功能（Hargreaves，2005）。因此评价可以成为一种教育。其次，评价即学习。评价和学习是一枚硬币的正反两面……当学生参与评价时，他们应能从这些评价中学到新东西（Earl，2003）。评价不是教学的附属品，评价本身就是学习。最后，评价即改进。促进学习并不仅仅依靠能力去发现“正确”

的答案，而是更多地与同学一起探究、讨论和“试错”与“改进”，通过探究实现“共建知识”（Dann，1998）。由此，评价、教育、学习、改进四者之间形成了“两两相连”的四面体（李鹏，2020）。总之，“关于学习的评价”（assessment of learning ，AOL）是学习评价的经典模式，“促进学习的评价”（assessment for learning，AFL）是学习评价的理想模式，而“作为学习的评价”（assessment as learning，AAL）则把“教”“学”“评”连在一起，促进了“教—学—评”的一体化。换言之，AOL 超越学习结果测验，凸显学习过程；AFL 超越聚焦课堂，重视彰显学习中心；AAL 则超越目标驱动，着力启动学评融合。而三者共同催生了“学习中心”的现代评价文化（曾文婕 等，2015）。如此，地理教学目标达成评价不仅评价了学生地理学习是否发生增值，而且让评价产生“增值”功能。

总之，地理教学目标参照评价既属于“对地理教学目标达成的评价”，也属于“为了地理教学目标达成的评价”，还属于“作为地理教学目标达成的评价”。教师进行地理教学目标达成的评价，旨在改善自己的地理教学和促进学生的地理学习。评既是教，教也是评，评既是学，学也是评。第一种评价体系就一节课而言，似乎具有终结性评价的意义，但是作为地理补救教学的基础，后者也属于诊断性评价。第二种评价体系具有形成性评价的意义。第三种重点关注学生“如何达成地理教学目标”，更加强调学生要积极参与学习评价，并且只有把评价当成是教学、指导、改进的过程，才能真正地促进地理教学目标的达成。

一、评价现状

地理教学目标参照评价的过程中，存在以下突出问题。

一是评价的理念与技术落后，地理教学目标达成的评价远未发挥应有的效力。利用评价来促进教学的功能缺乏足够重视。观察学生学习的表现、倾听学生的回答、批改学生的作业都是地理教学目标达成评价的基本过程。美国学者 Stiggins 曾判断教师的日常教学时间中有三分之一到一半用于评价及与评价相关的活动上（钟启泉和崔允漷，2008）。但实际上，这种形成性的评价没有充分发挥其功能，其原因主要在于教师没有认识到评价促进教学的功能，以及相关评价技术的缺失。如一次访谈中，笔者问及地理教学目标达成评价是怎样开展的，该教师说“课讲完了肯定要出几道试题测试一下学生有没有完成教学任务啊”。

二是缺乏地理教学目标达成的评价意识。一方面，教学结束后，地理教师在进行教学反思时，很少会主动论及教学目标达成的情况。尽管在深度访谈中，问及“你多久反思地理教学目标的达成？”时，绝大多数地理教师回答“经常反思”。但是曾经在一次课堂教学结束后，笔者问该任课教师“你这节课的教学目标是什么，都达成了吗？”教师一片茫然。转而问之“你这节课上了哪些内容，都完成了吗？”教师侃侃而谈，滔滔不绝。研究中发现，不少地理教师普遍都存在评价反馈方面的不足，在实际教学过程中很少思考教学目标是否达成。另一方面，从笔者所看到的关于地理课堂教学评价工具来看，也少有教学目标达成这一指标。

三是评价方式单一，缺乏整体的评价。教师往往通过提问、作业或考试来评价学生的知识与技能目标的达成，方式单一，且以定量评价为主。而地理过程与方法、情感态度与价值观目标的达成缺乏有效的评价工具，教师一般不会主动地去设计，只能凭经验和自己的观察，去揣测地理教学目标的达成度。

四是缺乏具体清晰的评价与反馈。第一，在教学过程中，教师一般都会对学生的回答和作业做出评论，如“很好”“你真棒”，或鼓掌鼓励，但评价过于宽泛，缺乏具体的反馈，也缺乏明确的总结。第二，一些教师对地理课堂教学目标的达成情况存在盲目的乐观。如之前笔者对“热力环流”这一内容的调研结果让不少教师震惊。其原因在于部分青年教师对学生学习的障碍与困难估计不足，因此在教学中不会有针对性地进行引导。

五是缺乏后续的矫正补救行为。地理教学是一个复杂的过程，纵然以教学目标为导向，但受诸多因素的影响，学生难以同时都达成教学目标，并形成了一定时间内的地理学困生。因此需要教师及时主动进行矫正和补救。但一些教师既没有补救意识，也没有补救行为。

六是学生参与学习评价不够。学生可以通过评价对自身的学习过程与学习结果进行反思，进而修正和调整他们的规划，此外评价可以让学生理解评价的过程，让学生更加主动地参与地理学习。但是在现实中，学习评价往往成为教师的“独角戏”，“分数”或者“对错”成为评价对学生的唯一意义。

二、评价理念

自20世纪70年代至今，教育评价进行了理论重建，评价视为评价者与被评价者的相互理解与合作建构意义的过程。在这种范式转换中，评价不再被限于对教学和学习的判断和鉴别，而是融于教学过程中，成为促进教学和学习的工具，评价尤其是内部评价恢复了基本性功能——发展性功能。我国基础教育课程改革明确指出，要建立促进学生、教师和课程不断发展的评价体系，即建立发展性课程评价体系（钟启泉 等，2001）。发展性课程评价目前已成为我国新课程改革在评价领域的一个热点问题。

（一）评价助教学

教学评价具有四个传统的教学功能：诊断学生的优势和不足，监控学生的发展，评定等级，判断教学效果（荀烈治 等，2011）。此外，地理教学目标参照评价的核心教学功能是促进教学和学习的发展。评价不是教学的“终结者”，而是教学的“改善者”，地理教学目标参照评价具有促进教学的增值功能。此外，Black 和 Wiliam 的研究发现，有效使用课堂评价可以把学生的成绩提高 15 个百分点，与标准化考试提高的效果一样（詹姆斯·波帕姆，2010）。评价能促进教学的原因有：首先，评价帮助教师进一步澄清对地理教学目标的认识，可以为学生提供更有效的、更有针对性的教学指导，从而促进有效教学（詹姆斯·波帕姆，2003）。因为一般来说，明确的教学目标会使教师的教学决策更有效。你越清楚要往哪里走，走得就越快、越有效率。

其次，评价优化教学决策，提升教学质量。地理教学过程包含一连串的教学决策，地理教师往往需要随时“监控”并收集各类地理信息来做出正确的地理决策。如果口头提问中学生回答概念内涵错误，说明教师还需要进一步明确概念；课堂讨论中学生对某个话题兴趣盎然，促使教师应该在该话题上花费更多的时间；课堂讲解中学生神情困惑，表明教师不得不转变教学策略。“监控”可以帮助教师及时了解学生的地理学习情况，以学定教，随时地调整教学策略。如果所有的学生都能达成地理教学目标，那么教学不需要做调整，如果多数学生都能达成，只有少数不能达成地理教学目标，那么就要提供个别辅导或补救教学。如果多数学生都不理想，就需要及时调整教学策略。显然，利用地理教学目标达成来监控地理教学是一种合理的应用。并且监控学生进步给教学带来的收益是十分惊人的(詹姆斯·波帕姆，2003)。

简言之，评价具有促进教学的力量。评价是教师收集信息和证据从而做出教学决策的过程，也是学生收集证据以检测自己学习进步、改进学习决策的过程。总之，地理教学目标参照评价与教学活动是一个整体：一方面，评价依存于一定的地理教学情境，不能“去情境化”；另一方面，评价始终贯穿于教学活动的每一个环节，为促进教学和学习提供各种诊断信息，进而提升教学品质。

（二）评价促学习

地理教学目标参照评价是一种“促进学习的评价”。这种评价不仅仅是“鉴定”学生的学习结果，还能“促进学生的学习”，并且后者才是最终的目的。评价可以帮助学生观察到自己努力的显著效果，显然评价具有一种促进学习的内在力量。

首先，评价可以指引学生的学习方向。它使学生明确学习后应达到的标准，形成正确的学习预期。对学生而言，具有学习指引的功能。

其次，评价反馈学生的学习效果。作为一种形成性评价，反馈是地理教学目标参照评价的关键因素之一。它并非简单地传递或记录信息，而是积极地利用信息去缩小当前实际水平和目标之间的差距，形成性评价也便成为缩小学习者当前学习水平和预定目标之间差距的反馈循环（feedback loop）(郑东辉，2014)。而事实上，改进教育的最简单的处方必须是“一定程度的反馈”(罗伯特.J.马扎诺，2009)。研究表明，反馈是学习固有的成分，反馈能激发学习兴趣。正是由于反馈在形成性评价中的核心地位，形成性评价曾被定义为任何能对学生学习提供有效反馈（sound feedback）的活动。但是，反馈本身并不能直接促进学生的学习，只有当学生接受反馈并据以调整学习反馈才起作用。有效反馈应具备两个基本要点：一是频繁的反馈，二是做出清晰的明确反馈与鼓励性的指导。研究也表明，指导学生怎样确定正确答案的反馈比仅仅指出对错的反馈更能促进学习。根据反馈信息，学生可以清楚地了解自己的地理学习状况，并据此调整学习计划和方法，为后继学习做好准备，以求获得进一步的发展。

再次，评价激发学生的学习动机。评价中取得好成绩，可以赢得家长与教师的看重及同学的羡慕，进一步激发学生的附属内驱力和自我提高的内驱力。它可以产生一种巨大的推动力，激发学生进一步学习。此外，有效的反馈还可以激发和维持学生外源性学习动机。

但是，当前课堂教学中“为考而教”“为考而学”的现象日益严重，既完全遮蔽了地理教学目标参照评价的真实意蕴，又弱化了形成性评价促进教学的增值功能。为了保证地理教学目标参照评价发挥最大的功能，学习者必须主动参与评价的全过程。这意味着：第一，学习者明确教师制定的地理教学目标意图；第二，学习者能主动参与信息或证据的收集评价过程；三是评价结果要向学习者反馈，要开展学习者参与其中的评价结果交流。

第二节　评价先于教学：地理教学目标参照评价的设计

在教学准备阶段，根据教学目标要设计评价标准与评价方式，然后设计教学活动。这一过程被称为“逆向设计”(评价置于教学之前)，即为了确保学生最终实现学习目标，教师在教学前就应该清楚学生达成学习目标后的表现是怎样的（American Federation of Teachers，2009）。换言之，教师在设计地理教学目标时不仅要考虑如何评估教学目标，而且还要考虑何时何地运用地理教学评估。一个不争的事实是，太多的教师都是在教学结束之后或者教学将要结束之时才考虑教学评估的事情。这就使得评估促进教学这一功能大打折扣。当评估被视为教与学过程中不可缺少的一部分时，它应该在教学开始前就启动（Gronlund and Brookhanrt，2017）。如此，教学、学习和评价共享着同一教学目标：教是教师为帮助学生达成教学目标的教导活动，学是学生达成教学目标的学习活动，评是促进和监测教学目标达成的评价活动。

一、地理知识与技能目标参照评价的设计

在地理教学领域，相对于地理教学过程与方法类、情感态度与价值观类目标而言，地理知识与技能类目标的评价一直备受重视，甚至异化为评价的全部。

（一）地理知识与技能目标的评价要点

根据《义务教育地理课程标准（2011 版）》和《普通高中地理课程标准（实验）》的总目标和内容标准，地理知识与技能目标的评价要点如下。

1. 地理知识目标侧重于知识的理解与应用

从对地理知识的理解能力和在解决实际问题中运用已学知识的能力进行评价（地理课程标准研制组，2004）。地理知识的理解主要侧重于学生对地理概念、原理等的解释质量及表述能力，而地理知识的应用主要关注学生能否激活旧经验，迁移到具体情境之中。

1）地理知识的理解

关于“理解”的内涵，教育界存在较多的争议。

安德森等对布卢姆认知目标分类学进行了修订，新分类法采用“知识”和“认知过程”二维框架，“理解”被视为是认知过程的一个水平，是各级学校强调的基于迁移的教育目标的最大类别（洛林.W. 安德森 等，2009）。当学习者能够从教学信息中建构意义，就实现了理解。新分类法将理解分为 7 种行为（表 8-1）。

表 8-1　新布卢姆认知目标分类学中“理解”的维度

维度	含义
解释（interpreting）	学习者能够将信息从一种表征方式转换成另一种表征方式
举例（exemplifying）	学习者能列举某一概念或原理的具体例子
分类（classifying）	学习者能够识别某些事物（事件或者例子）是否属于某一类别（概念或原理）
总结（summarizing）	学习者能用一句话来描述信息或者概括主题
推断（inferring）	学习者能够在一组例子或者事件中发现模式
比较（comparing）	学习者能查明两个及以上的对象、事件、观念、问题和情境等之间的异同
说明（explaining）	学习者能够建构或运用某一系统的因果模型

美国课程研究专家 Wiggins 和 McTighe（2003）提出的观点也很具有启发性，通过创设“通过设计促进理解”（UbD）理论，将理解划分为六个维度（表 8-2）。

表 8-2　Wiggins 和 McTighe 的“理解”维度

维度	含义
解释（explanation）	一种完善、合理的论证和说明，即能够对事件、行为和观点做出有见识的、合理的说明
释义（interpretation）	能提供有意义的阐释、叙述和翻译，它特别强调用自己的语言来讲述和说明
应用（application）	一种能把所学知识有效地应用于新的环境中的能力
洞察（perspective）	洞察指一种具有批判性且深刻的观点或见解，即能够理解他人的想法，具备一种质疑的精神
移情（empathy）	移情指一种能深入体会他人的情感和观点的能力
自知（self-knowledge）	自知指一种认识到自己无知的智慧，能够理智地认识到自己思维与行为模式的优势及其局限

总之，两者都是对理解的内涵进行深度挖掘，理解不再是表层的“解释”，还包括比较、说明、推论等多个层次。另外，比较可知，新布卢姆教育目标分类法认为“理解”主要是认知过程，而 Wiggins 和 McTighe 则认为“理解”不仅包括认知领域，还涉及情感态度与元认知领域。总之，对二者进一步分析和概括可以发现，“理解”可以包括“领会意义”“灵活应用”“洞察自省”三个维度（何晔和盛群力，2006）。而地理课程标准中的“地理知识的理解”主要是指“领会意义”这一维度，笔者认为又可以细分为以下子类（表 8-3）。

表 8-3　地理知识理解的水平

类别	内涵
释义	能够用自己的话来讲述和说明地理知识
转换	能将地理知识由一种表达形式变为另一种表达形式（通常指地理图文的转换）
分类	能够识别某些地理事物（事件或者例子）是否属于某一地理类别（概念或原理）
举例	学习者能列举某一地理概念或原理的具体例子
总结	学习者能用一句话来描述地理信息或者概括地理主题
比较	能说明不同地理事物、事件、观念、问题和情境等之间的异同
推断	学习者能够发现新概念和原理
说明	能够提供某一主张的支持依据或证据
纠错	能查明并说明错误所在

2）地理知识的应用

按照新布卢姆教育目标分类法，应用与程序性知识有着紧密的联系，一般包括两个具体的认知过程：执行与实施。前者针对学生熟悉的地理知识，主要是完成练习，后者针对学生不熟悉的地理知识，主要任务是解决问题。据此，地理知识的应用可以包括两种水平：一是练习，二是问题解决。前者是学生在熟悉的情境中按照固定顺序程式化地执行步骤。后者是学生在新情境中应用并得到新的认知成果。认知心理学家将问题解决视为对问题空间的搜索。问题空间由初始状态、目标状态和算子组成，以上三个成分都明确，被称为良构问题，否则被称为非良构问题。因此，地理知识的应用水平见表 8-4。

表 8-4 地理知识的应用水平

类别	含义
练习	学习者知道使用某种程序，程序化地完成相关步骤
问题解决	选择某种程序来完成新的情境任务

2. 地理技能目标侧重于技能的了解与运用

《普通高中地理课程标准（实验）》明确指出，地理技能的评价主要侧重于地理技能的了解与运用两个类别四个方面，具体见表 8-5。

表 8-5 地理技能目标评价的要点

类别	维度
了解	对技能的了解程度
运用	选择的合理程度
	运用的熟练程度
	运用的正确程度

（二）地理知识与技能目标参照评价方法

地理知识目标与地理技能目标具有不同的评价方法，具体如下。

1. 地理知识目标的评价方法

地理知识目标的评价主要是评价学生地理知识的掌握情况，实际上包括对地理名称、地理数据、地理景观、地理分布、地理概念、地理特征、地理成因、地理规律等方面的识记、理解与应用状况。识记一般考查学生是否能快速、准确地再认或回忆学过的地理基础知识，理解一般考查学生能否领会地理知识的意义，应用一般考查学生能否对地理知识进行练习或解决地理问题。在传统的评价中，往往过分关注地理知识的“识记”水平的评价，而本次地理课程改革明确提出要加强对地理知识“理解”与“应用”水平的考查。其评价方法见表 8-6。

表 8-6 地理知识目标水平与评价方法的匹配

目标水平	评价方法
识记水平	填空题、判断题、选择题、匹配题、简答题、课堂提问、口头测验
理解水平	论述题、选择题、口头报告、课堂提问等
应用水平	论述题、材料分析题

1）识记水平的评价

评价学生地理知识的识记水平，可以使用填空题、判断题、选择题、匹配题、简答题等形式的纸笔测验，也可以通过教师课堂提问。这种题型评分比较直接简单，不易受主观因素影响。

2）理解水平的评价

评价学生对地理知识的理解水平，可以使用选择题、论述题等形式进行纸笔测验，同时也可以通过课堂口头报告或者教师提问进行。见表 8-7，要评价学生对地理概念的理解状况，可以用以下几种方式。

表 8-7　评价学生对地理概念的理解状况

类别	实例
释义	解释城市化对地理环境的影响
转换	画出盆地的简图
分类	判断棉花、沼气、森林等是否属于自然资源
举例	举出自然资源的例子
总结	总结影响气候的主要因子
比较	说明热带雨林气候与热带季风气候的异同
推断	如果黄赤交角为 0，哪些气候会不存在
说明	说明地球是太阳系中的一颗普通的行星
纠错	判断：青藏高原离太阳近，因此与同纬度的四川盆地相比气温要高。

又如案例 8-1，对地理因果与地理过程知识的理解，可以通过预测与推断进行评价。

案例 8-1　地理因果知识与地理过程知识的评价

1. 如果黄赤交角为 0，会出现哪些自然现象？
2. 全球变暖将导致生态环境恶化，下面是科学家的一些预测，你能做更多的预测吗？

预测一：自然植被的地理分布与物种组成可能会发生明显变化；
预测二：全球洪水、火灾等发生次数在一些地区将增加。
你的预测及理由；
冰川范围的可能变化及其理由；
湖泊水位与湖泊面积的可能变化及其理由；
还会产生哪些方面的影响？

如案例 8-1 中预测一，可以在一定程度上测评学生借助所学知识，来推理黄赤交角与地理现象之间的关系，预测二为了评价学生对全球变暖与生态环境变化之间的因果关系的理解程度，让学生进行了多方面的预测。

3）应用水平的评价

对地理知识应用水平的评价，主要是评价学生能用地理知识去解决一些地理实际问题。因此可以采用论述题、材料题等形式。并且往往是给出一定的真实情境或者模拟情境，考查学生用所学知识在新情境中解决问题的能力。

案例 8-2 中，教师为了评价学生工业区位因素原理的应用水平，模拟了一个城镇规划的虚拟情境，要求学生根据所学原理，来解决实际问题，即分析不同类型工厂的分布。

案例 8-2　“工业区位因素”原理应用的评价

学完“工业区位因素”后，为了考查学生对工业区位因素原理的掌握情况，设计了如下一道题目。

图中某城镇拟规划建钢铁厂、造纸厂、自来水厂、面包厂、疗养院，请在图中 A、B、C、D、E、F 中选择合适地点，并简要说明理由。

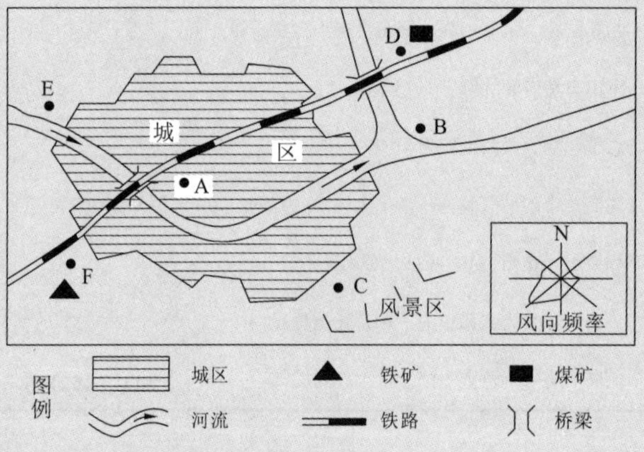

（1）钢铁厂应建在____处，理由是__________________________________。（D　位于城市最小风频上风向，减少对城市大气的污染；靠近煤矿；交通便利）

（2）造纸厂应建在____处，理由是__________________________________。（B　位于流经城区河流下游，减少对城市水源的污染）

（3）面包厂应建在____处，理由是__________________________________。（A　位于城区，靠近市场，劳动力丰富）

（4）疗养院应建在____处，理由是__________________________________。（C　靠近风景区，环境优美）

（5）自来水厂应建在____处，理由是__________________________________。（E　位于流经城区河流上游，水质较好）

2. 地理技能目标的评价方法

地理技能目标评价主要是对地理读图技能、地理信息技能及地理操作技能的评价。中学地理课程中的地理技能，是“通过练习获得的能够完成一定地理任务的动作系统”（陈澄 等，2012）。因此，对地理技能目标评价有两个关键：一是设计实践操作性的表现性任务；二是主要通过观察来评价学生的地理技能掌握情况。如案例 8-3 所示，地理读图技能可以通过观察学生填绘地图等实践活动来评价。另如案例 8-4 所示，对于这些地理技能的评价，可综合使用表现性评价与交流式评价等多种方法。

案例 8-3　地理读图技能的评价

为了评价学生的地理读图技能，教师设计了一道试题：观察图 8-1，描述图示区域地形的主要特点。教师根据学生的口头回答，主要评价学生是否具有区域地势、地形特征的认知结构，评价的要点在于学生是否具有这样的认知结构，以及其完整性与准确性，即学生能否从地势、地形类型构成及地形分布状况进行总结。借此教师进一步提问：判断依据是什么？根据学生的回答来评价：第一，学生能否有条理、有顺序地、熟练地从地势、地形类型构成和地形分布状况三个方面获取信息。就地形类型而言，如题目中，根据等高线密集程度和数值大小，可以判断地势南高北低；根据图中等高线数值大小，可以判断其地形类型构成，即该区域既有平原，也有低山丘陵；根据图中等高线密集程度和数值大小，可以判断其地形分布特点，即该区域北部以平原为主，南部以低山丘陵为主。第二，学生能否合理运用从地形图和地形剖面图中获取的信息得出相关结论，即学生能否解读图中等高线分布的规律。

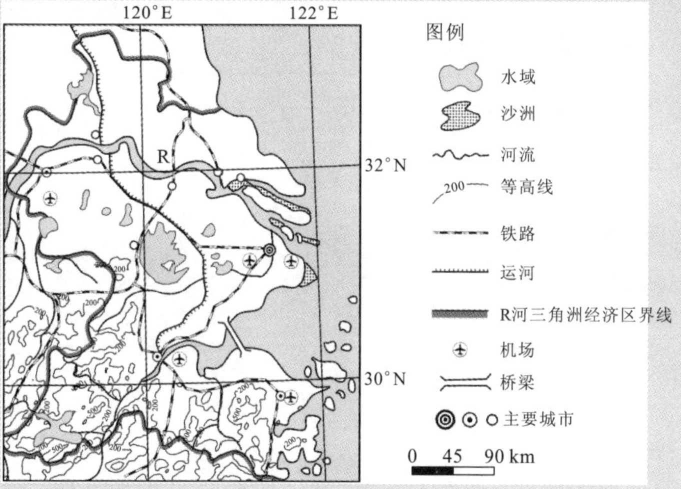

图 8-1　某区域地形图

案例 8-4　地理绘图技能的评价

例如，某地理教师在上完“气压带和风带”相关内容后，为了评估学生“绘制全球气压带、风带分布示意图”这一地理技能目标的达成效果，设计了一道练习题“绘制全球气压带、风带分布示意图”，教师让两名同学在黑板上绘制，其他同学在座位上绘制。教师通过观察学生绘制示意图的过程，既可以判断学生对全球气压带、风带知识的理解水平，又可以观察学生对绘图技能的了解程度、合理程度与熟练程度。随后，通过口头提问或者谈话，让学生说出自己的思维过程，以此了解学生对地理图表绘制原则、步骤等的掌握状况。如此两种方法相结合，教师就可以对学生的地理绘图技能有一个相对准确的评价。

二、地理过程与方法目标参照评价的设计

地理过程与方法目标参照评估往往具有过程性，属于地理过程性评价，容易被忽视。

（一）地理过程与方法目标的评价要点

根据《普通高中地理课程标准（实验）》的建议，地理过程与方法目标参照评估应从对学生探究活动质量和对地理科学方法的掌握情况两个方面进行评估。

首先，对探究活动质量的评价，可以根据不同的阶段来确定评价标准，见表 8-8。

表 8-8　地理探究活动质量的评价标准

评价内容	评价标准
提出问题	能积极地提出地理问题、发现地理问题； 能有效地根据已知信息提出地理问题； 提出的问题具有一定的广度、深度，且新颖有价值
提出假设	在一定的依据的基础上进行推理，提出猜测
资料的收集与处理	能明确收集资料的范围，并制定计划； 能通过期刊、报纸、电视、广播、网络等各种途径收集资料； 收集的资料具有多样性、可靠性、全面性与针对性； 能统计、分类、归纳资料； 能根据资料制作图表、地图等； 能分析资料，进行推理与得出结论
得出结论	能验证假设，并做出解释； 能从不同角度寻找解决问题的方法与途径； 具有独立思考与反思的习惯和质疑意识； 能与他人合作解决地理问题
表达与交流	能条理清晰、完整地表达探究过程与结论； 能将论据与论点联系起来，得出基本合理的解释； 能用语言、文字、地图、图表等多种方式表达学习成果；能倾听和尊重他人的观点，并交流观点

其次，对于地理科学方法的掌握情况，《普通高中地理课程标准（实验）》要求重点是了解学生对地理观察、区域分析与综合、地理比较等常用地理研究方法的领悟、掌握状况和运用水平。其评价标准见表 8-9。

表 8-9　地理科学方法掌握的评价标准

评价内容	评价标准
理解	学生了解地理方法运用的步骤、要领
运用	学生能灵活运用正确的地理方法分析和解决问题

（二）地理过程与方法目标参照评价方法

对地理过程与方法目标达成效果的评价，就需要在具体的地理活动中评价学生地理问题探究与运用地理科学方法的水平。因此，观察法、课堂提问、口头测验等方法比较适合于地理过程与方法目标的评价。

1.地理过程目标的评价方法

地理过程目标参照评价显然是一种过程性评价。在观察地理过程目标达成的过程中，往往需要制订一些评价工具——量规。量规通常表现为一个二维表格，因此，它被量规专家海蒂·古德瑞齐定义为"一项为工作列出标准的评分工具"。我国祝智庭教授则将它定义为"一种结构性的等级量化评价工具"。评价量规作为表现性评价的工具，它往往是由教师或专业人员开发，详细地规定不同级别的质量标准。评价量规包括核查表、分值系统、分析性量规、整体性量规四种类型（马兰和张文杰，2012）。地理过程目标参照评价往往使用后两种形式。见表 8-10，一般说来量规具有三个基本要素：一是评价准则，即不同的指标；二是等级标准，即水平层次；三是具体说明，即评价准则在每个水平层次的具体描述。

表 8-10　地理资料收集与处理的评价量规

指标	等级 I	等级 II	等级 III	等级 IV
信息意识与态度	能积极主动地去获取地理资料	在教师布置任务后积极地去获取地理资料	在教师布置任务后获取地理资料	在教师布置任务后不愿意去获取地理资料
收集第二手地理资料	能熟练地从各种信息渠道（报刊、电视、广播、互联网等）收集地理资料	能从各种信息渠道（报刊、电视、广播、互联网等）收集地理资料	能从报刊、互联网等渠道获取一些信息	很难从报刊、互联网等渠道获取信息
获取第一手地理资料	能熟练地通过实地观察与调查去获得资料	能通过实地观察与调查去获得资料	在老师等帮助下可以通过实地观察与调查去获得资料	通过实地观察与调查获取资料困难
资料的质量	具有很强的针对性、全面性、可靠性与多样性	具有较强的针对性、全面性、可靠性与多样性	针对性、全面性、可靠性与多样性一般	针对性、全面性、可靠性与多样性存在不足

2. 地理方法目标参照评价方法

地理方法主要包括地理观察、地理实验、地理调查、地理比较、地理分析与综合、地理归纳与演绎等（案例 8-5、案例 8-6）。对地理方法目标参照评价可以采用观察法、课堂提问法、表现性评价相结合的方法。

案例 8-5　地理比较方法目标参照评价

为了评价学生“运用资料比较区域内的主要地理差异”这一教学目标的达成度，教师设计了探究活动：请你在中国地图中选出几个有代表性的地区进行比较，用资料来说明区域内自然环境的差异性。一方面教师通过观察来评价学生能否有效地运用地图、查找资料来说明自己的观点，另一方面教师通过提问来评价学生是否掌握了评价的方法，问题设计为：为何选择这几个地区？从哪些方面进行比较？从比较中能得出什么样的结论？教师评价的重点是：学生选择的比较对象是否合理？学生能否提出评价的标准？学生能否通过比较发现共性？学生能否通过比较发现差异性？

案例 8-6　地理实验方法目标参照评价

上完“热力环流”的内容后，教师为了评价学生地理实验方法的掌握情况，设计了一道测验题：设计一个简便易行的小实验，以证明热力环流的存在，写出实验材料与实验步骤。教师通过观察与分析学生的实验材料与实验步骤来评价学生是否理解了热力环流的原理，是否掌握了地理实验的方法。

三、地理情感态度与价值观目标参照评价的设计

地理情感态度与价值观目标参照评价存在“销蚀”的危险。其原因有二：一是地理情感目标与学生学业成绩“不太相关”；二是与地理知识与技能目标相比，地理情感态度与价值观目标参照评价实施起来比较复杂和困难。其表现在：第一，达成过程的内隐性。地理情感态度与价值观目标属于体验性目标，主要描述兴趣、情感、态度、价值观等方面的变化，属于非智力目标，达成过程及其效果均具有内隐性，因此，对情感态度与价值观目标的达成效果难以测量。第二，达成过程的矛盾性。地理情感态度与价值观目标中还涉及认知、情感、行为等多成分，可能存在诸多言行不一致的表现，这为地理教学目标达成的评价平添了难处。第三，达成结果的滞后性。任何教学目标的达成都要经历一个“时段”，但不同类目标达成的“时相”并不一样（周小山和严先云，2003）。例如基础目标——地理知识与技能目标一般可以在一堂课内达成；关键目标——地理过程与方法目标则需要一定时间的习得与转化；终极目标——地理情感态度和价值观目标往往需要更长时间的体悟、濡染、熏陶、涵育和唤醒。地理三维教学目标的设计可以“共时”，但地理三维教学目标的达成却需要教师有关注学生持续发展的那份从容。当然，地理情感目标达成的评价也并非无计可施。

（一）地理情感态度与价值观目标的评价要点

按照高中地理课程标准的要求，地理情感态度与价值观目标是地理教学的终极目标，地理教学应该培养学生地理学习的兴趣，热爱家乡与热爱祖国的情感，热爱自然环境的情感和地理审美情趣，养成科学的精神，形成可持续发展观念。具体的评价要点见表 8-11。

表 8-11　地理情感态度与价值观目标的评价要点

评价内容	评价要点
地理情感	能积极地参与地理课堂教学活动，主动地回答教师的提问或者向教师提出地理问题； 能认真完成各项地理作业； 能主动阅读与地理有关的课外书籍、报刊，观看与地理有关的音像等； 主动将地理学习与生活联系，能体会地理学的应用价值； 具有热爱家乡、热爱祖国的情感； 具有热爱自然、尊重自然的情感； 具有地理审美情趣
地理态度	能在地理观测、地理实验与地理调查中准确有效地获取地理信息； 能在地理观察、调查、实验和报告撰写中做到科学严谨、条理清晰； 善于发现地理问题、提出地理问题； 在解决地理问题过程中，能实事求是，并富有创新精神
地理价值观	具有正确的人口观、资源观、环境观和可持续发展观； 具有环境、资源保护与法治意识； 认识国家合作的价值，形成全球意识； 具有对自然与社会的责任感，养成爱护环境、节约资源的行为习惯； 形成人地协调、因地制宜、可持续发展观念

（二）地理情感态度与价值观目标参照评价方法

近年来，由于地理情感态度与价值观目标的参照评价很难通过纸笔测验的方式进行，人们陆续开发出了如主题统觉测验、社会关系图、情境测验、语义分析技术等众多的地理情感态度与价值观目标评价方法，但都过于专业，都不太适合地理课教师在课堂评价实践中应用。在实践中，观察法、调查法、表现性评价等方法都是简便易行的地理情感态度与价值观目标参照评价较好的方法。

1. 观察法

观察法是地理情感态度与价值观目标参照评价最主要的方法。如布卢姆等所言："每个情感行为都有着某种性质的认知行为与其对应，反过来也是如此。"（B.S. 布卢姆 等，1987）显然，可以借助人的情绪、行为的变化来对地理情感目标进行及时的评价。尽管学生的外在行为与内在倾向并不完全一一对应，但是通过学生表情与言行的"价值指示"，教师可以清晰准确地判断学生的价值观倾向，分析地理情感态度与价值观目标达成的效果。例如，教师要评价某学生的地理学习态度，可以通过观察该学生上课注意力是否集中、课堂发言是否主动、参与活动是否积极等来判断。此外，观察法往往与表现性评价相结合，如案例 8-7 所示，通过给出相关资料等设置相关情境，让学生讨论，或者写小短文，也可作口头表述，通过观察学生的言行来判断学生的情感目标是否达成。如要评价学生的情感与价值观，可以设计相关的表现性任务或者组织讨论交流，引导学生表达观点，通过学生的"见解"来洞察学生是否内化价值，或者形成了相应的情感。

案例 8-7　学生环境道德感的评价

为了评价学生的环境道德意识，教师在课堂上展示了 1989 年世界环境日主题宣传画——“地球出汗了”，并让学生讨论：这幅漫画有哪些寓意？教师观察学生在讨论活动中的表现。学生在讨论中发现漫画的问题多少与深度反映了学生的环境道德认知水平，而表述这些环境问题时的语气、神情则能反映学生的地理情感与态度，而表述的内容则直接反映了学生对环境问题的关心程度、环境道德意识水平等。

2. 调查法

这主要通过问卷、访谈等手段，收集学生的相关信息，经过比较分析做出判断。地理教师可以在课堂巡视中与学生进行私谈，也可以公开讨论，观察学生的表情、声调、姿势，并进一步追问学生对某些问题的看法，以准确深入地了解学生的地理情感态度与价值观。问卷也是评价地理情感态度与价值观目标达成的一种重要方式，问卷的编制则是这种方法的关键。

第三节　全程收集证据：地理教学目标参照评价的实施

传统的教育决策基于观念，现代的教育决策提倡循证。循证教育的核心思想是实践者运用的教育方法应该得到系统而严谨的评估以证明其有效性，研究的结果应该反馈到实践中以影响实践，从而将研究与日常的教学实践紧密地联系起来（周加仙，2017）。地理教学目标参照评价是经常的、持续的，是地理教师的基本生活方式。它要求地理教师在教学实践中应客观地收集相关证据，测量学生地理教学目标达成效果以便进行比较、评价、监控、调整与补救。

一、评价思路：全程渗透

地理教学目标参照评价融入教学的全过程，评价是经常性的，是持续性的。评价不是某一个学习阶段结束后的测验，而是镶嵌在整个地理学习过程中，时刻影响或作用于学生学习。地理教学目标参照评价以地理教学活动为载体，在教学活动的每一个环节，内嵌于整个教学过程，形成一个动态的“评价-教学循环体”，实现评价与教学的一体化（图 8-2）。

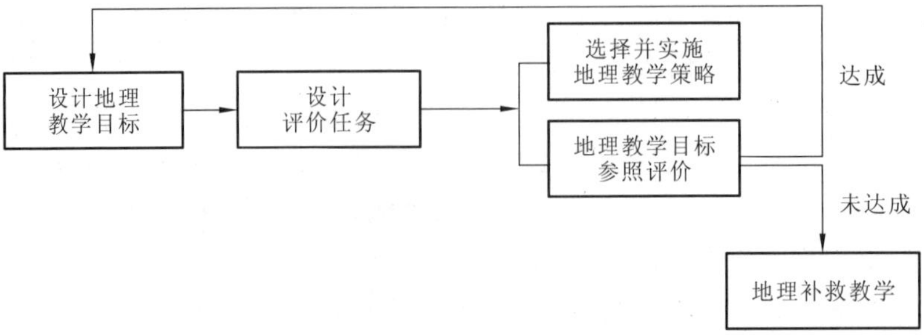

图 8-2　全程渗透的地理教学目标参照评价

在这一过程中，评价与教学的边界模糊，评价成为基本的教学活动。例如案例 4-1 中，教师不断地设计一些情境让学生学会运用经纬网判断方向，一方面既属于地理教学目标达成的评价活动，另一方面也属于学生地理教学技能形成的练习活动，这一活动既能督促学生积极参与教学过程，又能帮助教师收集学生学习的信息，从而做出下一步教学或者改正调整教学的决策，两者交织在一起，无法明显区分。

总之，地理教学目标参照评价通过一系列的教学活动展开，融于地理教学过程之中，教学评价自此有了“过程价值”。

二、实施过程：三大环节

1971 年，Grandland 认为评价 = 测量（量的记述）或非测量（质的记述）＋ 价值判断。即“评价”包括事实判断和价值判断。事实判断是指对事物属性的客观描述；价值判断是指对事物满足人类需要程度所做的评判（陈玉琨，1999）。而美国国家研究委员会 2001 年出版的《知学生所知：教育测验的理论与设计》中将认知、观察和解释视为“考评三角”的三个角。这与格朗兰德的分析具有异曲同工之妙。但我国一些学者认为此考评三角中，认知是规定“考评什么”，而观察与解释都是属于“如何考评”维度。因此，这两个顶点可以合二为一，并在此基础上建立了新的考评三角（杨向东和崔允漷，2012）。

总之，笔者认为地理教学目标参照评价的因素无非包括三个方面：一是教学目标，二是学习者的学习结果，三是二者之间的差距。而评价的过程无非包括两个方面：一是学习者的学习信息（证据）的收集，二是根据相关信息进行推理。因此，地理教学目标参照评价可以被认为是“基于证据的推理过程”。

（一）收集相关证据

对于评价过程的实施，地理课程标准从注重过程性评价、采取多种评价方法、重视多元评价三方面提出了相关建议。

首先，“评价应注重过程性评价，把评价渗透到地理教学过程的各个环节之中”（中华人民共和国教育部，2012）。换言之，地理教师要“对学生的答问、演讲、演示、绘图、读图与分析、观察与观测、调查、制作等各种活动都进行评价”（中华人民共和国教育部，2012），要随时关注学生在地理课堂教学活动中的表现，及时调整教学，帮助学生对地理学习过程进行及时的、积极的反思与总结。

其次，避免单一的评价方法，采取多种评价方法相结合。不同的目标领域要选用不同的评价方法，尽量避免将纸笔测验作为唯一的评价手段，教师应尽量综合使用多种评价方法，取长补短，增强评价的针对性。

最后，开放评价过程，收集多方面的证据。积极引导学生自评与互评，鼓励家长参与评价，强调多元评价主体的互动。学生参与课堂评价包括如下水平[表 8-12（Stiggins，2005）]，在自评的过程中，学习者开始内化评价标准，承担越来越多的责任，往往会表现得更好。在学生自评的过程中，评价表格和核查表是帮助学生自评非常有用的工具。另外，同伴互评包括非正式的评价与正式的评价。非正式的评价包括学生可以在地理课堂中自然地观察彼此的作品，注意到教师为何关注和表扬同伴，并且通过观察教师展示同伴的样例，来判断教师评价的标准，以及什么是合适的、什么是不合适的，甚至降低自己作品的质量来切合同伴的标准。而正式的同伴互评包括两种：一是让学生正式地相互评价对方的作品，即反馈作品存在哪些问题；二是评估合作技能和个人对集体活动的贡献，帮助每个学生认识在团队工作中他的优势与弱点，激励每位学生为团队的发展能够做出各自独特的贡献。此外，家长是评价的参与者。一方面家长也是评价证据的提供者，尤其是关于地理情感态度与价值观目标达成评价的信息，如学生的地理学习兴趣、学习态度、学习风格、存在的特殊困难等，这些信息可以通过访谈或者问卷收集到。另一方面家长也是改变学生情感的重要力量。

表 8-12　学生参与课堂评价的各级水平

等级	水平表现
1	参加测验，得分
2	在教师的要求下提出改进测验的建议
3	建议可能的评价方法
4	实际制定评价方案
5	帮助教师修订评分规则
6	创建自己的评分规则
7	应用评分规则来评估自己的表现
8	开始理解评价和评估是怎样影响他们自己的学业成就的
9	开始理解他们自己的自我评价与教师的评价，以及他们自己的学业成就之间的关系

（二）获得评价结论

学习是推理性的。人们不能直接观察到学习，观察到的只是学习的产物或结果，并通过人们的言行来评价学习（戴尔.H.申克，2012）。学习如同“风”，人们肉眼看不见风，但是根据刮风的结果（如树枝的摇动）来判断风的强度。人们可以通过测量地理学习的结果来评价地理学习是否发生。当没有正确表现时，也不一定意味着地理教学目标一定没有达成。因此，教师一定要结合多种评价方法，收集多方面的证据，提高评价的信度与效度，来获得评价结论。

此外，评价结论的表达方式有很多，大致可以分为评分制、评语制和档案制三种。作为形成性的评价，地理教学目标参照评价的结论往往是课堂问答后教师的口头评价，它具有及时性与针对性的特点。

（三）交流评价结果

对于学生而言，评价具有强烈的个人意义。对于每个学生而言，评价都属于“高风险”的决定，因此对于评价结果：第一，鼓励学生的进步。地理课程标准明确规定要“关注学生在学习过程中的变化”，要“善于发现闪光点、激励自信心”，评语要以激励为主，启发学生的心智。第二，及时地反馈评价结果，让学生及时准确地了解自己的学习结果。教师可以随时根据学生的面部表情，判断学生是否达成了地理教学目标，并根据这些判断来决策是否调整教学。由于这些评价可以及时进行，因而能防微杜渐，避免教学过程偏离地理教学目标太远。第三，教师应帮助学生正确理解评价的结果。归因理论表明，学生看待成功与失败的态度或鼓励或打击他们。一般情况下，人们会把成功归结为四个原因：能力（ability）、勤奋（effort）、幸运（luck）和任务的难度（task difficulty）。其中，勤奋是最具鼓励性的（罗伯特.J.马扎诺，2009）。向往成功的学生尤其相信勤奋会带给他们成功。归因理论同样振奋人心的是，那些不相信勤奋可以获得成功的学生会随着时间的推移而了解他们能够成功。如 Seligman 等（1968）强调，假如学生亲身体验过勤奋使他们成功的经历，他们甚至能养成一种勤奋倾向（effort oriented）的风格。为此，对于地理教学目标达成评价的结果，教师应该帮助学生正确理解学习结果，分数低并不意味着学习失败，避免失败的学生会不断失去信心，产生“习得性失助感”，对地理学习自暴自弃。另外，地理教师应该向学生努力证明勤奋一定会取得更好的成绩。

评价结果的交流形式有很多，包括成绩报告卡、作业、学生的成长记录袋、班会等，但这些主要适用于终结性评价。以形成性评价为主的地理教学目标参照评价往往是渗透在一节课之中的，因此结果的交流主要表现在课堂互动中，教师对学生回答的评价，作业中的评语与教师眼神的交流都是一种信息交流方式。

第四节　指向学习改进：地理补救教学的策略

现代教学理论的一个基本变革是从基于时间转变为基于达标，不再简单地追赶学习进度，学生只有掌握了现有的内容后，才能开始新的学习。而评价地理教学目标达成的结果不外乎三种情况：一是学生能正确表现出地理教学目标的要求；二是学生不能表现出地理教学目标的要求；三是学生在地理教学目标的要求上有错误的表现。对后两种情况的学生，不能置之不理，而应对其进行查漏补缺，促进其迎头赶上。因此在教学评价之后，还要有一个对学生进行诊断、补救的环节，即进行地理补救教学。

一、地理补救教学的时代背景

21 世纪初我国的基础教育启动新一轮的课程改革，在基础教育课程改革“基于标准”的取向下，学生的地理学习结果可以简化为两类，达标与不达标。对于不达标学生的安置方法无非就是放弃或者补救。放弃显然不合乎现代“优质教育”与“教育公平”的理念。

（一）教育公平的基本诉求

追求教育公平是人类永恒的理想。教育公平的本质是要照顾学生的“个别性”差异（智力、性格、身体和行为上的差别）与“社会性”差异（不同的民族、语言、性别、文化、习俗、社会经济背景等）。党的十八大明确要“重点向农村、边缘、贫困、民族地区倾斜，缩小区域、城乡、特殊群体之间的教育差异，大力促进教育公平”。这主要是针对区域差异及校校差异，即“社会性”“外围性”的差异提出的，并委实在宏观与中观层次促进了教育公平。但是微观层次的教学公平——由教学内部原因造成的学生的学习差异仍缺乏足够的关注。现行的教学方式（班级授课制为主）的一个基本假设就是学生所需要的教学时间是一致的，学生所需要的教学方法是相同的，学生的起点能力也是无差别的。显然这忽略了不少学生学习之间的差异。补救教学正是从不等量的角度出发，调整教学策略，对学业成就低的学生实施个性化教学，尊重学生的个体差异，使每一个学生都有成功的机会，并为了缩小学生学习成就的落差，按照平等的方向补偿学业水平达成度低的学生。充分体现了教育公平的三大原则：平等原则、差异原则和补偿原则，从而能推进教学公平。

（二）高中地理教学的困境

一个基本的事实是我国地理学科的教育价值未得到社会的广泛认同，中学地理学科地位尴尬。虽然 21 世纪初基础教育地理课程改革从某种程度上加强了地理课程的地位，但是地理是一门综合性很强的学科，横跨自然与人文两大学习领域，尤其是高中地理课程侧重于“理”，即“为什么”，主要是在分析地理事实的基础上，总结地理原理及成因，并加以运用；地理教学中学生需要感知的对象数量巨大，在这些纷繁复杂的对象中，又有很大一部分是不能直接接触感知的，学生即使有机会接触这些地理事物和现象，也只能是管中窥豹，无法对它们的整体进行直接感知。这种学科特性成为地理学困生提高学习成绩的“瓶颈”。高中地理内容比较抽象，理论性强，学生学习难度较大；其次，初中新课程改革实施后，一些省份由于初中地理是非中考科目，还有一些省份地理学科是以“综合课”的形式出现，甚至还有一些落后的地区根本就不设地理课，学生和部分家长对地理的重视程度有所下降，学生的地理基础知识薄弱。再加上“初二结业，初三暂息；阔别一年，再修地理。”这是当前多数地区地理课程设置中普遍存在的现象（张明和鲁爱华，2012）。初高中地理教学衔接出现了一些漏洞，尤其是九年级地理课程的断层，学生在初一、初二习得的地理知识基本遗忘，使高中地理教学面临较大的困难。

再次，由于高中地理课程的设置，如高中伊始就让学生学习高中地理最难的部分——地球运动，而高中教师习惯性地把这部分内容挖得比较深，拓得比较宽，因此给高一新生带来的第一印象就是地理学科太难，这正是高一新生难以适应的重要原因之一（徐天国和蔡斌，2012）。此外，高中地理需要物理、数学等其他学科知识联系紧密，并需要其他知识作支撑，如高一地理上册中地球自转角速度、线速度的变化要运用物理学中物体圆周运动的规律来解释；地球绕日公转速度的变化规律要运用物理学中万有引力的知识来理解；黄赤交角是立体几何中典型的二面角；对地球运动规律的理解须较强的球面立体感；等等。这些知识学生尚未学过，从而导致在教学中出现知识的“断层”，学生思维不易跟上，增加了对有关地理知识理解的难度（周舟，2011）。因此，地理学困生不少。

优质教育在课程与教学领域的一个基本内涵就是学生学业成就水平的整体提升。对未达标的学生进行补救教学可以是整体推进地理教育质量、实现优质教育的一个基本路径。

二、地理补救教学的深层内涵

在我国，补救教学长期被视为学习辅导的一环或者教学设计的反馈矫正环节，在校内常由任课教师在课后或自习课时进行个别辅导，在校外则通过家教、补习班及家长协助等达成功效。在西方，众多学者纷纷提出学校和政府应该建立三级补救教学系统（陈淑丽和宣崇慧，2014）。

（一）地理补救教学的内涵

地理补救教学指教师在发现学生有地理学习困难后，诊断其问题所在，并有针对性地重新设计地理教学活动，帮助其克服困难，达成各阶段地理教学目标。地理补救教学不仅有矫正错误，弥补过失之意，还有调整教学、补偿教学之意。

其一，如图 8-3 所示，在规定的时间内，学生未能达成地理教学目标，就要进行地理补救教学。地理教学目标既是衡量是否需要地理补救教学的标准，又是实施地理补救教学的目的。其二，地理补救教学的对象为未达成地理教学目标（包括课时教学目标、单元教学目标、学期教学目标、学年教学目标等）的学生，若长此以往学生易发展为地理学困生（本书不考虑因身体、智力及阅读障碍等其他原因造成的地理学困生）。其三，地理补救教学是“再次教学”，具有学习辅导的性质，但它非简单的重复教学，是诊断“病灶”后对症下药的积极性教学活动。其四，地理补救教学是一种“评价→教学→再评价”的循环过程，教学与评价相互融通。

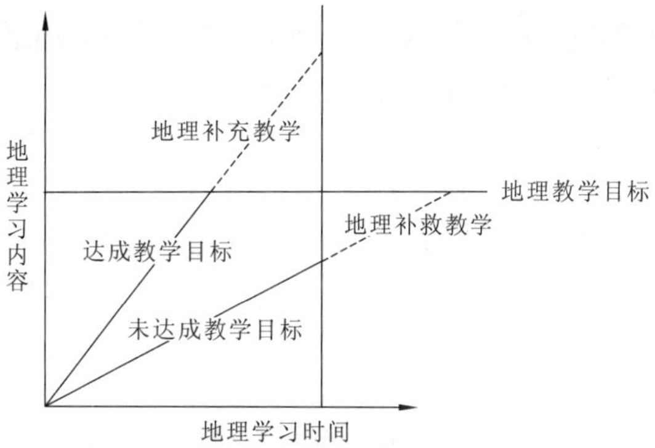

图 8-3　地理教学目标与补救教学的关系

总之，地理补救教学是一种源于评价的教学，是一种指向学习改进的教学，也是一种真正意义上的为了学习的教学和个性化的、量体裁衣的教学。

（二）地理补救教学的层级

如图 8-4、表 8-3 所示，地理补救教学可分三级进行：第一级为一般补救教学，地理教师随堂发现学生的学习困难并进行诊断与补救；第二级是小组补救教学，即课后对单元内容进行额外的小组补救；第三级为特殊班教学，重建地理课程进行补救教学。

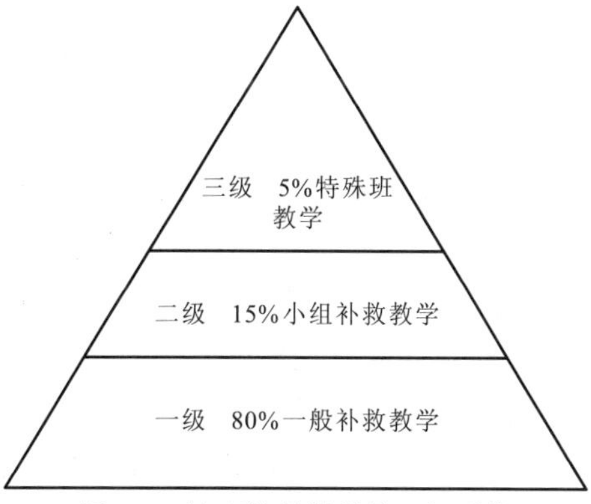

图 8-4　地理补救教学的三级系统

表 8-13　地理补救教学三级系统的比较

分级	目标	比率	方式
三级	预防地理学困生之学习失败	5%	每天，更密集 成立特殊班，或小组或个别学习
二级	查漏补缺，减少地理学困生之比例	15%	每天一次，每周 3～8 小时 小组、额外教学
一级	通过地理有效教学，让一般学生均可达成教学目标	80%	原班级 随课或课余，无须刻意安排补救教学时间

（三）地理补救教学与常规教学的关系

首先，两者的根本目标相同，都是为了达成地理教学目标，促进学生的发展。

其次，两者也有许多不同。其一，两者的地位不同，地理常规教学是地理教学的主流，占绝对主导地位，而地理补救教学则是地理常规教学的有效补充，是地理常规教学失败或者无效后进行的矫正和补偿。其二，两者的对象不同，地理常规教学一般是面对全班所有的学生，而地理补救教学则有其特定对象，主要为未达成地理教学目标的学生，并且很可能是地理学困生。因此，补救教学更能体现“因材施教”的特点。其三，两者的教学方式不同。正因为地理常规教学的无效，才导致地理补救教学的存在。因此在补救教学过程中，应该根据学生情况，调整教学内容，调整教学方法，调整评价方法等，其目的在于换一种方式让学生达成教学目标。

实践表明，地理补救教学是地理常规教学的有效补充。教师只有提高地理常规教学的教学质量，才能减少地理补救教学的人数，让地理补救教学的资源得以有效地运用，如此环环相扣，才能真正地提高地理教学质量。

三、地理补救教学的基本意义

近年来，随着“因材施教”及“教育公平”成为热门话题，一些国家如日本和美国日益关注低成就学生的学习。实施补救教学的目的在于协助未达成教学目标的学生（不少为地理学困生或低成就学生），针对其个别需要特别设计一套学习活动，提供额外的学习机会，使其能达成教学目标，以落实因材施教的教育理念。

（一）促进地理教学目标达成

补救教学是地理教师根据教学结束后学生的反馈，确认学生未达成教学目标后，诊断其问题，并对症下药确定补助方案，有针对性地实施补救教学，之后也需要后测来确定其补救效果。理想上，补救教学是一种短暂的措施，期望实施一段时期后，缩小与同侪在学业表现上的差距，学生能跟上一般进度，进而回归主流。

实施补救教学的目的在于协助未达成教学目标的学生（不少为地理学困生或低成就学生），针对其个别需要特别设计一套学习活动，提供额外的学习机会，使其能达成教学目标，以落实因材施教的教育理念。

（二）实现“因材施教”教育愿景

地理补救教学可以提供多样化的地理学习时间和多元化的学习方式，从而满足学生地理学习的多样性，并确保学生顺利步入下一阶段的学习。只有辅之以补救教学，及时地发现和解决学生地理学习的问题，弥补当前的差异，逐一消除“拦路石”，避免学生学习困难愈加严重，让学生得以继续在终身学习的行程上行进。对于未达成教学目标的学生，如不能及时施予补救教学，学生会对学习失去信心与持续低落。而积极有效的补救教学缩短学习落差，有助于学生重拾学习信心，能够跟上班级其他学生的学习进度。

（三）促进教学公平

党的十八大明确要大力促进教育公平，并在宏观与中观层次提出诸多解决社会原因引起的教育不公平。而微观层次由学生智力、性格等个别性差异造成的教学不公平也需要关注。地理补救教学，旨在从不等量的教育公平的视角出发，补偿学业达成度低的学生，使每一个学生都有成功的机会，缩小学生学习成就的落差。

（四）整体提高地理学业水平

当前的教学是团体性的，但是学习却是一项非常个别化的行为，学生在学习准确度、学习兴趣、学习风格等方面存在诸多差异。补救教学是一种诊疗教学模式，以“弱势优先”、“公平公正”及“个别辅导”为原则，给予未达成教学目标的学生积极性的差别待遇，以帮助其发挥潜能，达到学习目标，从而提高学生地理基本学力，整体提升地理教育质量。

四、地理补救教学的理论基础

地理补救教学的理念不是新近出现的，早在Bloom的“掌握学习”中就孕育了“补救教学”的思想。

（一）掌握学习

20 世纪 60 年代初，Carroll 提出学习能力的差异是由个人的学习速率造成的。据此Bloom 建立了一种新的学习模型：学习达成度=f（实际学习时间/需要学习时间）。可见，两者为学生学习差异的研究开辟了一个教学时间的独特研究视角。此外，Bloom 认为只要有足够的时间和机会，每个儿童都能达到高水平的学习。这一结论证实了地理补救教学的可能性，并奠定了理论基础。还有，Bloom 提出了地理补救教学的基本思路。他认为：应该依据教学目标开展教学活动。教师在讲授之前，要通过诊断性测验了解学生是否具备了学习新知识的必要条件，对缺乏必要条件的学生进行个别矫正；在每个单元教学结束时，教师要对全体学生进行形成性测验，通过学生学习结果跟教学目标相对照，借以考查每个学生所达到的程度和存在的差异。对未达到目标的学生进行个别补救和矫正，然后对其进行平行性测验。显然，这种把评价嵌入教学的思路正是地理补救教学的雏形。

（二）信息论

地理教学过程就是在教师引导下，学生主动学习的一个反馈矫正过程。现代教学信息论认为，教学反馈是师生之间、生生之间的相互沟通、相互作用，信息往返交流的过程。教师通过反馈既可以了解到学生对教学内容、学习过程、教学方法的态度和情感，从而根据反馈信息，有针对性地调节教学速度、知识的难度和改进教学方法；学生可以通过教师及同学对自己的学习评价，及时地对学习做出反应，从而得到清晰而准确的知识，使矫正切实有效。而地理补救教学正是针对特定学生的一种特殊的教学反馈与矫正。

五、地理补救教学的基本原则

基于认知诊断的地理补救教学应遵循激发动机、及时补救和转换方法原则，应该实施地理补救教学应遵循的指导思想和行为规则。

激发动机原则。学习动机是学习行为发生和维持的内部动力。在整个学习过程中，激发学习动机是至关重要的（皮连生，2009）。教师可以从学生的优势入手，让学生相信努力是有用的，给学生成功的经验，如将作业分成小步骤，不给出全部，以提高成功率；或提供不同难度的作业，让每位学生都有成功的机会；及时提供作业的回馈，让学生了解自己的进步等。

及时补救原则。学习具有连续性和累积性。布卢姆曾指出：在有连续性的教程中，一次次的不及格很快就变成积累性的（B.S.布卢姆，2006）。只有辅之以补救教学，弥补当前的差异，避免积小难为大难，使学生得以继续学习。为此教师可以在每堂课针对教学目标进行诊断测验，及时了解学生的学习情况，发现学生的困难所在，立即采取相应的补救措施，避免学生成为地理学困生。

转换方法原则。有些学生未达成教学目标源于教师的教学方法不当或者不适配，所以地理补救教学时不应重复使用导致学生失败的教学方法。地理补救教学应尽量采用结构化教学，在充分尊重学生认知结构的基础上，重视知识间的相互关联，讲授结构化的知识，且教学坚持由易至难、由简而繁的次序，坚持地理感性知识到地理理性知识的认知过程，坚持突出人地关系为内容主线、地图为教学的“第二语言”，建立地理空间概念为先导的地理教学特点。

六、地理补救教学的基本步骤

地理补救教学又称地理诊断式教学，是一连串积极性、对症下药的教学活动。一般认为，地理补救教学的原因可归结为学生与环境因素。其中，学生是核心因素，环境因素最终也是通过学生因素才起作用。而学生因素包括认知因素和情意因素（如地理学习动机不足等），而因情意困扰所造成的问题，往往会随认知问题的解决而消失。因此，一般补救教学的诊断工作，均偏重学生的认知能力不足（李咏吟，2003）。但单凭地理教师的教学经验进行问题诊断容易出现片面、不准确等问题，因此还要对学生的认知水平与认知过程进行全方位的科学诊断。认知诊断是指对个体认知过程、加工技能或知识结构的诊断评估，它把认知与测量结合起来，对个体的评价不再只是宏观能力层面的评估，还要对个体内部微观认知结构进行诊断，以进一步揭示个体内部心理加工过程（涂冬波 等，2012）。显然，认知诊断通过运用认知分析的方法描述心理活动的内在机制，通过设计各种测验来诊断学生的认知水平，能为地理补救教学提供基本思路和科学依据。地理补救教学的特色是先选择对象而后进行教学，即了解学生的学习困难后，精心设计教学活动，使之契合学生的个别需求。它可划分为四个基本步骤，如图 8-5 所示。

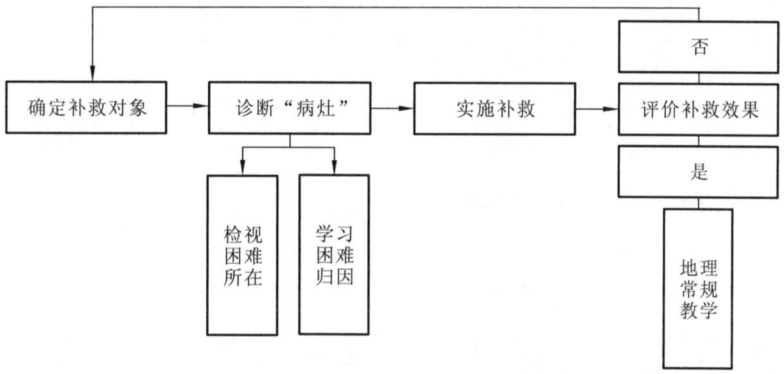

图 8-5　地理补救教学的四个步骤

（一）确定补救对象

地理补救教学的对象主要为未达成地理教学目标的学生，长此以往易发展为地理学困生。确定未达成教学目标学生的方法依地理补救教学类型而异。如立即式地理补救教学要求老师通过随堂观察学生的学习概况，评鉴学生的学习成果，询问问题，透视学生困惑所表现出的非语言信号；鼓励学生使用出声思维报告与发问；让学生写简要的学习报告，实施简单的纸笔测验等来发现补救的对象，从而采取迅速的回应。系统化的地理补救教学则要求教师通过学业成绩、测验分数以及其他的学习指标的检视，与家长共同合作，找出需要进行系统化补救教学的学生（Glatthorn，2003），并通过系统化的规划来提升这类长期未达到地理教学目标学生的学习表现。

之前，笔者为了研究地理教学目标达成的现状，曾对安徽省 568 名高一学生进行了实证研究，其中 172 名同学出现了错误，理论上这 172 名学生都需要补救。

（二）诊断“病灶”

地理补救教学是“再次教学”，具有学习辅导的性质，但它并非简单的重复教学，而是诊断“病灶”后对症下药的积极性教学活动。诊断是补救的基础，诊断“病灶”是地理补救教学的关键环节。教师看到学生学习中存在着困难，精确地找到困难是什么，并发现产生这个困难的原因，这就是诊断（L.H.克拉克和 I.S.斯塔尔，1985）。所以这一过程包括两个步骤，一是检视困难所在，二是学习困难归因。

1. 检视困难所在

对于某些简单的问题，经验丰富的老师可迅速找到症结所在，但对于一些复杂的问题，需要通过任务分析来透过现象，深入精准地找到具体问题所在。多数认知诊断模型复杂难学，但任务分析是一种简单易行的认知诊断模型的变式。任务分析是指将内容分解成构成它的组成部分的过程（Eggen and Kauchak，2001）。教学好比登山，任务分析可以描绘出学生从认知起点到达成教学目标的整个登山过程的详细地图，当学生未达成教学目标之时，可按图索骥，精确地诊断问题所在。

笔者和 3 位地理教师共同分析了学生“海陆风形成”的错误和困难所在。主要错误见表 8-14 及图 8-6 至图 8-13。

表 8-14　学生“海陆风形成”测验错误一览表

举例	病症
图 8-6	概念不清，不知海陆风是指近地面风向
图 8-7	概念不清，不知何为海陆风
图 8-8	图对，但不理解形成风的直接原因
图 8-9	图错，不理解气流运动与气压的因果关系
图 8-10	图对，不知道热力环流形成原理，图像无法示意
图 8-11	图错，不理解比热的概念导致原理理解错误
图 8-12	海陆风空间位置错误，将海陆风只画在海上或者陆上；原理不清楚，表达不严谨
图 8-13	没有标明时间，无昼夜标志

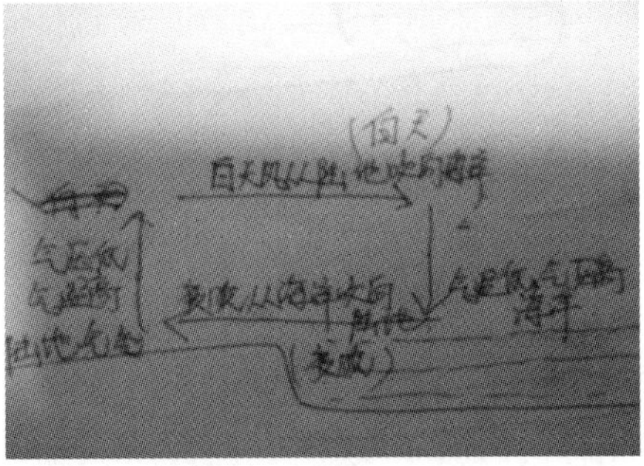

图 8-6　学生所画“海陆风形成”示意图 1

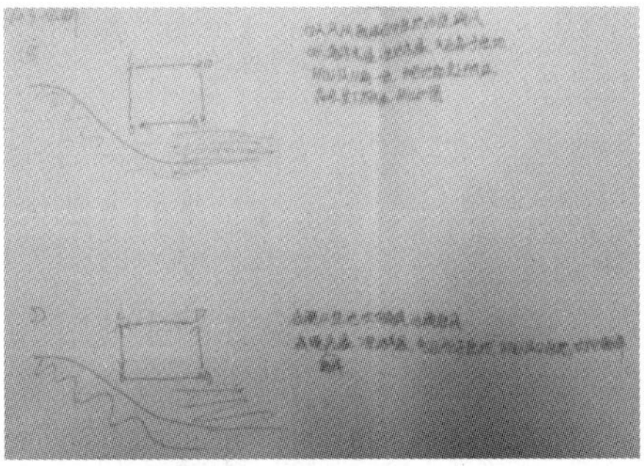

图 8-7　学生所画“海陆风形成”示意图 2

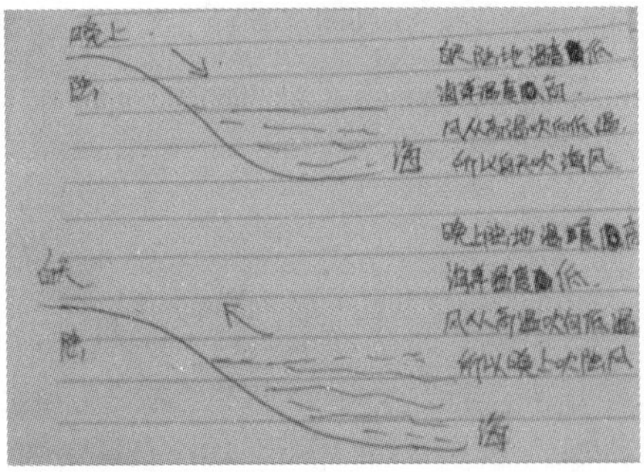

图 8-8　学生所画“海陆风形成”示意图 3

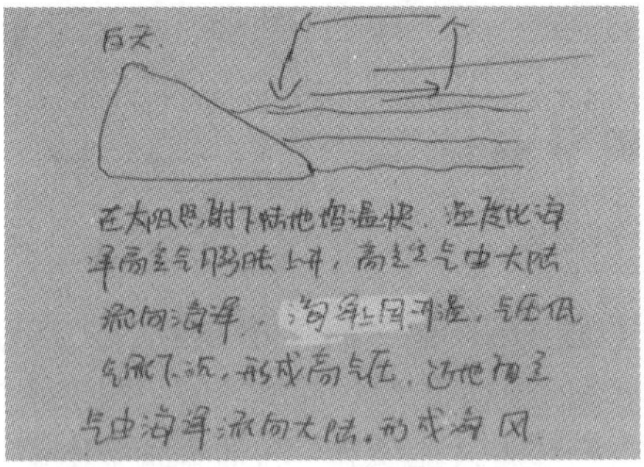

图 8-9　学生所画“海陆风形成”示意图 4

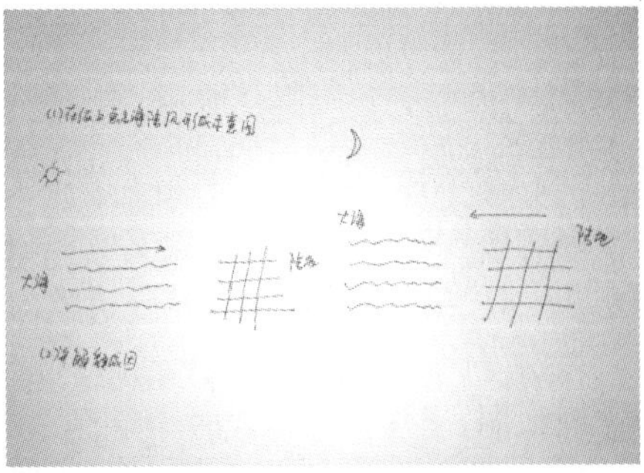

图 8-10　学生所画“海陆风形成”示意图 5

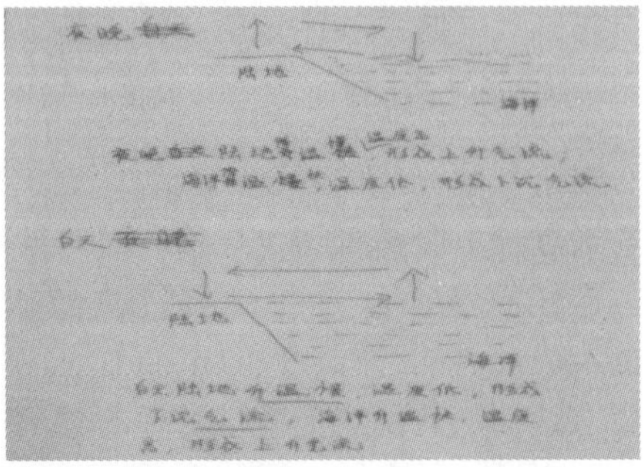

图 8-11　学生所画“海陆风形成”示意图 6

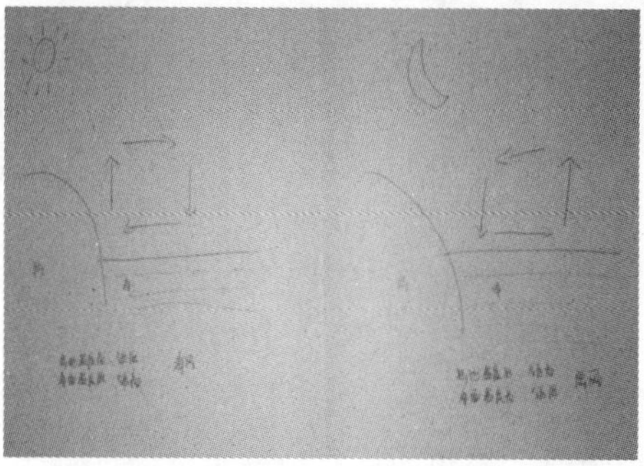

图 8-12　学生所画“海陆风形成”示意图 7

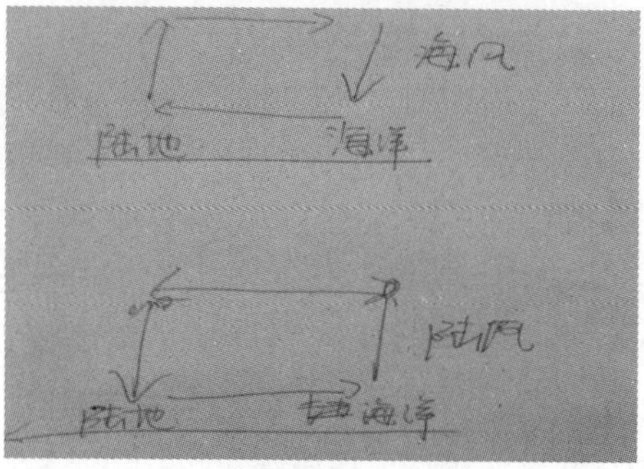

图 8-13　学生所画“海陆风形成”示意图 8

一般情况下，教师可以根据学生的画图与分析情况，直接洞察到学生的症结。但是，对于学生唐某在图 8-13 所出现的问题，很难确定学生困难所在。不能以“不会分析热力环流的形成原理”一言蔽之，具体症结既可能是不能理解热力环流形成的原因，也可能是没有理解比热的概念，还可能是不会分析气压与大气密度的关系，因此需要通过任务分析进行诊断。

1）分析教学目标的层次

为了找到学生的障碍所在，地理教师需对教学目标进行层次分析：学生要习得这一目标必须事先习得哪些子目标。一旦确定了要事先习得的子目标，可以再问上一个问题，找出进一步的前提条件，直到教师完全认为分析出的前提条件学生已掌握了为止（王小明，2005）。

如上述案例中，海陆风是热力环流的一种具体表现形式，热流环流是一种最简单的大气运动。从成因上分析其根本原因是热量的地区分布不均（冷热不均），过程上看可分为几个步骤：地面冷热不均→气流垂直运动→同一水平面上气压的差异→大气的水平运动→热力环流。其中，大气的水平运动也就是风。因此，如图 8-14 所示，“以海陆风为例，学生能画图分析热力环流的形成”，这一教学目标可分解为 5 个层次：A1 层是能理解热力环流的概念，这是实现之后所有目标的先决条件，A2～A4 是能够分析热力环流的形成，A5 是能够画图分析热力环流的形成，显然子目标之间层层递进。但是学生在 A2～A5 路线中究竟哪一环节出现问题，还需通过认知诊断测验进行定位。

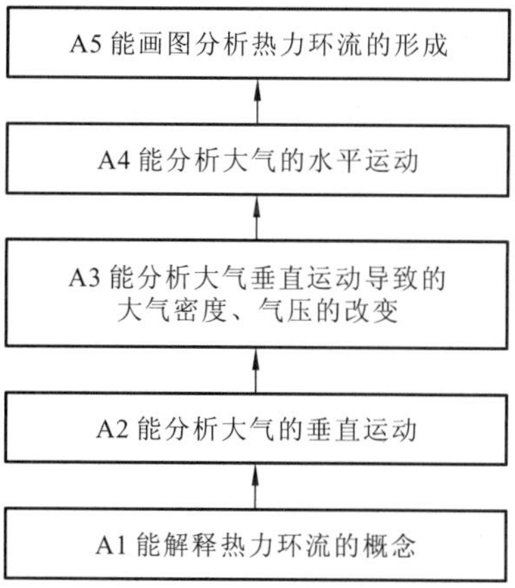

图 8-14　教学目标的层次分析

2）编制认知诊断测验

认知诊断测验针对教学目标层次分析的结果而编制，一般从最底部的子目标开始，逐一向上检测，直至检测出学生不能完成的子目标。这一方法的内在假设是如果学生能完成某层次的任务，则该层次以下的任务学生都已掌握。但这一假设并非绝对，需要教师在实际诊断时注意。另外，根据任务分析来进行认知诊断时，如果学习的层次很大，也可从层次中间的成分检测起，直到检测出学生完不成的目标成分为止（Nitko，2001）。认知诊断测验要获得准确信息，就要保证效度和信度。效度是指测验题目与构成教学目标的子目标相匹配。为了保证信度，可以用4～5个题目来测量每个子目标。

如“能画图分析热力环流的形成”教学目标对应的认知诊断测验如下：

1. 城市风是热力环流吗?
2. 山谷风是热力环流吗?
3. 海陆风是热力环流吗?
4. 热力环流是什么?
5. 分析白天陆地近地面空气的上升下沉情况并解释原因。
6. 分析白天海洋近地面空气的上升下沉情况并解释原因。
7. 分析晚上陆地近地面空气的上升下沉情况并解释原因。
8. 分析晚上海洋近地面空气的上升下沉情况并解释原因。
9. 分析白天陆地与海洋高空的空气密度与大气压的变化情况。
10. 分析白天陆地与海洋近地面的空气密度与大气压的变化情况。
11. 分析夜晚陆地与海洋高空的空气密度与大气压的变化情况。
12. 分析夜晚陆地与海洋近地面的空气密度与大气压的变化情况。
13. 分析白天高空的风向。
14. 分析白天近地面的风向。
15. 分析夜晚高空的风向。
16. 分析夜晚近地面的风向。
17. 画出白天海陆风的热力环流图。
18. 画出晚上海陆风的热力环流图。

其中，子目标与测试题目之间的关系见表8-15。

表8-15　子目标与对应测试题目的关系

子目标	对应题目
A1 能解释热力环流的概念	1，2，3，4
A2 能分析大气的垂直运动	5，6，7，8
A3 能分析大气垂直运动导致的大气密度、气压的改变	9，10，11，12
A4 能分析大气的水平运动	13，14，15，16
A5 能画图分析热力环流的形成	17，18

3）学生测试

让需要进行地理补救教学的学生全部独立地完成以上18道题的测试。

4）厘定困难点

按照题目所对应的子目标，可以精确地找到学生的困难所在。当然，为保证测验信度和效度，还需要通过师生交流后以确定病灶。地理教师可以根据任务分析的结果有针对性地问学生一些问题，要求学生诠释自己是如何解决的。从学生的回答中，教师可以收集到一些诊断信息。

笔者根据认知诊断测验的结果，并按照不同的病因一共选取了 12 名同学进行了深度访谈，让学生口语报告自己的解题思路与思维过程，并进行了电话录音，确定了困难点所在。如学生在题目 5 中出现了错误，于是对学生进行了访谈实录 8-1 与访谈实录 8-2 的深度访谈。

访谈实录 8-1　热力环流的形成

问：白天陆地和海洋气流怎样运动？

答：（白天）陆地增温快海洋增温慢，风在高空由陆地刮向海洋，绕一圈再从海洋到陆地。

问：晚上陆地和海洋气流怎样运动？

答：晚上是陆地降温快，海洋降温慢，高空风从海洋吹向陆地，底下是陆地吹向海洋。

访谈实录 8-2　热力环流的形成

问：白天陆地和海洋气流怎样运动？

答：因为海洋与陆地的比热容不同，白天的时候，由于陆地比热容比较低，所以陆地温度上升比较快，所以会形成低气压，就会形成上升气流，海洋是高强气流下沉，从而形成海风。

问：你的意思是陆地近地面温度相对较高，所以形成低气压，然后形成上升气流吗？

答：是的。

问：晚上陆地和海洋气流怎样运动？

答：到了夜晚之后，陆地的比热容比较大，所以陆地的温度比较低，所以形成高气压，海洋相对于地面温度比较低，所以形成上升气流，所以形成了陆风。

显然，访谈实录 8-1 中，学生并没有真正理解导致气流运动的真正原因，访谈实录 8-2 中学生将气流运动与气压的关系因果倒置。因此，可以确定学生在“分析大气的垂直运动”环节出现了问题。如学生在题目 9 中出现了错误，与学生交谈后确定学生在“能分析大气垂直运动导致的大气密度、气压的改变”环节出现了问题。

值得一提的是，学生的困难点往往不是一处，而是多个方面出现了问题。如图 8-10 所示，问题在于：一是画图过于简略，只能表征海陆风的风向，并不能表征海陆风的形成；二是不理解海陆风形成的根本原因。图 8-12 中的问题：一是海陆风的位置不对，应位于海陆之间并特指近地面的风；二是海陆风形成的原理不清楚；三是表述不严谨，如“陆地温度高，气压低”没有指出到底是陆地近地面还是高空“气压低”。

2. 学习困难归因

找到学生的困难点后，就应该寻找学生出现障碍的原因。认知因素是决定学习结果和学习效率最直接的因素，而造成学生未能达成地理教学目标的认知原因如下。

1）高中学生认知发展的阶段

据认知发展阶段理论，高中生已处于形式运算阶段，其抽象逻辑思维由经验型水平逐渐向理论型水平转化。高中地理教学中，千姿百态的地理事物虽令人神往，但宏观的地理环境让不少高中生望而却步。此外，高中地理课程不再只侧重于地理现象，还要求学生“在梳理、分析地理事实的基础上，逐步学会运用基本的地理原理探究地理过程、地理成因及地理规律”，人地之间的碰撞虽发人深省，但复杂的地理原理又使一些学生畏葸不前。如必修1中，如何克服人与大地之间在空间尺度上的巨大反差来认识大地的形状，如何克服人与大地之间在时间尺度上的巨大反差来认识大地形成的过程，这两个具有“形而上”意义的问题，高一学生只凭经验型的抽象逻辑思维难以完全理解，必须有理论型的抽象逻辑思维参与。

2）地理认知结构不良

地理认知结构即地理知识结构通过内化在学习者头脑中所形成的一种观念和组织。认知结构理论认为，学习即认知结构的形成和改造的过程（陈琦和刘儒德，2011）。形成良好的认知结构是学习的核心任务，已经形成的良好的认知结构是后继学习的核心条件（施良方，1994）。学生之所以未能达成教学目标，与地理认知结构不良有莫大的关联。

一是初中地理教学的不足与地理学科的综合性使得地理及相关学科原有知识储备量不足。奥苏贝尔认为影响学生学习的唯一重要因素是原有知识（皮连生，2009）。但是，由于初中地理教学缺乏足够的重视及初高中地理课程的断层，不少学生地理知识基础薄弱，高中地理学习困难。此外，高中地理与物理、数学等学科关系紧密，相关学科知识的贫乏也会导致学生地理学习困难。值得一提的是，知识是能力的基础，一些问题看似是学生能力问题，实则是学生地理基础知识薄弱。

二是忽视知识结构梳理导致地理知识结构化程度低。认知心理学家认为，知识数量固然非常重要，但如果知识之间缺乏联系或者是低程度的联系，堆积的知识越多越杂乱，反而不利于学生提取和检索相关的知识解决地理问题，相反地理知识经有效的组织则可以增值。倘若地理教师忽视梳理知识间的逻辑关系，会导致学生或找不到知识点之间的逻辑关系，或造成知识关系链断裂、单一，或看不出知识间的层级关系，从而感觉地理知识点繁多、零散、无序、难记。

三是地理图像表征不完善，尤其缺乏心理地图建构。用地图、模式图、示意图等图像表征地理概念、原理和地理事物发展变化过程，既是地理学的重要思想，也是地理学习的重要方式，但由于部分学生不能顺利地进行图文或图图转换，出现读图绘图及理解空间问题的障碍。如在画海陆风形成的过程中，如不能辨识近地面和高空，则难以分析海陆风的形成原理。此外，美国地理课程标准指出，“心理地图”是个体对地球表层地理事物的内部表征，它表征着学习者对地理事物在地理空间的分布与地理特征的感知，综合了学生对地理环境的认知。因此，心理地图是地理知识表征的重要形式，心理地图的水平也是反映地理能力高低的重要标志。调查发现，地理学业水平高的学生会经常翻阅并分析地图册，动手绘制地图，主动构建自己的心理地图，而地理学困生则地图学习意识不强，缺乏“左图右书”的地理学习方法，没有形成心理地图，导致严重影响学习效果。

四是缺乏地理学习的元认知策略。地理元认知是指对地理认知活动进行监控和调节的过程，它监控和指导地理认知策略的运用。地理学习无计划，不能有意识地自我监督，出现问题后不能找出认知偏差，适时调整和补救不能自觉地使用有效的地理学习策略，都属地理元认知欠缺的表现。

3）认知过程中学生没有形成地理视角和地理思维

其一，一些教师侧重具体地理知识的教学，学生缺乏思考问题的地理视角。《地理教育国际宪章》指出，地理学是一门旨在揭示地区特征和事物在地球上出现、发展和分布情况的科学。地理学所关注的是人与环境在特定地点和位置的相互作用。地理学者思考问题的基本思路是：第一，它在哪里？第二，它是什么样子的？第三，它为什么在那里？第四，它是什么时候发生的？第五，它产生了什么作用？第六，怎样使它有利于人类和自然环境？但教学实践中有些地理教师往往侧重具体地理知识的教学，忽视地理视角的上层思考，以致影响了学生地理视角的形成。其二，部分教师有意无意地淡化地理概念与原理的形成过程，学生难以形成地理思维。概括性较高的地理概念和原理，只有经过分析、综合、比较、抽象、概括等地理思维的逻辑加工，学生才能内化并迁移应用。但一些地理教师聚焦地理知识的符号表征，无视知识符号表征背后的思维方式，压缩地理概念的形成过程，或简单讲解直接灌输，或让学生复述概念，没有充分联系学生的已有知识和生活经验，造成学生关于概念的地理表象不足，只能死记硬背。对于地理原理的教学，教师往往稍作讲解便开始训练学生运用地理原理解释地理现象，并展示解题过程，删除了地理知识创生过程中的各种尝试与探索，抽离了学生进行空间想象、分析归纳的地理思维过程，忽视了对学生地理学习方法的引导，更遮蔽了将地理原理迁移运用到实际问题中的策略性知识，学生只能把原理当事实简单记忆，忽略地理原理产生的条件、适用的范围。

4）学生认知风格与地理教师教学方式的不匹配

每个人都有自己喜爱和适合的学习方式或学习类型。认知风格会影响学生的地理学习效果。认知通道的选择是学生认知风格差异的重要表现，任何认知活动都要通过视觉的、听觉的或触摸的通道来实现（皮连生，2009）。经研究发现：30%的人是听觉学习者，40%的人是视觉学习者，15%的人是触觉学习者，15%的人是动觉学习者。“触觉—动觉学习者”在传统的学校中面临的学习困难最多（顾瑞荣，1999）。常规性的地理教学主要适用于听觉学习者和视觉学习者，对动觉学习者考虑不多，这也是造成地理补救教学的原因之一。

而在实证研究中，根据学生的认知诊断结果与出声思维的结果，笔者找到了病因所在，见表 8-16。

表 8-16 “海陆风形成”学习困难归因

病症	病灶
时间不明，图像没有标明昼夜 空间错误，将海陆风只画在海平面上或者陆地上 表述不严谨，近地面与高空不分	没有形成地理思维
海陆风概念不清，将海陆风当成高空风 不会分析气压的变化 不理解比热容的概念	原有知识储备不足
原理分析逻辑不清，不理解气流运动与气压变化的关系 垂直运动与水平运动顺序错误	知识缺乏有效的组织
图像无法示意	地理图像表征不完善
只知风向，不知成因	教学过于关注结论，不注重过程

例如，学生的不分昼夜和空间错误，表明了学生地理思维与地理视角的缺失。地理视角首先就要考虑地理事物的空间和时间问题。学生时空概念的缺失，与地理教师的教学方式有关，通过访谈得知，部分地理教师在画图演示热力环流的时候，重点讲解其形成机制，但对于热力环流的时间与空间并没有特别强调，显然，教师的教学缺乏培养学生地理视角的上层思考。

（三）实施补救

认知诊断视角下地理补救教学虽然是针对学生地理认知缺失采取的补救，但同时要注意激发学生的地理学习动机，让学生都有成功的机会。此外，之所以要进行补救，是因为之前的教学方法无效或低效，所以必须调整地理教学方法。还有，学习具有连续性和累积性，只有及时进行补救，才能尽量避免地理学困生的产生。根据病灶的不同，认知诊断视角下的地理补救教学有如下类型。

1. 地理补偿性教学

这类补救教学主要是采用差异化教学，补偿因认知方式与教师教学方法不匹配导致学生学习困难，其重点在于改变教法，根据学生的学习情况提供不同的学习机会，如设计不同层次的教学目标，开展不同方式的教学活动，布置不同水平的课堂作业，通过多元的评价方法，让不同学习方式的学生能以他们自己的方式来学习，直至学生能有效地达成学习的基本目标。对如前所述的动觉学习者进行地理补救教学，可以充分发挥地理实践性强的特色，让其在地理实践活动中学习，为其多提供实验、游戏、角色扮演的机会。

如某同学在上述认知诊断测验中第 5 道题就出现错误，学生无法理解比热容的概念，多番讲解仍无效后，尝试让其做如下实验：①准备两个烧杯，分别装满 400 mL 的水和干沙并排放在一起。把两支温度计分别埋入水和沙中约 0.5 cm。②测量水和干沙的温度，并记录。③把两个烧杯放到室外，让太阳照射使其升温，在半小时内每隔 5 min 观察并记录水和沙的温度。④把两个烧杯放回室内让其降温，在半小时内每隔 5 min 观察并记录水和沙的温度。⑤对所测量的数据进行列表、画图对比分析。

通过直观的感受后，学生终于能明确水的比热容大，所以同等受热条件下，陆地受热快。解决了学生对比热容这一问题的疑难。

2. 地理复习性教学

主要针对需要更多学习时间的学生。复习性教学是一般地理教学的延伸，它与常规课堂的教学目标一致，旨在为学生提供额外的解说，举更多的例子，并对一般地理教学所呈现的教材再做复习。同伴辅导合作与教师辅导均是常见的方式。

如案例中某学生在第 7 题出现错误后，笔者组织了完全答对的学生对这名同学进行互帮互学，教师从旁进行有计划的监督与指导。

3. 地理补缺性教学

目前，地理补缺性教学成为地理补救教学一种较为普遍的形式，主要包括三类：第一类，由于初中地理基础知识薄弱需要在高一阶段进行补救。第二类，文理分科后要对高一必修中的地球、地图、地形、洋流等知识进行补缺，源于这些内容既重要又难学，当时不少学生囫囵吞枣，需要补救。目前已经有一线地理教师自编出版了数套针对这两类的地理补救教材。第三类，个别学生为顺利通过高考而参加各类辅导班或请家教进行查漏补缺。总之，地理补缺性教学的补救对象为地理认知结构欠缺的学生。其具体策略如下。

1）丰富地理表象，促进地理概念与地理原理的学习

地理概念和地理原理的掌握是地理教学的基本任务，而地理表象是地理事物人脑中的再现，它是理解地理概念、掌握地理原理的基础。形成地理表象的具体方法有：其一，地理野外实习，尽可能地组织学生进行学校附近地区的野外考察、乡土地理考察，这样获得的地理表象是最深刻、最全面的（陈澄，2000）。其二，形象的语言描述。在既不能实地观察又不能使用合适的直观教具时，可运用生动形象的语言进行描述，或者联系学生已有的生活经验获得新的地理表象。其三，直观教具的演示。地理事物具有时空的广阔性和观察的间接性，学生很难亲身感知，因此需要充分运用地理图像、地理模型、地理实验来丰富学生的地理表象。

如案例8-8中学生做错该题，后与学生交谈并确定病灶是原有的知识储备不足，学生缺乏“气压的概念和影响因素”知识，教师通过地理示意图丰富其地理表象，从而进行补救。

案例8-8 热力环流的形成

（1）用图8-15甲图解释气压的概念，并联系高原反应说明同一地点近地面气压大于高空气压。

（2）图8-15乙图反映近地面*A*处受热多，空气膨胀上升，*A'*处密度增大，气压比原来大，*A*处空气密度减小，与受热前相比气压保持不变。

（3）图8-15丙图反映近地面*B*处受热少，空气收缩下沉，*B'*处密度减小，气压比原来小，*B*处空气密度增大，与冷却前相比气压保持不变。

（4）三幅图表明影响气压变化的因素：①海拔高低；②空气运动；③气温高低。

（5）进一步总结：①高气压和低气压是指同一水平高度的气压状况；同一地点近地面气压大于高空气压。②近地面高温低压，低温高压。

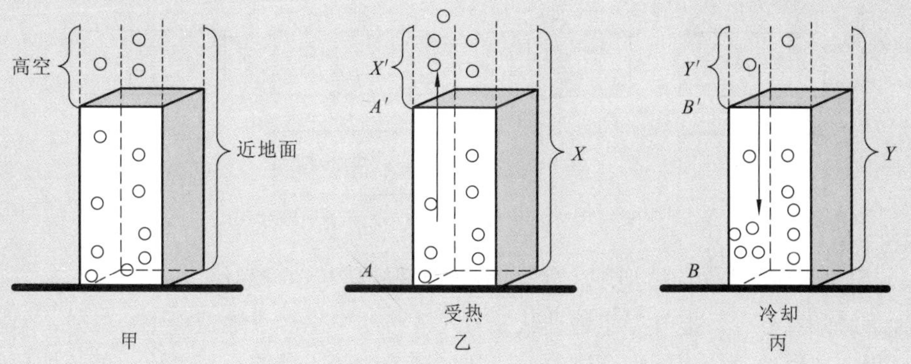

图8-15 气压及其影响因素

2）巧设地理情境，促进地理认知结构的升级

学习就是一个同化和顺应的过程。同化与顺应之间不断发展平衡，构成了认识及认识的发展（石向实，2006）。其一，可联系生活经验，促进地理新知识同化。当新的经验很容易地融入已有图式的时候，同化就发生了。如上述案例中利用生活中的高原反应说明同一地点近地面气压大于高空气压。其二，可巧设地理问题，促进地理旧知识顺应。顺应是已有的经验无法同化新经验后不得不对认知结构做出一些调整，既可以表现为纠正错误的认知结构，也可以表现为拓宽延伸正确的认知结构。可提出“最近发展区”问题，引发认知冲突，完成旧知识顺应，促进学生认知结构升级。

3）关注地理学科结构，构建地理认知图式

布鲁纳在《教育过程》中说，“所获得的知识，如果没有完满的结构把它联系在一起，那是一种多半会遗忘的知识。一串不连贯的论据在记忆中仅有短促的可怜的寿命”。地理学习中涉及不同层次、不同复杂程度的知识，只有对这些知识进行分析归纳，梳理知识之间的关系，厘清知识之间的层次，形成结构化、网络化的地理图式表征才能持久，才能富有理解力和迁移力。因此，教师应指导学生通过表格、结构图、概念图、思维导图、纲要信号图等结构化的形式把地理知识联成串、并成块、结成网，实现地理知识的结构化。例如，热力环流从时间和空间的角度可以形成如图 8-16 所示的图式。

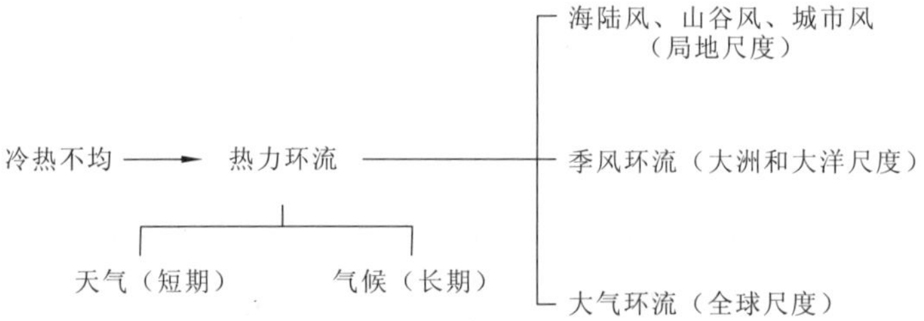

图 8-16　不同尺度的热力环流

而对于部分学生“垂直运动与水平运动顺序错误”的问题，可以帮助学生构建关于“热力环流形成”的认知图式（图 8-17），促进认知结构的升级。

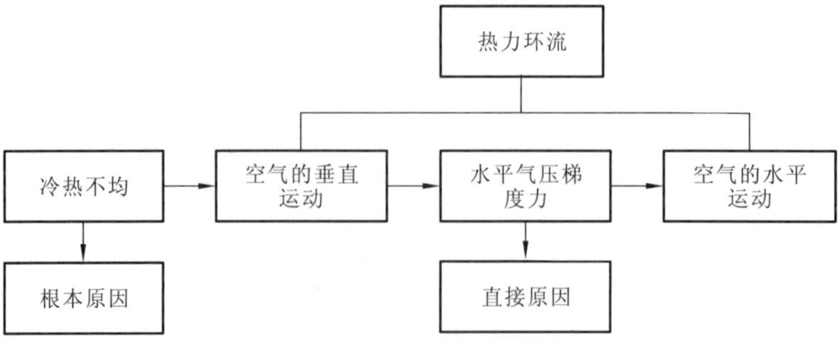

图 8-17　热力环流形成过程的认知图式

4）引导学生参与知识的形成过程，培养地理视角与地理思维

地理教学过程中，提升学生地理认知方式，帮助学生形成地理视角。此外，丰富地理教学过程，还原地理知识的形成过程，让学生经历地理问题的发现过程，体验地理原理的揭示过程，给学生形成地理思维提供充足的机会和空间。如一些教师在区域地理教学中非常重视帮助学生认识地理位置、掌握区域差异和区域特征，但不重视概括空间地理分布特征与区域综合分析的思想方法，导致学生头脑里只有一堆松散杂乱的具体地理事实，却没有认识空间差异、区域间空间联系的方法与观念。因此在补救教学的过程中，应注重学生学科思维的培养，不能局限于地理事实表象概念，以及基本技能层面上的重复和练习，应该加强学科观念和学科思想方法的教学（张素娟，2010）。

5）强化变式练习，促进地理知识的迁移

学生理解了地理概念、规律与原理但并不等于会应用，两者之间还有一个知识转化的心理操作过程。通过地理变式练习，可提高地理认知结构的灵活度和稳定性，促进地理知识的转化与迁移。所谓变式练习，指在其他有效学习条件不变的情况下，概念和规则例证的变化（皮连生，2009）。其本质是地理知识的本质特征不变，而适当改变地理知识的非本质特征，如情境、条件性知识等，即知识的正例变化。常见的地理变式练习有：第一，地理实例的变式练习。改变实例，促进学生对地理概念理解的深化与扩张。第二，地理情境的变式。地理规律与原理不变，改变题型或问题情境（如空间、时间及地理要素等条件的改变等）。当然，地理变式练习也应适量适度，形式多样。

在实证研究中，对于学生概念不清的，通过改变实例，促进学生对地理概念的理解。如学习了热力环流的概念后，让学生辨别海陆风、山谷风、城市热岛效应等。另外，对于原理分析不清的可改变题型或问题情境。如解释完海陆风后让学生画图分析山谷风的形成。

4. 地理策略性教学

地理策略性知识主要是指地理学习方法类知识，它是良好的地理认知结构的一个关键特征。这类地理补救教学的内容不是一般的地理知识，它主要包括地理认知策略、地理元认知策略、资源管理策略（如建立时间表、设置目标）等，其目的是提高学生地理学习的能力。地理策略性知识既可以与地理知识教学相融合，也可以进行专题教学，如采用一些教材，用较直接的说明方式教导学生怎样使用地理学习方法，以及监视和控制地理学习策略，还可采取示范的方式将教师内隐思维活动的展开、调节和控制过程展示出来供学生模仿，帮助学生能够有效地在各种情境中应用相宜的地理学习策略。

（四）评价补救效果

地理补救教学也是一种把评价嵌入教学的模式，教学与评价相互融通，形成“评价→教学→再评价”的循环过程，评价在地理补救教学中担任重要角色。评价地理补救教学效果有两个标准：一是地理教学目标达成度，二是地理学习进步度。前者可通过地理目标参照测验法，后者可通过地理课程本位测量和动态测量来评价。课程本位测量是一种以学生在现有课程内容学习上的持续表现来决定其教学需求的评估方式（张旭和张海丛，2009）。地理动态评量是通过“前测”与“后测”的比较，分析地理补救教学后学生认知结构与认知过程的改变。

对于“能画图分析热力环流的形成”这一目标，12 名同学经过不同类型的补救教学之后，再次检测，12 名同学基本能达成该教学目标。

地理教学目标参照评价其实包括两个过程，一是评价任务的设计，二是评价的实施。前者发生于地理教学策略选择之前，后者贯穿于地理教学策略实施始终。地理教学目标参照评价的一个关键点就是评价方法与地理教学目标的适配（表 8-17）。一般而言，地理知识目标的评价可采用纸笔测验法、课堂提问法；地理技能目标的评价可采取观察法、课堂提问法；地理过程与方法目标的评价可采取观察法与课堂提问法相结合、成长档案袋法；地理情感态度与价值观目标的评价可采取观察法、调查法等。最后，当学生没有达成地理教学目标时，还要进行地理补救教学，这是地理教学目标达成的延续，它完美地体现了评价与教学的结合。

表 8-17　地理评价方法与教学目标的具体适配

教学目标	评价方法
地理知识	纸笔测验法、课堂提问法等
地理技能	观察法、课堂提问法等
地理过程与方法	观察法与课堂提问法相结合、成长档案袋法等
地理情感态度与价值观	观察法、调查法等

参考文献

阿·德芒戎, 1993. 人文地理学问题[M]. 葛以德, 译. 北京: 商务印书馆.

阿尔夫雷德·赫特纳, 1983. 地理学: 它的历史、性质和方法[M]. 王兰生, 译. 北京: 商务印书馆.

阿伦.C. 奥恩斯坦, 琳达.S. 贝阿尔·霍伦斯坦, 爱德华.F. 帕荣克, 2004. 当代课程问题(第三版)[M]. 余强主, 译. 杭州: 浙江教育出版社.

阿妮塔·伍德沃克, 2005. 教育心理学[M]. 陈红兵, 张春莉, 译. 南京: 江苏教育出版社.

埃德加·莫兰, 2004. 复杂性理论与教育问题[M]. 陈壮一, 译. 北京: 北京大学出版社.

埃文·塞德曼, 2009. 质性研究中的访谈: 教育与社会科学研究者指南(第三版)[M]. 周海涛, 译. 重庆: 重庆大学出版社.

安妮塔·伍尔福克, 2015. 教育心理学(第十二版)[M]. 伍新春, 张军, 季娇, 译. 北京: 中国人民大学出版社.

艾尔·巴比, 2005. 社会学研究方法(第十版)[M]. 邱泽奇, 译. 北京: 华夏出版社.

本杰明.S. 布卢姆, 等, 1986. 布卢姆掌握学习论文集[C]. 王钢, 等, 译. 福州: 福建人民出版社.

陈澄, 2000. 地理表象、概念、原理及其层级关系[J]. 地理教学(4): 8-11.

陈澄, 2006. 地理教学研究与案例[M]. 北京: 高等教育出版社.

陈澄, 樊杰, 2003. 普通高中地理课程标准(实验)解读[M]. 南京: 江苏教育出版社.

陈澄, 林培英, 2012. 义务教育地理课程标准(2011 年版)解读[M]. 北京: 高等教育出版社.

陈澄, 2007. 新编地理教学论[M]. 上海: 华东师范大学出版社.

陈佼, 2010. 中学地理情感态度与价值观的评价[D]. 武汉: 华中师范大学.

陈琦, 刘儒德, 2011. 教育心理学[M]. 北京: 高等教育出版社.

陈莹, 2013. 初中课堂情感目标达成过程中存在的问题与对策研究: 以沈阳市区初中为案例[D]. 锦州: 渤海大学.

陈柏华, 徐冰鸥, 2006. 发展性教师评价体系的构建: 教师专业素养的视角[J]. 教育理论与实践(9): 50-53.

陈大伟, 2013. 教学意义的发现和实现[J]. 教育与教学研究(7): 11-16.

陈国阶, 1985. 论地理学的现代化问题[J]. 地理学报, 40(3): 264-271.

陈国阶, 2003. 论地理学面临的挑战与发展[J]. 地理科学(2): 130.

陈厚德, 2000. 有效教学[M]. 北京: 教育科学出版社.

陈嘉映, 2008. 西方大观念(第一卷)[M]. 北京: 华夏出版社.

陈淑丽, 宣崇慧, 2014. 带好每一个学生: 有效的补救教学[M]. 台北: 心理出版社.

陈向明, 2000. 质的研究方法与社会科学研究[M]. 北京: 教育科学出版社.

陈亚颦, 2007. 现代地理教学论[M]. 北京: 科学出版社.

陈佑清, 2011. 教学论新编[M]. 北京: 人民教育出版社.

陈佑清, 2005. 论活动与发展之间的相关对应性[J]. 教育研究(2): 77-82.

陈佑清, 2002. 体验及其生成[J]. 教育研究与实验(2): 11-16.

陈玉琨, 1999. 教育评价学[M]. 北京: 人民教育出版社.

迟学为, 2012. 高效课堂教学模式构建的文化思考与行动策略[J]. 课程·教材·教法(5): 37-40.

褚亚平, 曹琦, 1985. 中学地理教学法(第二版)[M]. 北京: 高等教育出版社.
从立新, 2005. 平等与主导: 师生关系的两个视角[J]. 教育学报(1): 27-31.
崔允漷, 2011. 基于课程标准: 让教学“回家”[J]. 基础教育课程(12): 51-52.
崔允漷, 2004. 教学目标: 不该被遗忘的教学起点[J]. 人民教育(13): 16-18.
达尼洛夫, 斯卡特金, 孙祖复, 1982. 教学过程[J]. 外国教育资料(4): 13-19.
戴尔.H. 申克, 2012. 学习理论(第六版)[M]. 何一希, 等, 译. 南京: 江苏教育出版社.
德·朗特里, 1988. 西方教育词典[M]. 上海: 上海译文出版社.
地理课程标准研制组, 2004. 普通高中地理课程标准(实验)解读[M]. 南京: 江苏教育出版社.
第斯多惠, 1990. 德国教师培养指南[M]. 袁一安, 译. 北京: 人民教育出版社.
刁传芳, 高如珊, 1988. 中学地理教学法[M]. 北京: 北京师范大学出版社.
刁传芳, 1991. 中学地理教材教法[M]. 北京: 北京师范大学出版社.
杜威, 2012. 杜威全集·中期著作·第十四卷(1922)人性与行为[M]. 罗跃军, 译. 上海: 华东师范大学出版社.
段戴平, 李广洲, 倪娟, 2015. 课程一致性: 方法比较、问题反思与本土化探寻[J]. 中国教育学刊(6): 73-78.
段玉山, 2003. 地理教育测量与评价[M]. 北京: 高等教育出版社.
敦华, 2005. 西方哲学简史[M]. 北京: 北京大学出版社: 279-282.
冯克诚, 刘以林, 1996. 地理课堂学习常规[M]. 北京: 国际文化出版公司.
冯增俊, 2005. 教育人类学教程[M]. 北京: 人民教育出版社.
傅伯杰, 冷疏影, 宋长青, 2015. 新时期地理学的特征与任务[J]. 地理科学(8): 939-945.
高晶华, 黎倩雯, 2010. 我国地理新课标“过程与方法”目标研究述评[J]. 地理教育(1/2): 17.
龚耀南, 2004. 论教师责任感的强度与限度[J]. 教育探索(4): 95-97.
过宝兴, 2001. 地理调查研究方法(第二版)[M]. 北京: 高等教育出版社.
郭华, 2016. 深度学习及其意义[J]. 课程·教材·教法, 36(11): 25-32.
郭德俊, 2002. 小学儿童教育心理学[M]. 北京: 中央广播电视大学出版社.
郭元祥, 2003. 高中课程应关照学生深层次的现实生活[J]. 全球教育展望(8): 10-11.
郭元祥, 2003. 教师的课程意识及其生成[J]. 教育研究(6): 33-37.
郭元祥, 2005. 论教育的过程属性和过程价值: 生成性思维视域中的教育过程观[J]. 教育研究(9): 3-8.
郭元祥, 2009. 知识的性质、结构与深度教学[J]. 教育研究与评论(11): 80.
顾朝林, 张敏, 等, 2012. 人文理论导论[M]. 北京: 科学出版社.
顾明远, 1998. 教育大辞典: 增订合编本[M]. 上海: 上海教育出版社.
顾瑞荣, 1999. 《学习的革命》导读与实践[M]. 北京: 科学技术文献出版社.
郝志军, 2008. 教学文化的价值追求: 达成教化与养成智慧[J]. 教育研究(4): 52-53.
何晔, 盛群力, 2006. 理解的维度之探讨[J]. 开放教育研究(3): 28-34.
荷烈治, 哈尔德, 卡拉汉, 等, 2011. 教学策略: 有效教学指南(第八版) [M]. 牛志奎, 译. 北京: 中国人民大学出版社.
何妮妮, 2011. 地理新课程教学与教师成长[M]. 北京: 中国人民大学出版社.
黑格尔, 1976. 逻辑学·下卷[M]. 杨一之, 译. 北京: 商务印书馆.
洪婷, 2005. 地理“过程与方法”目标的价值追求与体现策略[D]. 长春: 东北师范大学.
胡白云, 2015. 教学民主论 从给予到解放[M]. 福州: 福建教育出版社.
胡良民, 2005. 地理教学论[M]. 北京: 科学出版社.

黄琛, 2010. 地理过程与方法目标的理论研究与实现策略[D]. 武汉: 华中师范大学.
黄妍, 袁孝亭, 2015. 引导学生认识“地理过程”的教学策略[J]. 地理教学(8): 13-15.
基夫斯, 2011. 教育研究方法(上)[M]. 成都: 西南师范大学出版社.
教育部基础教育司, 2004. 地理课程标准研修[M]. 北京: 高等教育出版社.
杰弗里·马丁, 2008. 所有可能的世界 地理学思想史[M]. 成一农, 王雪梅, 译. 上海: 上海世纪出版集团.
靖国平, 2005. “生成性课堂”何以可能?[J]. 湖北教育(Z1): 4-6.
康德, 1964. 判断力批判 下卷[M]. 北京: 商务印书馆.
“科学探究性学习的理论与实验研究”课题组, 2001. 探究式学习: 含义、特征及核心要素[J]. 教育研究(12): 52-56.
库拉佐夫, 1953. 地理教学法[M]. 雷鸣蛰, 等, 译. 北京: 正风出版社.
理查德·哈特向, 2012. 地理学的性质(中译本)[M]. 叶光庭, 译. 北京: 商务印书馆.
李锋, 2010. 基于标准的教学设计[D]. 上海: 华东师范大学.
李鹏, 2020. 评价如何促进学习? 从泰勒到厄尔的探索与反思[J]. 外国教育研究, 47(1): 31-44.
李晴, 2015. 地理教育学[M]. 北京: 科学出版社.
李慧群, 2010. 初中区域地理课堂教学基本规律探究[J]. 中学地理教学参考(100): 11-13.
李家清, 2006. 新课程高中地理“过程与方法”的教学评价实践[J]. 教育科学研究(8): 18-21.
李亚萍, 2010. 初中地理课堂教学“三维目标”落实状况调查: 以延吉市为例[J]. 地理教育(9): 48-49.
李耀峰, 2012. 浅析地理教学之情感态度价值观的目标达成[J]. 教师(1): 68-69.
李亦菲, 杨宝山, 2002. 探究学习与研究性学习的四个误区[J]. 中国教育学刊(6): 40-42.
李亦菲, 朱小蔓, 2010. 新课程三维目标整合的 KAPO 模型[J]. 天津师范大学学报(基础教育版)(1): 1-10.
李咏吟, 2003. 学习心理辅导[M]. 广州: 广东世界图书出版公司.
李宗录, 2013. 论人文地理的决策教学[J]. 中学地理教学参考(Z1): 21-23.
黎进广, 张胜前, 2020. 英国地理教学目标制定与达成的策略研究[J]. 地理教育(3): 45-47.
联合国教科文组织国际教育发展委员会, 1996. 学会生存: 教育世界的今天和明天[M]. 北京: 教育科学出版社.
联合国教科文组织总部, 联合国教科文组织总部中文科, 1996. 教育: 财富蕴藏其中[M]. 北京: 教育科学出版社.
廖晓翔, 2005. 实践与反思: 新课程的“三维目标”[J]. 教育导刊(5): 19-22.
林崇德, 杨治良, 黄希庭, 2003. 心理学大辞典[M]. 上海: 上海教育出版社.
林培英, 2014. 探讨中学地理教学的“图层方法”[J]. 课程·教材·教法(8): 64-69.
刘慧, 金凤君, 王传君, 等, 2010. 人文地理过程内涵辨析与模拟探讨[J]. 人文地理(4): 7-11.
刘本固, 2000. 教育评价的理论与实践[M]. 杭州: 浙江教育出版社.
刘春梅, 2009. 新课程三维目标的内蕴[J]. 教育研究与实验(5): 50-53.
刘雄兵, 陈鑫, 2015. 区域地理教学应重视的几个问题[J]. 地理教育(z2): 133-135.
刘学梅, 2019. 核心素养视角下高中自然地理原理的教学策略[J]. 地理教学(12): 16-20, 8.
刘学梅, 2020. “地理教学目标”走向“地理学习目标”的内在逻辑与实践路径[J]. 课程·教材·教法(8): 110-117.
刘学梅, 李家清, 2014. PCK 视域下地理专家型与新手型教师教学目标的比较研究[J]. 地理教学(12): 14-17, 28.
卢家楣, 2000. 情感教学心理学[M]. 上海: 上海教育出版社.

卢晓旭, 赵媛, 朱慧, 等, 2011. 地理课堂教学目标呈现方式与教学效率的相关性[J]. 课程•教材•教法(1): 100-106.
陆希舜, 1992. 中学地理教学法[M]. 上海: 华东师范大学出版社.
罗伯特.J. 马扎诺, 2009. 有效的课堂评价手册[M]. 邓妍妍, 等, 译. 北京: 教育科学出版社.
罗伯特.J. 马扎诺, 约翰.S. 肯德尔, 2012. 教育目标的新分类学(第 2 版)[M]. 高凌飚, 吴有昌, 苏峻, 译. 北京: 教育科学出版社.
洛林.W. 安德森, 等, 2009. 布卢姆教育目标分类学修订版 分类学视野下的学与教及其测评[M]. 蒋小平, 张琴美, 罗晶晶, 译. 北京: 外语教学与研究出版社.
吕润美, 2007. 新课程地理学习过程性评价研究[D]. 上海: 华东师范大学.
马兰, 盛群力, 等, 2011. 课堂教学设计: 整体化取向[M]. 杭州: 浙江教育出版社.
马兰, 张文杰, 2012. 教学设计[M]. 北京: 高等教育出版社.
马蔼乃, 2007. 理论地理科学与哲学 复杂性科学理论[M]. 北京: 高等教育出版社.
马云鹏, 刘学智, 2007. 发展性学生评价的理论与方法[M]. 长春: 东北师范大学出版社.
毛晋平, 邹军, 2017. 论课堂教学的情感目标[J]. 湖南师范大学教育科学报, 16(4): 100-103.
毛泽东, 1991. 毛泽东选集 第一卷[M]. 北京: 人民出版社.
美国国家科学院研究理事会, 2011. 理解正在变化的星球: 地理科学的战略方向[M]. 刘毅, 刘卫东, 等, 译. 北京: 科学出版社.
美国国家研究院地学、环境和资源委员会地球科学与资源局重新发现地理学委员会, 2002. 重新发现地理学与科学和社会的新关联[M]. 黄润华, 译. 北京: 学苑出版社.
潘涌, 2001. 人的可持续发展与教育转型[J]. 教育研究(11): 34-39.
潘瑶珍, 2013. 科学教育中的论证教学[D]. 上海: 华东师范大学.
裴娣娜, 2007. 教学论[M]. 北京: 教育科学出版社.
皮连生, 2000. 智育心理学[M]. 北京: 人民教育出版社.
皮连生, 2004. 教育心理学(第三版)[M]. 上海: 上海教育出版社.
皮连生, 2009. 学与教的心理学(第五版)[M]. 上海: 华东师范大学出版社.
皮连生, 2011. 教育心理学(第四版)[M]. 上海: 上海教育出版社.
齐梅, 马林, 2012. 教育学原理[M]. 北京: 清华大学出版社.
钱学森, 1991. 谈地理科学的内容及研究方法[J]. 地理学报, 46(3): 260.
乔建中, 2006. 知情交融教学模式的理论探析[J]. 南京师大学报(社会科学版)(1): 89-95.
瞿葆奎, 1990. 教育学文集: 教学(下册)[M]. 北京: 人民教育出版社.
上海科学技术出版社, 1980. 现代科学技术词典(上册)[M]. 上海: 上海科学技术出版社.
单之蔷, 2012. 地理学家、摄影家与一座中国人都应该知道的山峰[J]. 中国国家地理(4): 26-33.
邵瑞珍, 1983. 教育心理学: 学与教的原理[M]. 北京: 人民教育出版社.
邵秀丹, 2016. 一个教学悖论下的课堂目标控制[J]. 教学研究, 39(1): 122-124.
盛群力, 等, 2005. 教学设计[M]. 北京: 高等教育出版社.
盛群力, 马兰, 2006. 现代教学原理、策略与设计[M]. 杭州: 浙江教育出版社.
盛群力, 马兰, 褚献华, 2010. 界定三维教学目标之探讨[J]. 课程. 教材. 教法(2): 31-35.
施良方, 1994. 学习论: 学习心理学的理论与原理[M]. 北京: 人民教育出版社.
施良方, 崔允漷, 2009. 教学理论: 课堂教学的原理、策略与研究[M]. 上海: 华东师范大学出版社.

石鸥, 1998. 教学别论[M]. 长沙: 湖南教育出版社.
石向实, 2006. 认识论与心理学[M]. 北京: 东方出版社.
石中英, 2007. 教育哲学[M]. 北京: 北京师范大学出版社.
孙进, 2006. 作为质的研究与量的研究相结合的“三角测量法”: 国际研究回顾与综述[J]. 南京社会科学(10): 122-128.
孙崇勇, 李淑莲, 2017. 认知负荷理论及其在教学设计中的运用[M]. 北京: 清华大学出版社.
孙名符, 刘岗, 2008. 数学学习评价[M]. 北京: 科学出版社.
孙晓天, 2004. 追求三维目标的成功融合[J]. 人民教育(5): 31.
唐少霞, 毕华, 2009. 基础教育教学基本功 中学地理卷[M]. 北京: 首都师范大学出版社.
台北中华书局股份有限公司, 1987. 简明大英百科全书 第十七卷[M]. 台北: 台北中华书局.
田慧生, 李如密, 1996. 教学论[M]. 石家庄: 河北教育出版社.
涂冬波, 蔡艳, 丁树良, 2012. 认知诊断理论、方法与应用[M]. 北京: 北京师范大学出版社.
王策三, 2015. “三维目标”的教学论探索[J]. 教育实验与研究(1): 1-11.
王恩涌, 2002. 对中学地理骨干教师进行人文地理业务培训的思考[J]. 中学地理教学参考(4): 60-61.
王树声, 1995. 中学地理教材教法[M]. 北京: 高等教育出版社.
王天一, 2006. 外国教育史(下册)[M]. 北京: 北京师范大学出版社.
王向东, 袁孝亭, 2008. 国际视野下中学区域地理教学的主题选择与目标定位[J]. 课程·教材·教法(1): 60-64.
王向东, 袁孝亭, 2014. 基于“一般法则”和“特殊性描述”辩证关系的地理教学思考[J]. 地理教学(13): 9-12.
王小明, 2011. 布卢姆认知目标分类学(修订版)对课程目标制定的启示[J]. 全球教育展望(4): 20-24.
王小明, 2005. 教学论: 心理学取向[M]. 上海: 上海教育出版社.
王月芬, 徐淀芳, 2010. 论三维目标的设计、实施与评价[J]. 上海教育科研(2): 8-11.
王中男, 2013. 考试文化: 课程评价改革的深层桎梏[J]. 华东师范大学学报(教育科学版)(1): 33-38.
维果茨基, 2005. 维果茨基教育论著选[M]. 余震球, 译. 北京: 人民教育出版社.
魏宏聚, 2012. 新课程情感目标评价工具及课堂应用[J]. 中国教育学刊(5): 34-37.
魏宏聚, 2016. 论教学目标预设与达成活动中的两类意识[J]. 教育科学研究(5): 12-15, 23.
威廉·维尔斯马, 斯蒂芬.G. 于尔斯, 2010. 教育研究方法导论(第九版)[M]. 袁振国, 译. 北京: 教育科学出版社.
韦志榕, 朱翔, 2018. 普通高中地理课程标准(2017 年版)解读[M]. 北京: 高等教育出版社.
文森特·赖安·拉吉罗, 2013. 思考的艺术 (第 10 版)[M]. 金盛华, 等, 译. 北京: 机械工业出版社: 4.
沃尔夫冈·布列钦卡, 2001. 教育科学的基本概念分析、批判和建议[M] 胡劲松, 译. 上海: 华东师范大学出版社.
吴传钧, 1991. 论地理学的研究核心[J]. 经济地理, 11(3): 1-5.
吴刚平, 2013. 分类视野下的记中学、做中学与悟中学[J]. 全球教育展望(6): 10-17.
吴红耘, 皮连生, 2009. 修订的布卢姆认知教育目标分类学的理论意义与实践意义: 兼论课程改革中“三维目标”说[J]. 课程·教材·教法, 29(2): 92-96.
吴惠青, 2003. 论教师个体的生存方式[J]. 教育研究(6): 42-45.
吴金财, 2011. 高中地理“过程与方法”目标及其设计、实施与评价[J]. 地理教学(22): 13-15.
吴金财, 2012. 高中地理“情感态度与价值观”目标及其设计、实施与评价[J]. 地理教学(14): 28-30.

吴金财, 2012. 例谈高中地理目标导向的课堂教学设计[J]. 中学地理教学参考(1-2): 37-39.
吴维屏, 2007. 关于教学目标设立的思考: 以美国一个州的社会学科目标为例[J]. 外国中小学教育(12): 12-17.
吴也显, 1991. 教学论新编[M]. 北京: 教育科学出版社.
吴永军, 2005. 再论新课程教学核心理念及其有效性[J]. 课程·教材·教法(1): 25-29.
夏雪梅, 2012. 以学习为中心的课堂观察[M]. 北京: 教育科学出版社.
夏雪梅, 崔允漷, 2006. 基于课程标准的教学: 历史考察与现实追问[J]. 全球教育展望(3): 62-66.
夏甄陶, 2011. 夏甄陶文集第一卷 关于目的的哲学[M]. 北京: 中国人民大学出版社.
夏征农, 2000. 辞海(缩印本)[Z]. 上海: 上海辞书出版社.
夏志芳, 张建珍, 2011. 地理案例教学论[M]. 合肥: 安徽教育出版社.
萧浩辉, 1995. 决策科学辞典[M]. 北京: 人民出版社.
邢磊, 2010. 高校教师应该知道的 120 个教学问题[M]. 北京: 北京大学出版社.
熊川武, 2010. 教学通论[M]. 北京: 人民教育出版社.
徐宝芳, 张卫青, 2010. 中学地理实验教学研究[M]. 西安: 陕西师范大学出版社.
徐天国, 蔡斌, 2012. 初高中地理衔接困难的原因及应对措施[J]. 中学地理教学参考(11): 13-14.
薛梅, 2003. 区域比较与地理创新思维的培养: 以一位英国教师的课为例[J]. 中学地理教学参考(6): 14-16.
雅斯贝尔斯, 1991. 什么是教育[M]. 邹进, 译. 上海: 三联书店.
闫艳, 2010. 课堂教学目标研究[D]. 上海: 华东师范大学.
杨达源, 2012. 自然地理学(第二版)[M]. 北京: 科学出版社.
杨九俊, 2008. 新课程三维目标: 理解与落实[J]. 教育研究(9): 40-46.
杨慎德, 1992. 中学乡土地理教学与研究[M]. 北京: 测绘出版社.
杨士军, 曹列文, 2008. 地理教学实现“过程与方法”目标的途径[J]. 中学地理教学参考(7): 11-12.
杨向东, 崔允漷, 2012. 课堂评价 促进学生的学习和发展[M]. 上海: 华东师范大学出版社.
杨小微, 2005. 教育研究方法[M]. 北京: 人民教育出版社.
姚丽芳, 2012. 高中地理教学中情感、态度与价值观维度目标的实践研究[D]. 武汉: 华中师范大学.
姚林群, 郭元祥, 2011. 新课程三维教学目标与深度教学: 兼谈学生情感态度与价值观的培养[J]. 课程·教材·教法(5): 12-17.
叶澜, 2004. 扎实 充实 丰实 平实 真实: “什么样的课算一堂好课”[J]. 基础教育(7): 15-18.
叶澜, 2005. 什么样的课算一堂好课[J]. 福建论坛(社科教育版)(11): 4-6.
伊凡诺夫, 1955. 地球的景观气候带 苏联地球协会记录: 一卷[M]. 北京: 科学出版社.
易芳, 郭雅洁, 俞宗火, 等, 2017. 中小学生学业成绩主要影响因素的元分析[J]. 心理学探新, 37(2): 140-148.
易桂芳, 2011. 高中自然地理有效教学策略研究[D]. 武汉: 华中师范大学.
殷洁, 张京祥, 罗小龙, 2010. 重申全球化时代的空间观: 后现代地理学的理论与实践[J]. 人文地理(4): 12-17.
尹艳秋, 叶绪江, 2003. 主体间性教育对个人主体性教育的超越[J]. 教育研究(2): 75-78.
余文森, 2006. 课堂教学[M]. 上海: 华东师范大学出版社.
于世华, 2010. 新课程三维目标一体化落实[J]. 教育理论与实践(4): 19-21.
袁维新, 2013. 科学教学通论[M]. 北京: 人民出版社.

袁孝亭, 2006. 地理课程与教学论[M]. 长春: 东北师范大学出版社.
约翰·安德森, 2012. 认知心理学及其启示[M]. 秦裕林, 等, 译. 北京: 人民邮电出版社.
约翰·杜威, 1990. 民主主义与教育[M]. 北京: 人民教育出版社.
约翰·杜威, 2001. 民主主义与教育(第二版)[M]. 王承旭, 译. 北京: 人民教育出版社.
约翰·哈蒂, 2015. 可见的学习 对800多项关于学业成就的元分析的综合报告[M]. 彭正梅, 邓莉, 高原, 等, 译. 北京: 教育科学出版社.
乐国安, 2001. 当代美国认识心理学[M]. 北京: 中国社会科学出版社.
岳伟, 王坤庆. 主体间性: 当代主体教育的价值追求[J]. 华东师范大学学报(教育科学版)(2): 1-6, 36.
曾玮, 夏志芳, 2010. 三维目标的有效实施与评价: 记“第四届有效教学理论与实践研讨会”[J]. 全球教育展望, 39(2): 93-96.
曾文婕, 黄甫全, 余璐, 2015. 评估促进学习何以可能: 论新兴学术评估的价值论原理[J]. 教育研究(12): 79-88.
詹姆斯·波帕姆, 2010. 教师课堂教学评价指南[M]. 王本陆, 等, 译. 重庆: 重庆大学出版社.
张华, 2000. 课程与教学论[M]. 上海: 上海教育出版社.
张明, 鲁爱华, 2012. 如何解决初高中地理教学衔接问题[J]. 中学地理教学参考(11): 6-9.
张旭, 张海丛, 2009. 课程本位测量及其在学习障碍评估与干预中的应用[J]. 中国特殊教育(6): 56-62.
张韫, 2013. 大数据改变教育 写在大数据元年来临之际[J]. 上海教育(10): 8-11.
张军涛, 刘锋, 2000. 区域地理学[M]. 青岛: 青岛出版社.
张孔义, 2014. 语文课堂教学观察与诊断[M]. 杭州: 浙江大学出版社.
张素娟, 2010. 把握学科本质 提高解题能力: 两道地理试题的学生诊断与教师反思[J]. 中学地理教学参考(1/2): 88-90.
张彦顺, 2015. 区域地理教学三要素: 图解、体验和建构[J]. 课程·教材·教法(1): 96-101.
张咏梅, 郝懿, 李美娟, 2012. 教师因素、学生因素对学生学业成绩影响的实证研究: 基于大规模测验数据的多层线性模型分析[J]. 教师教育研究, 24(4): 56-62.
张悦群, 2009. 三维目标尴尬处境的归因探析[J]. 江苏教育研究(1A): 30-34.
张祖忻, 1992. 教学设计 基本原理与方法[M]. 上海: 上海外语教育出版社.
赵金凤, 2014. 高中地理课堂教学目标达成度的测评研究与实践[D]. 武汉: 华中师范大学.
赵小雅, 2006. 义无反顾奏响改革进行曲[N]. 中国教育报, 2006-12-15.
郑东辉, 2014. 试论课堂评价与教学的关系[J]. 课程. 教材. 教法(12): 33-38.
中共中央 马克思 恩格斯 列宁 斯大林著作编译局, 1972. 马克思恩格斯选集第三卷[M]. 北京: 人民出版社.
中共中央 马克思 恩格斯 列宁 斯大林著作编译局, 1990. 列宁全集 第五十五卷[M]. 北京: 人民出版社.
中共中央 马克思 恩格斯 列宁 斯大林著作编译局, 2001. 马克思恩格斯全集第四十四卷[M]. 北京: 人民出版社.
中国大百科全书总编辑委员会《地理学》编辑委员会, 1990. 中国大百科全书·地理学[M]. 北京: 中国大百科全书出版社.
中国社会科学院语言研究所词典编辑室, 2005. 新华汉语词典(第五版)[M]. 北京: 商务印书馆.
中国社会科学院语言研究所词典编辑室, 2014. 现代汉语词典(第六版)[M]. 北京: 商务印书馆.
中华人民共和国教育部, 2003. 普通高中地理课程标准(实验)[M]. 北京: 人民教育出版社.
中华人民共和国教育部, 2011. 科学(7—9年级)课程标准(2011年版)[M]. 北京: 北京师范大学出版社.

中华人民共和国教育部, 2012. 义务教育地理课程标准(2011 年版)[M]. 北京: 北京师范大学出版社.
中华人民共和国教育部, 2018. 普通高中地理课程标准(2017 年版)[M]. 北京: 人民教育出版社.
钟启泉, 1999. 课程与教学论[M]. 广州: 广东高等教育出版社.
钟启泉, 2008. 新课程背景下学科教学的若干认识问题明[J]. 教育发展研究(15/16): 8.
钟启泉, 崔允漷, 张华, 2001. 基础教育课程改革纲要(试行)解读[M]. 上海: 华东师范大学出版社.
钟启泉, 崔云漷, 2008. 新课程的理念与创新: 师范生读本[M]. 北京: 高等教育出版社.
周军, 2003. 教学策略[M]. 北京: 教育科学出版社.
周舟, 2011. 高一学生学习地理困难研究[D]. 广州: 广州大学.
周浩波, 2000. 教育哲学[M]. 北京: 人民教育出版社.
周洪兵, 2013. 基于目标的教学设计与实施: 以“地理环境的差异性”一节为例. 地理教学(13): 21-23.
周小山, 严先元, 2003. 新课程的教学策略与方法[M]. 成都: 四川大学出版社.
朱小蔓, 2007. 情感教育论纲[M]. 北京: 人民出版社.
朱雪梅, 2009. 高中地理新课程发展性评价[M]. 济南: 山东教育出版社.
朱雪梅, 朱杰, 窦立祥, 2009. 地理情感、态度与价值观教学目标的实现: 以“可持续发展的基本内涵”为课例[J]. 中学地理教学参考(6): 19-22.
佐藤正夫, 1996. 教学论原理[M]. 钟启泉, 译. 北京: 人民教育出版社.
B. S. 布卢姆, 等, 1987. 教育评价[M]. 邱渊, 王钢, 夏孝川, 等, 译. 上海: 华东师范大学出版社.
B. S. 布卢姆, 2006. 目标分类和掌握学习思想与论著选读[M]. 北京: 中国环境科学出版社.
D. S. 克拉斯沃尔, B. S. 布卢姆, 1989. 教育目标分类学 第二分册 情感领域[M]. 施良方, 等, 译. 上海: 华东师范大学出版社.
GLATTHORN A A, 2003. 校长的课程领导[M]. 单文经, 等, 译. 上海: 华东师范大学出版社.
GRONLUND N E, BROOKHANRT S M, 2017. 设计与编写教学目标(第八版)[M]. 盛群力, 郑淑贞, 冯丽婷, 译. 北京: 中国轻工业出版社.
KNIGHT G R, 2002. 教育哲学导论[M]. 简成熙, 译. 台北: 五南图书出版公司.
L. H. 克拉克, I. S. 斯塔尔, 1985. 中学教学法(下册) [M]. 赵宝恒, 等, 译. 北京: 人民教育出版社.
L. W. 安德森, L. A. 索斯尼克, 1998. 布卢姆教育目标分类学[M]. 谭晓玉, 袁文辉, 等, 译. 上海: 华东师范大学出版社.
M.W. 艾森克, M.T. 基恩, 2004. 认知心理学[M]. 上海: 华东师范大学出版社.
N. E. 格朗兰德, 1997. 教学测量与评价[M]. 郑军, 等, 译. 石家庄: 河北教育出版社.
P.L. 史密斯, T.J. 雷根, 2008. 教学设计(第三版)[M]. 庞维国, 屈程, 韩责宁, 等, 译. 上海: 华东师范大学出版社.
POPHAM W J, 2003. 促进教学的课堂评价[M]. 国家基础教育课程改革“促进教师发展与学生成长的评价研究”项目组, 译. 北京: 中国轻工业出版社.
R. 哈特向, 2012. 地理学性质的透视[M]. 黎樵, 译. 北京: 商务印书馆.
R.M. 加涅, W.W. 韦杰, K.C. 戈勒斯, 等, 2007. 教学设计原理(第五版)[M]. 王小明, 庞维国, 陈保华, 等, 译. 上海: 华东师范大学出版社.
R. 基钦, N. J. 泰特, 2006. 人文地理学研究方法[M]. 北京: 商务印书馆.
STIGGINS R J, 2005. 促进学习的学生参与式课堂评价(第四版)[M]. 国家基础教育课程改革“促进教师发展与学生成长的评价研究”项目组, 译. 北京: 中国轻工业出版社.

WIGGINS G, MCTIGHE J, 2003. 理解力培养与课程设计：一种教学和评价实践[M]. 么加利，译. 北京：中国轻工业出版社.

AMERICAN FEDERATION OF TEACHERS, 2001. The instructional demands of standards-based reform[R]. Washington, DC: American Federation of Teachers.

ASSESSMENT REFORM GROUP, 2002. Assessment for Learning: 10 Principles[R]. Cambridge: University of Cambridge.

ASSOCIATION OF AMERICAN GEOGRAPHERS, NATIONAL COUNCIL OF GEOGRAPHY TEACHERS (U.S.), 1994. Geography for life: National geography standards 1994[M]. Washington: National Geographic Research & Exploration.

AUSUBEL D P, 1968. Educational psychology: A cognitive view[M]. New York: Holt , Rinehart and Winston.

BANATHY B, 1992. Comprehensive system design in education-the prime imperative building a design culture[J]. Educational technology, 32(6): 35.

BILLIG M, 1987. Arguing and thinking: A rhetorical approach to social psychology[M]. Cambridge: Cambridge University Press.

BOUD D, 1988. Developing Student Autonomy in Learning[M]. London: Nichols Publishing Company.

CAMPBELL D T, STANLEY J C, 1963. Experimental and quasi-experimental designs for research[M]. Boston: Houghton Mifflin Company.

CCEA, 2009. Assessment for learning: A practical guide[Z]. Belfast: Council for the Curriculum, Examinations and Assessment.

CENTENNIAL BOARD OF COOPERATIVE EDUCATIONAL SERVICES, 2002. Standards-based Classroom Operator's Manual[M]. Alexandria: ASK Publications & Professional Development and Centennial BOCES.

COHEN M, 2008. Participation as Assessment: Political Science and Classroom Assessment Techniques[J] . Political science and politics(3) : 609-612.

COHEN S A, 1987. lnstructional alignment: searching for a magic bullet[J]. Educational researcher, 16 (8): 16-19.

COWLARD K A, 1998. Decision-Making in Geography[M]. 2nd ed. Bath: The Bath Press.

DANN R, 1998. Promoting assessment as learning: Improving the learning process[J]. Improving schools, 5(3): 61-62.

DAVID H L, 1995. Study of a fiedld-developed model of scientific inquiry[R]// The Annual Meeting of National Association for Research in Science Teaching, San Francisco, CA, April 22-25.

DERRYBERRY D, REED M A, 1996. Regulatory processes and the development of cognitive representations[J]. Development and psychopathology(8): 215-234.

DUNCAN R G, HMELO-SILVER C E, 2009. Learning progressions: Aligning curriculum, instruction, and assessment[J]. Journal of research in science teaching, 46(6): 606-609.

EARL L M, 2003. Assessment as learning: Using classroom assessment to maximise student learning[M]. Thousand Oaks, CA: Corwin Press.

EGGEN P, KAUCHAK D, 2001. Educational psychology: windows on classrooms[M]. 5th ed. New Jersey: Merrill Prentice Hall.

FINLEY F N, POCOVI M C, 2000. Considering the scientific method of inquiry[A].In Inquiring into Inquiry Learning and Teaching in Science[C]//MINSTRELL J, VAN ZEE E H, eds. American Association for the

Advancement of Science, Washing D C.

GRAY J R, BRAVER T S, RAICHLE M E, 2002. Integration of emotion and cognition in the lateral prefrontal cortex[J]. Proceeding of the National Academy of Sciences of the United States of America, 99(6): 4115-4120.

HARGREAVES E, 2005. Assessment for learning? Thinking outside the (black) box[J]. Cambridge journal of education, 35(2): 213-224.

HARTSHORNE R, 1959. Perspective on the nature of geography[M]. Chicago: Association of American Geographers.

HAYCOCK K, 1998. Good teaching matters: How well-qualified teachers can close the gap[M]. Washington D C: Education Trust.

JANG E E, RYAN K, 2003. Bridging gaps among curriculum, teaching and learning, and assessment[J]. Curriculum studies(4): 499-512.

LANDSMAN R E, 2015. Scientific inquiry through critical thinking using the research investigation process(rip):Year 2004-2005 implementation[EB/OL]. http://www.anovascience.com/pdf%20files/Manoa Pre-post-Assessment Summary.pdf.

LOCKE E A, LATHAM G P, 2002. Building a practically useful theory of goal setting and task motivation. A 35-year odyssey[J]. Am.psychol, 57(9): 705-717.

MAZANO R J, PICKERING D J, POLLOCK J E, 2001. Preassessment for classroom instruction that works: Researched-based strategies for increasing student achievement[J]. Association for supervision & curriculum development(1): 131-142.

MCMILLAN J H, 2004. Classroom assessment: Principles and practice for effective instruction[M]. 3nd ed. Boston: Pearson A and B.

MESSERLI B, MARTIN G, THOMAS H, et al., 2000. From nature-dominated to human-dominated environmental changes[J]. IGU bulletin, 50(1): 23-38.

NATIONAL RESEARCH COUNCIL, 2007. Taking Science to School: Learning and Teaching Science in Grades K-8[M]. Washington: National Academies Press.

NITKO A J, 2001. Educational assessment of students[M]. 3rd ed. New Jersey: Merrill Prentice Hall.

PERRY N E, RAHIM A, 2011. Studying self-regulated learning in classrooms// ZIMMERMAN B J, SCHUNK D H. Handbook of self-regulation of learning and performance[M]. New York: Taylor & Francis Group.

POPHAM W J, 2004. Curriculum, instruction, and assessment: Amiable allies or phony friends?[J]. The teachers college record, 106(3): 417-428.

REIFF R, HARWOOD W S, PHILLIPSON T, 2002. A scientific methord based upon research scientists'conceptions of scientific inquiry[R]//Proceedings of the Annual International Conference of the Association for Education of Teachers in Science, Charlotte, NC, January 10-13.

RESNICK L B, ROTHMAN R, SLATTERY J, et al., 2004. Benchmarking and alignment of standards and testing[J]. Educational assessment, 9(1): 1-27.

ROTHMAN R, 2003. Imperfect matches: The alignment of standards and tests[R]. Washington, DC: National Research Council.

SANDERS W L, WRIGHT S P, HORN S P, 1997. Teacher and classroom context effects on student achievement: Implications for teacher evaluation[J]. Journal of personnel evaluation in education, 11(1): 57-67.

SELIGMAN M E P, MAIER S F, GEER J H, 1968. The alleviation of learned helplessness in the dog[J]. Journal of abnormal psychology,73(3): 256-262.

SHULMAN L S, 1987. Knowledge and teaching: Foundations of the new reform[J]. Harvard educational review, 57(1): 1-22.

SOLOMON J, 1990. The discussion of social issues in the science classroom[J]. Science education, 18(1): 105-126.

SQUIRES D, 2005. Aligning and balancing the standards-based curriculum[M]. Thousand Oaks, CA: Corwin Press.

WEBB N, 1997. Criteria for alignment of expectations and assessments in mathematics and science education[R]. Madison, WI: University of Wisconsin, Wisconsin Center for Education Research.